FLÁVIA HAGEN MATIAS

Prefácio
Maren Guimarães Taborda

DESOBEDIÊNCIA CIVIL

Uma perspectiva histórico-jurídica

Belo Horizonte

2023

© 2023 Editora Fórum Ltda.

É proibida a reprodução total ou parcial desta obra, por qualquer meio eletrônico, inclusive por processos xerográficos, sem autorização expressa do Editor.

Conselho Editorial

Adilson Abreu Dallari
Alécia Paolucci Nogueira Bicalho
Alexandre Coutinho Pagliarini
André Ramos Tavares
Carlos Ayres Britto
Carlos Mário da Silva Velloso
Cármen Lúcia Antunes Rocha
Cesar Augusto Guimarães Pereira
Clovis Beznos
Cristiana Fortini
Dinorá Adelaide Musetti Grotti
Diogo de Figueiredo Moreira Neto (*in memoriam*)
Egon Bockmann Moreira
Emerson Gabardo
Fabrício Motta
Fernando Rossi
Flávio Henrique Unes Pereira

Floriano de Azevedo Marques Neto
Gustavo Justino de Oliveira
Inês Virgínia Prado Soares
Jorge Ulisses Jacoby Fernandes
Juarez Freitas
Luciano Ferraz
Lúcio Delfino
Marcia Carla Pereira Ribeiro
Márcio Cammarosano
Marcos Ehrhardt Jr.
Maria Sylvia Zanella Di Pietro
Ney José de Freitas
Oswaldo Othon de Pontes Saraiva Filho
Paulo Modesto
Romeu Felipe Bacellar Filho
Sérgio Guerra
Walber de Moura Agra

FÓRUM
CONHECIMENTO JURÍDICO

Luís Cláudio Rodrigues Ferreira
Presidente e Editor

Coordenação editorial: Leonardo Eustáquio Siqueira Araújo
Aline Sobreira de Oliveira

Rua Paulo Ribeiro Bastos, 211 – Jardim Atlântico – CEP 31710-430
Belo Horizonte – Minas Gerais – Tel.: (31) 99412.0131
www.editoraforum.com.br – editoraforum@editoraforum.com.br

Técnica. Empenho. Zelo. Esses foram alguns dos cuidados aplicados na edição desta obra. No entanto, podem ocorrer erros de impressão, digitação ou mesmo restar alguma dúvida conceitual. Caso se constate algo assim, solicitamos a gentileza de nos comunicar através do *e-mail* editorial@editoraforum.com.br para que possamos esclarecer, no que couber. A sua contribuição é muito importante para mantermos a excelência editorial. A Editora Fórum agradece a sua contribuição.

Dados Internacionais de Catalogação na Publicação (CIP) de acordo com ISBD

M433d	Matias, Flávia Hagen Desobediência civil: uma perspectiva histórico-jurídica / Flávia Hagen Matias. – Belo Horizonte: Fórum, 2023. 224 p. ; 14,5cm x 21,5cm. ISBN: 978-65-5518-451-8 1. Filosofia. 2. Direito. 3. Direitos humanos. 4. História. 5. Ciência Política. I. Título.	
2022-2274		CDD: 100 CDU: 1

Elaborado por Vagner Rodolfo da Silva – CRB-8/9410

Informação bibliográfica deste livro, conforme a NBR 6023:2018 da Associação Brasileira de Normas Técnicas (ABNT):

MATIAS, Flávia Hagen. *Desobediência civil*: uma perspectiva histórico-jurídica. Belo Horizonte: Fórum, 2023. 224 p. ISBN 978-65-5518-451-8.

AGRADECIMENTOS

À minha mãe, agradeço o apoio imenso ao meu crescimento profissional, por mostrar caminhos quando não sabia bem que trilha seguir, por acreditar em mim e me motivar a seguir sempre em frente. Obrigada, sobretudo, pela construção na minha formação como ser humano, a qual me permitiu esse olhar, que aqui neste livro tento retratar e que levo para a minha vida.

Ao meu pai (in memoriam), sou grata pela criação, pela dedicação, pelo amor e pela imensa amizade nos 24 anos em que estivemos juntos.

Ao meu companheiro de jornada, Thiago, que ajudou a tornar tudo isso possível através da compreensão, do amor e da parceria diários.

Aos amigos, pelo carinho, pelo incentivo e pela celebração.

À Maren Guimarães Taborda, pela relação que transcende a de orientação, sendo de afeto, de empatia e, com imenso orgulho, de mestre e de pupila.

SUMÁRIO

PREFÁCIO
Maren Guimarães Taborda 9

INTRODUÇÃO 13

CAPÍTULO 1
DIREITO DE RESISTÊNCIA: RAÍZES HISTÓRICAS 17
1.1   A resistência na literatura grega 17
1.2   Império romano e primeiros séculos de cristianismo 26
1.3   Igreja e prática política medieval 31
1.4   A doutrina tomista 34
1.5   Recusa de servidão de Etienne de La Boétie 37
1.6   O cidadão de Thomas Hobbes 44
1.7   O direito de resistência de John Locke 48
1.8   A limitação dos poderes e a formação dos alicerces
      democráticos em Montesquieu 55
1.9   A positivação do direito de resistir nas revoluções liberais 56
1.9.1 Sieyès e o projeto de uma constituição democrática 73
1.9.2 Poder constituinte e soberania popular em Carl Schmitt 76
1.9.3 Soberania popular de Rousseau 81

CAPÍTULO 2
O DIREITO DE DESOBEDIÊNCIA CIVIL 85
2.1   Henry David Thoreau 85
2.2   Poder limitado da maioria 89
2.3   Soberania popular e consentimento 102
2.4   A não-violência de Mahatma Gandhi 104
2.5   A ação direta de Martin Luther King 109
2.6   A consciência do cristianismo ao secularismo 115
2.6.1 A consciência em Kant 121
2.6.2 As regras de consciência de Arendt 122
2.7   Conceito de desobediência civil 125

2.8	As manifestações de desobediência civil	131
2.8.1	Objeção de consciência	131
2.8.2	Afirmação da minoria	136
2.8.3	Pleito para reconsideração	137
2.8.4	Greve	138
2.9	O limitado papel da desobediência civil na teoria liberal: superando o paradigma	141

CAPÍTULO 3
AUTORIDADE, PODER, VIOLÊNCIA E REVOLUÇÃO: A REALIDADE POLÍTICA E A DEFESA DA LIBERDADE 151

3.1	A ação direta não violenta	175
3.2	Por uma ordem internacional de paz: *À Paz Perpétua*	179
3.3	O homem e as liberdades	184
3.4	Cidadania: a dimensão política do indivíduo	196
3.5	Direitos humanos no século XX	205
3.6	Desobediência civil: direito humano fundamental	209
3.7	A desobediência civil como um direito à democracia	213

REFERÊNCIAS 219

PREFÁCIO

Este livro nasceu da experiência de sala de aula da disciplina *História do Direito*, no curso de Ciências Jurídicas e Sociais da Fundação Escola Superior do Ministério Público do Rio Grande do Sul (FMP-RS), quando, nos idos de 2009, a então estudante, Flavia Hagen, perguntou aos seus botões (ao modo de *Alice, no País das Maravilhas*) sobre a legitimidade do mando político. O questionamento encontrou eco, apoio e incentivo na pesquisa da professora, que, desde sempre, vinha procurando respostas sobre o problema de saber porque uns mandam e outros obedecem.

A vida seguiu seu curso, com a autora e a professora se encontrando nos corredores da escola, até que, diante do desafio de escrever a monografia obrigatória para o final do curso, a pergunta sobre as condições do mando volta a "gritar", agora formulada e recortada a partir de um dado da realidade que estava inquietando a jovem jurista, a saber, o recente processo constitucional islandês, que nasceu da reação do povo a uma grave crise financeira pela qual passou aquele país. Na busca de orientação, porque a memória é o divino poder de trazer à presença o que não está presente, a autora recordou os temas estudados no primeiro semestre (democracia, publicidade, formas de governo, pensamento jurídico clássico, medieval e moderno) e, em meados de 2013[1], procurou a sua antiga interlocutora, aduzindo que a referida situação fática lhe havia "lembrado" do tema da desobediência civil, como observado por Thoureau, e que queria "falar sobre Teoria Geral do Estado, ativismo político e sobre uma economia mais responsável com os direitos humanos". A professora, feliz, aceitou na hora: "o bom filho à casa torna", pensou. Depois de muito estudo e debate com colegas (professores e estudantes), veio à luz uma belíssima monografia, sobre o direito de desobediência civil e o exercício da cidadania. Ali, o objetivo era tão só compreender as dimensões da desobediência civil, a sua distinção e/ou conexão com o clássico tema do direito de resistência e o que isso tinha a ver com democracia, entendida como o regime político em que os cidadãos participam do poder, direta ou indiretamente.

---

[1] Correspondência eletrônica recebida pela signatária em 28 de março de 2013.

Assim, em 2014, o presente trabalho era só uma plantinha recém-nascida, um "parto", como diziam os antigos juristas romanos, nossos ascendentes. A oportunidade de ganhar corpo, crescer e ocupar o seu lugar no mundo veio com o ingresso da autora na primeira turma do Mestrado Acadêmico em Direito da FMP-RS, em 2016. Sob minha orientação, no grupo de pesquisa "Transparência, direito fundamental de acesso à informação e participação na gestão da coisa pública", Flávia Hagen aprofundou seus estudos em teoria constitucional e teoria política, e retomou, junto comigo, o estudo do caso da "Revolução das Panelas e Frigideiras", na Islândia,[1] porque o mesmo possibilitou a participação direta dos cidadãos na composição da nova constituição, num processo de formação da opinião pública amplo e democratizado.

De fato, durante todos estes anos, estudamos a política como um fenômeno público e coercitivo, relacionada, consequentemente, com o que é urbano (*urbe*), civil, público, bem como sociável e social, segundo a tradição do pensamento político que remonta a Aristóteles. Por outro lado, aprendemos que o enigma ético da história é a persistente imoralidade do poder político e a sua inevitável violência, ou a contraposição, vivida na experiência, entre as razões do Estado e da justiça distributiva. Com efeito, gregos e romanos inventaram a política e a história política "como uma história de guerra e política".[2]

Esfera da dominação, do comando, das ordens imperativas e coativas, das ações concertadas e decisões vinculantes, à política se atribuem pelo menos duas finalidades gerais: a *sobrevivência do grupo*, que muitas vezes coincide com a violação de poderes rivais, e a *convivência dos indivíduos*, que requer uma limitação recíproca da liberdade individual para evitar o recurso à violência. Na primeira perspectiva, 'os fins justificam os meios'; na segunda, a convivência requer a realização da universalidade própria das normas morais e, aqui, vem à luz o problema da ética, porque emerge para o primeiro plano a questão da justiça, isto é, a exigência de condições equânimes para a interação social. Tais vertentes da política acabam por ser necessárias para definir o seu campo, uma vez que esta é 'conflito', decorrente da relação política fundamental 'amigo-inimigo' e 'ordem e composição de conflitos internos ou externos'. O que é especificamente político para Carl Schmitt (expoente da 1ª corrente) – o antagonismo amigo-inimigo – é,

---

[1] TABORDA, Maren; MATIAS, Flávia Hagen. Democracia Procedimental, Opinião Pública e Mídia: o caso da Revolução das Panelas e Frigideiras. In: SILVA, Lucas Gonçalves; FREITAS, Ruben Corrêa (org.) *Teoria Constitucional*. 1. ed. CONPEDI: Florianópolis, 2016, v. p.166-185.

[2] FINLEY, Moses. *L'Invention de la Politique*. Paris: Flammarion, 1985, p. 90.

para o contratualismo (2ª corrente), uma condição pré-política – o estado de natureza. De Spinoza a Rawls, passando por Hobbes e Kant, a superação do conflito primitivo passa pela instauração de um poder comum, porque é regulado por 'regras de jogo' democráticas, isto é, não violentas e desmilitarizadas (para Schmitt isso é precisamente um processo de desnaturalização e despolitização).

Se, em termos kantianos, a ética (moralidade) diz respeito à autonomia racional, a política diz respeito às relações heterônomas.

A obrigação política é prescritiva, subsiste mesmo com a discordância (a ideia de uma autonomia política é uma aporia, que se resolve na ideia de lei da assembleia soberana). Nestas condições, se é possível a compatibilidade entre a autonomia ética e a heteronomia política, a autonomia ética somente se conservará se o indivíduo tiver boas razões, não contrastantes com os seus princípios morais, para reconhecer como legítimo o poder político. Uma dissensão moral acentuada pode atingir a legitimidade de um determinado arranjo, mas não pode alterar a relação política fundamental enquanto tal. É precisamente no tema da legitimidade do poder político que se insere a dissertação de Flávia Hagen, que, agora, é apresentada aos estudiosos em forma de livro.

O ponto de partida da autora é o exame das variadas justificações da obrigação política que o pensamento jurídico e político ocidental produziu, na perspectiva *ex parte populi,* iniciada na Modernidade.

Com efeito, da Antiguidade Clássica até a Idade Moderna, o problema do Estado foi estudado pelas doutrinas políticas segundo o ponto de vista dos governantes – dos que detêm o poder e a responsabilidade de conservá-lo: *ex parte principis* –, com seus temas essenciais: a arte de bem governar, os poderes necessários ao cumprimento das diversas funções estatais, os vários ramos da administração etc. A partir da Idade Moderna, com a doutrina dos direitos naturais e seus temas – liberdade dos cidadãos, bem-estar social e felicidade dos indivíduos – é que o mérito de um governo passou "a ser procurado mais na quantidade de direitos de que goza o singular do que na medida dos poderes dos governantes",[1] isto é, o Estado passou a ser pensado *ex parte populi*, em que o problema de fundo é a liberdade. E aí reside o fio vermelho do texto, o que o justifica, pois, "a questão da obrigação política reside fundamentalmente na ideia de reciprocidade de direitos e deveres na integração entre governantes e governados, de modo que se o legislador pode reivindicar o direito de ser obedecido, o cidadão

---

[1] BOBBIO, Norberto. *Estado, Governo e Sociedade* – para uma teoria geral da política. 4. ed. São Paulo: Paz e Terra, 1992, p. 64.

igualmente pode reivindicar o direito de ser governado sabiamente e sob leis justas", assevera a autora. E como, continua ela, a partir da ideia de resistência política, se pode conceber juridicamente a desobediência civil num sistema democrático? Como definir a desobediência civil como componente legítimo da constituição democrática?

Nas páginas que seguem, os leitores encontrarão não só algumas respostas e outras tantas perguntas, mas, fundamentalmente, a descrição (diferenciação) dogmática do instituto da desobediência civil, feita com profundidade, erudição, sob uma linguagem clara e escorreita. A desobediência civil afirma-se como fundamental à *manutenção da ordem jurídica*, pois pode ser descrita como um direito fundamental de garantia, derivado do direito constitucional à liberdade e destinado à proteção da cidadania (a efetiva participação na vida do Estado). É poder-dever do cidadão, um *meio* de devolver o poder ao seu legítimo titular: o povo ativo.

Esse livro, portanto, é sobre democracia, entendida como a improvável aquisição evolutiva do sistema da política, resultado de suas operações (de si mesmo), o ponto de referência para a elaboração política da complexidade da sociedade. O sistema do direito, uma racionalidade histórica com a função de estabilização da sociedade, por sua vez, inventa uma realidade (tem uma memória) estruturada em operações contínuas que descrevem e observam seus valores, estados e conceitos, a partir do símbolo "validade", produzida por seu código direito/não-direito. Em ambientes como o brasileiro, de extrema exclusão social, em que a Constituição não consegue mais impor o código do direito ao da política, criando uma realidade que já não pode mais ser chamada de 'Estado Constitucional', observar e descrever a desobediência civil como um direito válido pode contribuir, decisivamente, para a afirmação da legitimidade propriamente democrática da Constituição. Por isso, é trabalho a ser levado a sério, dá o que pensar. Que o leitor faça seu juízo.

Torres, verão de 2022.

Maren Guimarães Taborda
Coordenadora-Geral do Centro de Investigações de Cultura Constitucional.

INTRODUÇÃO

O valor conferido à pessoa humana, "enquanto conquista histórico-axiológica, encontra a sua expressão jurídica nos direitos fundamentais do homem".[1] A tradição remonta à religião dos povos reconhecendo a importância do indivíduo: o Velho Testamento, ao afirmar que ele é o ponto mais elevado da criação do universo; os hebreus, com uma visão de unidade do gênero humano, sustentaram que a vida é o bem mais sagrado e o homem, o ser supremo.[2] Posteriormente, no âmbito do paradigma natural e da filosofia do direito, irá se afirmar a concepção do valor da pessoa humana enquanto "valor-fonte" de todos os valores políticos, sociais e econômicos e, assim, o fundamento último da legitimidade da ordem jurídica.

Em que pese o esforço conferido à construção de uma base axiológica voltada à valorização do ser humano, as condições de possibilidade de um mundo comum, movido pela diversidade, pela pluralidade e pela inovação são frequentemente obstaculizadas e até reprimidas. A realidade evidencia o paradoxo sofrido pela humanidade: a par dos direitos de cidadania e dignidade humana, há a negação da concretização da pessoa humana enquanto fonte da ordem jurídica e social, restringindo o indivíduo a mero cumpridor de deveres perante a coletividade.

Enquanto os governantes, preocupados com a manutenção do *status quo*, compreendem a obrigação política como mero dever de obediência às leis emanadas do soberano, os governados, ou melhor dizendo, os cidadãos se conscientizam de seu valor humano fundamental nos períodos da história marcados pelos abusos de poder e passam a conceber o direito de resistência a fim de garantir a gente, a liberdade, a vida.

A obrigação política tem sido justificada de variadas formas no pensamento jurídico e político. Repetidamente, a norma foi imposta

---

[1] LAFER, Celso. *A Reconstrução dos Direitos Humanos*: um diálogo com o pensamento de Hannah Arendt. São Paulo: Companhia das Letras, 1988. p. 118.
[2] LAFER, Celso. *A Reconstrução dos Direitos Humanos*: um diálogo com o pensamento de Hannah Arendt. São Paulo: Companhia das Letras, 1988. p. 119.

mediante o apelo à força dos governantes, com a ameaça de sanção em caso de não-cumprimento da norma. Nessa acepção, a prudência dos governados foi o que garantiu a obediência à lei. Todavia, a questão da obrigação política reside fundamentalmente na ideia de reciprocidade de direitos e deveres na interação entre governantes e governados, de modo que se o legislador pode reivindicar o direito a ser obedecido, o cidadão igualmente pode postular o direito de ser governado sabiamente e sob leis justas. Nesse sentido, o direito de resistência emerge fora dos quadros institucionais vigentes, como a ação dos governados mediante a resistência à opressão em prol da mudança, que se exprime pelo não acatamento à lei tida como injusta e/ou pela propositura de alterações na ordem vigente.

O cidadão que resiste à autoridade não é, portanto, um rebelde, pelo contrário, tem em si o sentido mais elevado da ordem, buscando restaurar seu respeito e sua harmonia. Dessa forma, o ato de resistência consiste no julgamento que os cidadãos fazem dos governantes. "O valor da admissibilidade da resistência não está tanto na prerrogativa que os governados podem invocar para desobedecer quanto, sobretudo (...) no julgamento que estão autorizados a fazer com relação aos governantes".[3]

Nesse sentido, duas ideias gravitam em torno da resistência: a concepção da norma injusta e o princípio da mediação do Estado e da retenção última da soberania pelo povo. A autoridade do governo se espelha na fidelidade à ideia na qual se constitui a comunidade. Desse modo, sua autoridade tanto será mais legítima conforme adeque as atividades aos fins propostos. Nesse sentido, vemos a importância da opinião pública, pois o consentimento dos governados significa o reconhecimento deles de que o governo se mantém atrelado aos objetivos gerais que lhe cumpre efetivar.

Dessa maneira, o responsável pela resistência não é o que dela se utiliza, mas é quem a suscita.[4] E como o direito positivo não consegue acompanhar as necessidades sociais e a consciência coletiva, a mobilidade do direito se mostra necessária.

Do mundo antigo e dos primeiros séculos de cristianismo, como doutrina da igreja e prática política medieval, da doutrina tomista, da reforma protestante, dos monarcômacos, dos contratualistas e das

---

[3] PAUPÉRIO, Arthur Machado. *O direito político de resistência*. Rio de Janeiro: Editora Forense, 1962. p. 17

[4] PAUPÉRIO, Arthur Machado. *O direito político de resistência*. Rio de Janeiro: Editora Forense, 1962. p. 25.

correntes liberais do século XVIII, o direito de resistência à opressão foi concebido sob a ideia da reciprocidade de direitos e deveres entre governantes e governados, que, quando ausente, ensejava o direito de oposição.

Nos séculos seguintes, com Thoreau, Gandhi e Martin Luther King, será traçada a trajetória do direito de resistir sob a forma da desobediência civil, afirmando-se como marcos teóricos da filosofia política e jurídica e servindo de referência aos novos agentes insurgentes que perpetuam a caminhada. Conjuntamente, emerge a discussão acerca da soberania popular e do consentimento para a legitimação da lei e da autoridade do governante, e, a *contrario sensu*, do direito de desobedecer.

Na atualidade, as possibilidades de opressão se multiplicaram, "rastreando as origens da crise de legitimidade e de identificação da justiça com a lei, situação que pôs em questão o dever de fidelidade ao ordenamento jurídico, elaborado como algo razoável pela filosofia do direito".[5] Portanto, é pertinente a inclusão do assunto na reflexão acerca dos novos caminhos da democracia, com a necessidade de extensão de corpos coletivos de participação diferentes dos propriamente políticos e a passagem da democracia da esfera política para a esfera social.

Nesse ponto, a discussão se relaciona com a liberdade, âmago da experiência do Direito e da experiência humana, que não se restringe às liberdades públicas e clássicas consagradas, mas, sob o viés arendtiano, se destaca como a possibilidade de palavra e de ação em um âmbito próprio no qual se consuma e, por conseguinte, possibilita o exercício da cidadania. "O que é soberania para o Estado, a liberdade é para o indivíduo, e ao nível político, a cidadania, expressão da soberania popular".[6]

A cidadania, como exercício da soberania popular e de suas prerrogativas, compreende deveres cívicos, direitos políticos, a participação na vida cívica, política e administrativa do país e permite "tomar parte na expressão da soberania nacional (...)", procedendo "ao mesmo tempo da ideia de liberdade política e da liberdade individual, de natureza ou caráter misto, portanto, inerentes, especificamente, à cidadania".[7]

---

[5] LAFER, Celso. *A reconstrução dos direitos humanos*: um diálogo com o pensamento de Hannah Arendt. São Paulo: Companhia das Letras, 1988. p. 24.
[6] GARCIA, Maria. *Desobediência civil/direito fundamental*. São Paulo: Revista dos Tribunais, 1994. p. 273.
[7] GARCIA, Maria. *Desobediência civil/direito fundamental*. São Paulo: Revista dos Tribunais, 1994. 273.

Aqui a proposta foi apresentar uma retrospectiva histórica do direito de resistência ao direito de desobediência civil na contemporaneidade, com suas redefinições sob uma concepção pluralista e democratizante, de modo a abranger novas formas de ação desobediente; a análise da autoridade, do poder, da violência e da revolução na realidade política; o instituto de desobediência civil, sob a moldura teórica da cidadania, da liberdade e da democracia; e por fim, o enquadramento da desobediência civil como direito humano fundamental, no marco da Ciência Política e da Teoria da Constituição.

CAPÍTULO 1

DIREITO DE RESISTÊNCIA: RAÍZES HISTÓRICAS

As primeiras considerações acerca do direito de resistência podem ser encontradas no Código de Hamurabi, que previa a rebelião como forma de castigo na hipótese do (mau) governante que não respeitasse os mandamentos e as leis. Confúcio vislumbrava a possibilidade da resistência quando proclamou: "o mandato do céu que outorga a soberania a um homem não a confere para sempre, o que significa que praticando o bem e a justiça ganhamos aquela e que ao praticar o mal ou a injustiça a perdemos". Mêncio, por sua vez, afirmava: "o sufrágio do povo constitui-o príncipe; seu abandono redu-lo a simples particular, a simples elemento privado, submetido ao mesmo castigo que os demais".[8]

1.1 A resistência na literatura grega

Suplicantes (463 a.C.), de Ésquilo, retrata o conflito entre lei, o princípio da jurisdição original, o dever moral e o direito de asilo às vítimas de perseguição. Sófocles, com sua obra Antígona (442 a.C.), no mesmo sentido, traz o conflito entre lei e moral: o dever de irmã de enterrar o irmão morto, apesar da ordem em sentido contrário dada por um tirano. E Platão, com Críton (360 a.C.), retrata o julgamento de Sócrates por corromper a juventude ateniense e não reconhecer os deuses da cidade.

---

[8] PAUPÉRIO Arthur Machado. *O direito político de resistência*. Rio de Janeiro: Editora Forense, 1962. p. 44-45.

Suplicantes refere-se às cinquenta filhas de Danau que, fugindo de seus pretendentes interessados em suas posses, vão pedir asilo na Grécia. Chegando em Atenas, surge o conflito entre lei e dever moral: segundo as leis do Egito, os pretendentes enquanto parentes mais próximos tinham o direito de desposá-las para manter a fortuna na família. Percebe-se que o princípio da jurisdição original já era fundamental ao direito internacional.

As suplicantes apelam para uma lei mais alta, direito de asilo às vítimas de perseguição. Contudo, ainda que os atenienses se orgulhassem da reputação de abrigo de fugitivos, a concessão do asilo poderia provocar uma violenta reação do Egito.

O rei, favorável às suplicantes, e como um bom líder ateniense do século V a.C., decide consultar o povo por meio de uma assembleia, na qual recorre à persuasão para falar com a plateia que, empolgada pela oratória forense, aceita a concessão de asilo às filhas de Danau. Assim, ao expor que o governo legítimo se baseia no consentimento dos governados, a peça se constituiu em lição de democracia.[9]

Por sua vez, a tragédia de Sófocles retrata o combate entre os Antigos e os Modernos na Atenas do século V, durante a transição para o estabelecimento da democracia. Enquanto os gregos compreendiam as leis meramente como puras e justas, os sofistas distinguiam entre o que consideravam naturalmente certo e o legalmente correto, definindo que as leis não escritas eram eternas, inalteráveis e provenientes de uma fonte superior à dos decretos elaborados pelos humanos.[10]

A trama se desenrola após a morte do Rei Édipo, quando seus filhos Etéocles e Políníce, em luta pelo trono, travam um duelo no qual ambos vêm a morrer. Creonte, irmão de Édipo, impõe-se como tirano e presta honras fúnebres apenas a Etéocles, tendo em vista que Políníce recorrera à aliança com os Argivos para conquistar o poder de comando em seu país, e publica um édito proibindo seu sepultamento.

Antígona se insurge à ordem de Creonte, prestando ao irmão os devidos rituais fúnebres, sendo por isso condenada por desobediência

---

[9] STONE, Isidor Feinstein. *Julgamento de Sócrates*. São Paulo: Companhia das Letras, 2005. p. 260.
[10] TIEFENBRUN, Susan W. *On civil disobedience, jurisprudence, feminism and the law in the Antigones of Sophocles and Anouilh*. Cardozo Stud. L. & Literature 35, 1999. p. 37-38.

à lei. Sua objeção, desse modo, representa um retrato da aderência sofista à lei natural.[11]

Para os gregos, era crucial o respeito aos deuses e às normas divinas que regiam a ordem social. Desse modo, um corpo insepulto gerava a desgraça não só para o morto como para toda a *pólis*. O defunto – ao ser privado de um enterro digno – era mutilado, banido da memória familiar e cívica e não adentrava o reino dos mortos, estando, desse modo, condenado a vagar para sempre pelo reino dos vivos, sem direito a descansar em paz.

Logo, a condenação de Creonte representava uma transgressão à lei divina. No entanto, para Antígona, era um dever enterrar o irmão, cumprindo um rito que libertaria a sua alma e livraria toda a cidade da poluição em razão da qual ficaria amaldiçoada (pelos deuses). Em uma conversa com Creonte, ela explica o porquê de sua transgressão à ordem do Rei:

> Sim, porque não foi Júpiter que a promulgou; e a Justiça, a deusa que habita com as divindades subterrâneas jamais estabeleceu tal decreto entre os humanos; nem eu creio que teu édito tenha força bastante para conferir a um mortal o poder de infringir as leis divinas, que nunca foram escritas, mas são irrevogáveis; não existem a partir de ontem, ou de hoje; são eternas, sim! – Tais decretos, eu, que não temo o poder de homem algum, posso violar sem que por isso me venham a punir os deuses! Que vou morrer, eu bem sei; é inevitável; e morreria mesmo sem a tua proclamação. E, se morrer antes do meu tempo, isso será, para mim, uma vantagem devo dizê-lo! Quem vive, como eu, no meio de tão lutuosas desgraças, que perde com a morte? Assim, a sorte que me reservas é um mal que não se deve levar em conta; muito mais grave teria sido admitir que o filho de minha mãe jazesse sem sepultura; tudo o mais me é indiferente! Se te parece que cometi um ato de demência, talvez mais louco seja quem me acusa de loucura![12]

Desse modo, ela viola a ordem do governo, depositando terra seca sobre a sepultura e realizando os ritos necessários para a satisfação da obrigação religiosa. Em contrapartida, é condenada à morte e encerrada viva no túmulo de sua família, onde acaba por se enforcar.[13]

---

[11] TIEFENBRUN, Susan W. *On civil disobedience, jurisprudence, feminism and the law in the Antigones of Sophocles and Anouilh*. Cardozo Stud. L. & Literature 35, 1999. p. 38.

[12] SÓFOCLES. *Antígona*. Porto Alegre: L&PM, 2006. p. 30.

[13] "Antigone willingly accepts her cruel punishment, but her fascination with death and the underworld has been misinterpreted by many critics. Antigone's attachment to the gods of

Na peça, a tensão existente entre a lei e a sociedade ateniense é representada mediante o confronto das duas personagens opostas, Creonte e Antígona, assim representadas: homem/mulher, velho/novo, necessidade pública/perspectiva privada, vivo/morto, lei humana/lei divina, deuses olímpicos/deuses ctonianos, manipulação racional/emocional; linhagem patriarcal/parentesco matrilinear.[14]

É possível analisar a peça sob as consequências trágicas do gesto de um monarca que não respeita as opiniões de seu povo que via a ação do rei como carente de validade moral. No debate entre Creonte e seu filho, Hêmon questiona o pai acerca da decisão de manter o irmão de Antígona insepulto e desonrado, fora dos muros da cidade. Creonte sustenta que, enquanto rei, sua vontade deve ser obedecida sempre, tenha razão ou não, e, portanto, não há perigo maior que a desobediência, pela qual a Antígona deveria ser punida.

Hêmon afirma que o povo de Tebas não concorda com o pai e que, apesar da crença de Creonte em governar segundo seu discernimento e não conforme julgam os outros, "uma pólis governada por um só homem não é uma pólis".[15] Em contrapartida, Creonte ainda questiona se o Estado não pertence àquele que o governa, ao qual Hêmon responde: "sem dúvida, num deserto desabitado poderia governar sozinho".[16]

Ou seja, o povo não apenas tem o direito de se expressar como o de ser ouvido: "o governante que despreza as opiniões do povo põe em risco sua cidade e a si próprio também".[17]

Por seu turno, a obra de Platão se inicia com Crito visitando Sócrates na prisão para persuadi-lo a fugir e a se exilar. A conversa se desenrola pelo famoso método socrático, de aprendizado por meio do diálogo, no qual Sócrates começa a explanar os motivos pelos quais agiu

---

Hades and the underworld is not at all due to her 'love' of Polyneices, or her 'death wish' but rather constitutes the symbolic and literary representation of Antigone's reverence for the immutable and eternal natural law, which is associated logically with everlasting death rather than with fleeting and temporal life. Antigone fears dying "with a lack of grace." Like all tragic heroines, her goal is to die with honor. Her act of civil disobedience accords her that honor". TIEFENBRUN, Susan W. *On civil disobedience, jurisprudence, feminism and the law in the Antigones of Sophocles and Anouilh*. Cardozo Stud. L. & Literature 35, 1999. p. 8.

[14] TIEFENBRUN, Susan W. *On civil disobedience, jurisprudence, feminism and the law in the Antigones of Sophocles and Anouilh*. Cardozo Stud. L. & Literature 35, 1999. p. 40.

[15] STONE, Isidor Feinstein. *Julgamento de Sócrates*. São Paulo: Companhia das Letras, 2005. p. 261.

[16] STONE, Isidor Feinstein. *Julgamento de Sócrates*. São Paulo: Companhia das Letras, 2005. p. 261.

[17] STONE, Isidor Feinstein. *Julgamento de Sócrates*. São Paulo: Companhia das Letras, 2005. p. 262.

segundo sua consciência e porque não podia escapar ao julgamento: pena de morte por corromper a juventude ateniense e por não reconhecer os deuses da cidade. A atitude inconformista que caracterizou Sócrates durante toda a sua vida e o levou ao presente julgamento, paradoxalmente, se opõe à forma dócil como se submete à pena – que ele próprio considera injusta. "Sócrates não rejeita a ideia de fugir porque as leis ganham a discussão: ele deixa as leis ganharem a discussão porque não quer fugir".[18] Sócrates age em obediência antes a Deus do que aos atenienses, batalhando por suas crenças mesmo que isso signifique pôr sua vida em risco. Ele fundamenta essa obrigação para com o Estado como uma relação vertical, de pai para filho:

> Nós que te geramos, te criamos, te educamos, te admitimos à participação de todos os benefícios que podemos proporcionar a ti e a todos os demais cidadãos, sem embargo, proclamos termos facultado ao ateniense que o quiser, uma vez entrada na posse dos direitos civis e no conhecimento da vida pública e de nós, as Leis, se não formos de seu agrado, a liberdade de juntar o que é seu e partir para onde bem entender (...) Mas quem dentre vós aqui permanece, vendo a maneira pela qual distribuímos justiça e desempenhamos as outras atribuições do Estado, passamos a dizer que convencionou conosco de fato cumprir nossas determinações; desobedecendo-nos, é réu tresdobradamente: porque a nós que o geramos não presta a obediência; porque não o faz a nós que o criamos e porque, tendo convencionado obedecer-nos, nem obedece nem nos dissuade se incidimos nalgum erro; nós propomos, não impomos com aspereza o cumprimento de nossas ordens, e facultamos a escolha entre persuadir-nos do contrário e obedecer-nos; ele, porém, não faz nem uma coisa nem outra.[19]

Não há igualdade na visão de Platão: o cidadão poderá usar tão somente a persuasão, enquanto o governo poderá usar a força. Ao optar viver naquele Estado, deve se submeter totalmente a sua figura. Trata-se de um próprio "ame-o ou deixe-o".[20] Presunção, arrogância e egoísmo

---

[18] STONE, Isidor Feinstein. *Julgamento de Sócrates*. São Paulo: Companhia das Letras, 2005. p. 227

[19] PLATÃO. *Críton* (o dever). Extraído do livro *Diálogos*, da coleção Clássicos Cultrix. Tradução: Jaime Bruna. Disponível em: http://livros01.livrosgratis.com.br/cv000015.pdf. Acesso em: 24 fev. 2017.

[20] ZINN, Howard. *Law, justice and disobedience*. Notre Dame J.L. Ethics & Pub. Pol'y 899, 1991. p. 909. Disponível em: http://scholarship.law.nd.edu/ndjlepp/vol5/iss4/2. Acesso em: 23 fev. 2017.

são os fundamentos do patriotismo.[21] E seu perigo pode ser percebido no raciocínio desenvolvido por Sócrates, de sensação de dever com o Estado em troca de tudo que ele lhe proporcionou ao longo da vida, inclusive seus pais se conhecerem e gerarem sua vida. Se patriotismo não fosse uma obediência cega ao governo, mas lealdade aos princípios basilares de justiça e de democracia, o patriotismo permitiria inclusive a desobediência quando fossem violados esses mesmos valores.[22]

Sócrates nunca contestou as leis em si mesmas, mas sim a decisão judicial contra ele em específico, a que se refere como "acidente".[23] Para ele, o seu infortúnio não lhe concedia o direito de desobedecer às normas; "sua desavença não era com as leis, mas com os juízes".[24] Se tivesse optado por fugir, ratificaria o posicionamento dos juízes e seu veredicto; indo de encontro com seus ensinos de que "não devemos dar máxima importância ao viver, mas ao viver bem (...) viver bem, viver com honra e viver com justiça é tudo um".[25] Por isso, para ele era melhor estar em desacordo com a multidão, do que estar em desacordo consigo mesmo.[26] Desse modo, as deliberações de consciência se configuram puramente subjetivas.

Já em Górgias de Platão, Sócrates se volta para si, descobrindo que o homem não se comunica só com os outros, mas também consigo mesmo e que esta forma de comunicação – "meu ser comigo mesmo somente",[27] cria regras de consciência, as quais são inteiramente negativas. Elas não dizem o que fazer, mas tão somente o que não fazer.[28]

---

[21] GOLDMAN, Emma. *Patriotism:* a menace to liberty. Disponível em: http://dwardmac.pitzer.edu/anarchist_archives/goldman/aando/patriotism.html. Acesso em: 25 fev. 2017.

[22] ZINN, Howard. *Law, justice and disobedience*. Notre Dame J.L. Ethics & Pub. Pol'y 899, 1991. p. 913. Disponível em: http://scholarship.law.nd.edu/ndjlepp/vol5/iss4/2. Acesso em: 23 fev. 2017.

[23] ARENDT, Hannah. *Crises da república*. Tradução: José Wolkmann. São Paulo: Perspectiva, 2010. p. 56.

[24] ARENDT, Hannah. *Crises da república*. Tradução: José Wolkmann. São Paulo: Perspectiva, 2010. p. 57.

[25] PLATÃO. *Críton* (o dever). Extraído do livro *Diálogos*, da coleção Clássicos Cultrix. Tradução: Jaime Bruna. Disponível em: http://livros01.livrosgratis.com.br/cv000015.pdf. Acesso em: 24 fev. 2017. p. 13.

[26] ARENDT, Hannah. *Crises da república*. Tradução: José Wolkmann. São Paulo: Perspectiva, 2010. p. 59.

[27] ARENDT, Hannah. *Crises da república*. Tradução: José Wolkmann. São Paulo: Perspectiva, 2010. p. 60.

[28] ARENDT, Hannah. *Crises da república*. Tradução: José Wolkmann. São Paulo: Perspectiva, 2010. p. 60.

É paradoxal pensar que Sócrates defendeu o direito de pregar a suas próprias ideias, mesmo que isso significasse ir contra as leis atenienses. Quando proferida a sua sentença de morte, aceitou resignadamente, sob o fundamento de obediência ao Estado de Atenas. O que Sócrates não poderia imaginar é que, ao fazê-lo, provocaria o efeito contrário: lançaria a semente da própria ruptura da figura estatal e a eternidade de seu exemplo para a humanidade.

O julgamento de Sócrates[29] e seu fracasso em tentar convencer a cidade de seus argumentos trouxe para Platão a relevante distinção entre verdade e opinião. Na Grécia, o preconceito contra os sábios, os *sophoi*, era recorrente: por se preocuparem com questões eternas imutáveis e não-humanas e por não necessariamente saberem o que era bom para si próprios, pré-requisito para a sabedoria política, saberiam menos ainda o que era bom para a pólis. A pólis acredita que o filósofo sem a preocupação com o bem humano corria o constante risco de se tornar um inútil. Seu oposto era o homem de compreensão, *phronimos*, cujos *insights* (*phronésis*) acerca do mundo dos assuntos humanos os capacitavam para liderar, ainda que não para governar.

No entanto, Platão acreditava que o filósofo deveria participar da política justamente porque somente ele podia enxergar a ideia do bem, "a mais alta das essências eternas".[30] Platão, orientado pelo proverbial ideal grego, *kalo'k'agathon* (o belo e o bom), optou pelo bem em vez do belo e compreendia que as coisas eternas eram mais valiosas do que belas. Enquanto o belo não podia ser usado, pois apenas brilha, o bem podia ser posto em prática, "contendo em si mesmo um elemento de uso".[31] Portanto, traduzir as leis eternas em leis humanas iluminaria o mundo das ideias pela concepção do bem.

---

[29] A mensagem recebida do oráculo delfos à pergunta feita pelo discípulo Querofonte, se havia alguém mais sábio que Sócrates, foi: "que não havia ninguém mais sábio". A missão de Sócrates passa a ser a de questionar todos seus concidadãos para ver se havia entre estes alguém mais sábio do que ele. E por isso, diz Sócrates aos juízes, que se meteu em apuros e se tornou impopular. Pois constatou que se não sabia nada, aqueles que questionava sabiam ainda menos – sequer tinham consciência de sua ignorância. Autoglorificação para Sócrates implicava o aviltamento dos mais respeitados líderes da cidade. Sócrates abalava a polis, difamava os homens dos quais ela dependia e alienava os jovens. STONE, Isidor Feinstein. *Julgamento de Sócrates*. São Paulo: Companhia das Letras, 2005. p. 260.

[30] ARENDT, Hannah. *A dignidade da política*. 3. ed. Rio de Janeiro: Relume-Dumará, 2002. p. 94.

[31] ARENDT, Hannah. *A dignidade da política*. 3. ed. Rio de Janeiro: Relume-Dumará, 2002. p. 94.

Ao refletir sobre as implicações do julgamento de Sócrates, Platão chegou ao conceito de verdade, que se opunha ao de opinião, bem como a forma de falar filosófica (*dialegesthai*) que se opunha à persuasão e à retórica.[32] Aristóteles, em a Retórica, afirma: "a arte da persuasão [e, portanto, a arte do falar político] é a contrapartida da arte da dialética [a arte do falar filosófico]".[33]

Ao passo que a persuasão se direciona a uma multidão, a dialética só é possível em um diálogo. Nesse sentido, poder-se-ia dizer Sócrates errou ao se dirigir aos juízes de forma dialética – o modo como falava de qualquer coisa para chegar a alguma verdade – pois assim não pôde persuadi-los. A persuasão não lida com a verdade, mas com as opiniões da multidão. Persuadir significa impor sua opinião sobre as demais existentes. "A persuasão não é o oposto de governar pela violência, é apenas uma outra forma de fazer isso".[34]

Sócrates acreditava que por meio da *dialegesthai*, discutir até o fim através da dialética, era possível revelar a doxa de cada um. Doxa significa opinião, glória e fama, portanto, relaciona-se com o domínio político:

> Todo homem tem sua própria doxa, sua própria abertura para o mundo; logo, Sócrates precisava começar sempre com perguntas; não se pode saber de antemão que espécie de *dokei moi*, de "parece-me" o outro possui. Precisava assegurar-se da posição do outro no mundo comum. Mas assim como ninguém pode saber de antemão a doxa do outro, não há quem possa saber por si só e sem um esforço adicional, a verdade inerente à sua própria opinião.[35]

Diferentemente de Platão, Sócrates acreditava que o papel do filósofo não era nem governar a cidade, nem proferir verdades filosóficas, mas tornar seus cidadãos e a cidade, por conseguinte, mais verdadeiros. Essa era, sobretudo, uma atividade política.

Na Grécia, durante o período helenístico, que marca o fim da democracia e das cidades-estado, o estoicismo trouxe uma nova

---

[32] ARENDT, Hannah. *A dignidade da política*. 3. ed. Rio de Janeiro: Relume-Dumará, 2002. p. 95-96.
[33] ARENDT, Hannah. *A dignidade da política*. 3. ed. Rio de Janeiro: Relume-Dumará, 2002. p. 96.
[34] ARENDT, Hannah. *A dignidade da política*. 3. ed. Rio de Janeiro: Relume-Dumará, 2002. p. 96.
[35] ARENDT, Hannah. *A dignidade da política*. 3. ed. Rio de Janeiro: Relume-Dumará, 2002. p. 97.

dignidade ao indivíduo que tinha deixado de ser cidadão para se converter em súdito das grandes monarquias. Esta concepção é consequência do caráter filosófico conferido ao universalismo dos romanos, no qual o mundo é uma grande cidade em que todos participam como iguais.

Atrelado a essa visão, "corresponde também um direito universal fundado num patrimônio racional comum, daí derivando um dos precedentes da teoria cristã da *lex aeterna* e da *lex naturalis*, igualmente inspiradora dos direitos humanos".[36] O cristianismo, por sua vez, irá aprofundar o ensinamento judaico e grego, propagando a ideia do valor absoluto da pessoa no plano espiritual. Desse modo, percebe-se que o ensinamento cristão teve papel fundamental para a formação do pensamento acerca dos direitos humanos.

Em contrapartida, a disseminação da ideia da imortalidade humana deslocou a antiga preocupação com a vida da *polis* para a atenção à própria individualidade. Essa virada marca um processo de despolitização e de alienação, na qual se rejeita o mundo dos homens e se volta para a superioridade da *vita contemplativa,* diante do caráter ilusório da *vita activa.*[37]

Os antigos e medievais, na procura pela verdade eterna, remontam aos filósofos de Platão[38] e os modernos, ao próprio mundo interior, por força das dúvidas surgidas nessa busca. São paradigmas dessas dúvidas o telescópio de Galileu, que separou o que é realidade do que aparece aos sentidos; e Descartes, que afirmou a existência de processos mentais por meio da razão, como "faculdade natural e privada inerente

---

[36] ARENDT, Hannah. *A dignidade da política.* 3. ed. Rio de Janeiro: Relume-Dumará, 2002. p. 119.

[37] ARENDT, Hannah. *A dignidade da política.* 3. ed. Rio de Janeiro: Relume-Dumará, 2002. p. 120.

[38] "Não devemos esquecer esses "preconceitos" comuns que a *polis* tinha contra filósofos, mas não contra artistas e poetas. Somente o *sophos*, que não sabe o que é bom para si mesmo, irá saber menos ainda o que é bom para a *polis*. O *sophos*, o sábio como governante, deve ser visto em sua oposição ao ideal corrente do *phronimos*, o homem de compreensão, cujos *insights* sobre mundo dos assuntos humanos qualificam-no para liderar, embora obviamente não para governar. A filosofia, o amor, a sabedoria, não eram, de modo algum, tidos como equivalentes desse *insight, phronésis*. Somente o sábio preocupa-se com os assuntos externos à *polis*. E Aristóteles concorda plenamente com essa opinião pública quando afirma: 'Anaxágoras e Tales eram homens sábios, mas não homens de compreensão. Não estavam interessados no que é bom para os homens [*anthrôpina agatha*]'. Platão não negava que a preocupação do filósofo eram as questões eternas imutáveis e não humanas. Discordava, entretanto, de que isso o tornasse inadequado para desempenhar um papel político. Discordava da conclusão, tirada pela *polis*, de que o filósofo, sem a preocupação com o bem humano, corria ele próprio o constante risco de se tornar um inútil". ARENDT, Hannah. *A dignidade da política.* 2. ed. Rio de Janeiro: Editora Relume-Dumará, 2002, p. 93.

a todo homem";[39] instaurando-se, assim, o subjetivismo e a filosofia focada na epistemologia. O individualismo irá se conceber como elemento integrante da lógica da modernidade: concebendo a liberdade como a faculdade de autodeterminação do ser humano e marcando a erosão da sociedade hierárquica medieval na qual a igualdade só era alcançada com a morte.

Na Grécia, os atenienses idealizaram a lei do ostracismo para destruir a tirania, impondo aos atenienses o desterro.[40] O ostracismo nada mais era do que o banimento ou exílio de algum cidadão da sociedade, seja por motivos morais ou de corrupção. As leis de Sólon, por sua vez, afirmaram que o homem desmoralizado não poderia governar.[41] Contudo, pelo fato de a tirania ter se tornado habitual, em face à situação peculiar do poder militarizado, a teoria da resistência não se desenvolveu na Grécia, restringindo-se a Platão, em A República, e a Aristóteles, em A Política, a enquadrar a tirania como um problema de corrupção dos governos, na qual o monarca governa arbitrariamente, em benefício próprio.

1.2 Império romano e primeiros séculos de cristianismo

No Império Romano, onde a militarização persistiu e o poder era um fato, a resistência dos escravos em Roma e na Ásia Menor, os movimentos em Sicília, a revolta de Espártaco e a frente dos gladiadores foram uma realidade. A doutrina permaneceu discreta sobre o tema, tendo Cícero afirmado que o governo injusto não provoca uma simples corrupção, mas a anulação total do Estado.[42]

Nos primeiros séculos de cristianismo, tampouco irá se desenvolver a teoria da resistência, "em virtude de os cristãos de então terem aprendido a suportar o poder tirânico sem resistir, desarmando a opressão pelo heroísmo e pela convicção inabalável".[43]

---

[39] LAFER, Celso. *A reconstrução dos direitos humanos: um diálogo com o pensamento de Hannah Arendt*. São Paulo: Companhia das Letras, 1988. p. 120.

[40] PAUPÉRIO, Arthur Machado. *O direito político de resistência*. Rio de Janeiro: Editora Forense, 1962. p. 44.

[41] ALTAVILA, Jayme de. *Origem dos direitos dos povos*. 8. ed. São Paulo: Ícone, 1961. p. 21

[42] PAUPÉRIO, Arthur Machado. *O direito político de resistência*. Rio de Janeiro: Editora Forense, 1962. p. 46.

[43] PAUPÉRIO, Arthur Machado. *O direito político de resistência*. Rio de Janeiro: Editora Forense, 1962. p. 47.

Contudo, na Idade Média, a resistência ganhará espaço debaixo da autoridade eclesiástica, a quem competia depor o rei ou o governante, e por meio da qual os súditos ficavam desobrigados do dever de fidelidade. Os jurisconsultos romanos, ainda que não tenham focado no problema da resistência, deixaram na *Lex Regia* o fundamento do direito de deposição.[44]

Em Roma, as Questões[45] de *Farinaccius* revelam que o direito romano também não ignorou inteiramente a legalidade da resistência: "Se o magistrado, faltando à justiça, já não se reputa magistrado, e passa a não ser mais que um sujeito particular, do mesmo modo como nos é dado resistir à violência que qualquer particular nos faz, lícito semelhantemente nos será também resistir à injustiça do magistrado e seus oficiais, pois obrando injustamente, não tem, repito, mais autoridade que se menos particulares fossem" (Quaest. XXII, nº 88-91).[46] *Farinaccius*, de acordo com o pensamento de vários jurisconsultos de sua época, entendia que o homem não só tem o direito de resistir, como o dever que, caso não cumprido, seria passível de punição.

A Igreja não conheceu inicialmente o chamado direito de resistência, visto que a vida do cristão era de tal forma imbuída pela preocupação com a salvação eterna, que era desinteressado da vida terrena e da vitória sobre a opressão. Desde a Antiguidade, era regra a união entre o sagrado e o profano, entre a igreja e o estado, exigindo-se dos súditos cristãos sua total submissão. Por meio do cristianismo, foram consignadas a legitimidade e a independência tanto do poder espiritual como do civil, bem como o dever de obediência; tratava-se da revolução cristã da soberania.

Porém, apesar da doutrina da obediência aos padres superiores e da submissão ao príncipe em sua qualidade de ministro de Deus, a história dos primórdios do cristianismo caracterizou-se como de resistência, sob o fundamento de que mais vale obedecer a Deus que

---

[44] VASCONCELLOS, Manoel da Cunha Lopes et al. *Digesto ou pandectas do Imperador Justiniano*. 1. ed. São Paulo: YK Editora, 2017. "O que aprouve ao imperador tem força de lei, porque pela lei régia, promulgada por ocasião de sua elevação a este cargo, o povo conferiu-lhe todo o seu império e poder". p. 77.

[45] Gênero literário do método escolástico no qual é levantada uma dúvida sobre algum ponto e, após serem analisadas todas as objeções possíveis, chega-se a uma resposta.

[46] PAUPÉRIO, Arthur Machado. *O direito político de resistência*. Rio de Janeiro: Editora Forense, 1962. p. 41.

aos homens.⁴⁷ Progressivamente, os primeiros cristãos defenderam a resistência passiva, tanto pela virtude, pois poderiam resistir pela força ou até fugir, como pela ausência de uma das condições necessárias para tornar legítima a revolta. Com o transcorrer do tempo, os cristãos adquiriram por seu número e sua força condição suficiente para se opor ao Império Romano: "Senhor, somos teus soldados; porém, ao mesmo tempo, confessamo-lo livremente, somos servos de Deus. Temos armas e não resistimos, porque preferimos morrer a matar".⁴⁸

Contudo, havia oposição ao cristianismo político, que não teria "alcançado mais que desacreditar a religião divina que professavam" e que deveria ser percorrido pela serena conquista de corações ao invés de pelas espadas. Posteriormente, quando o Estado se tornou cristão, a responsabilidade pelo cumprimento do Direito por parte da autoridade passou a ser também dos súditos cristãos.

A doutrina medieval logo passou a afirmar o direito de resistência, ainda que pelas armas, à ordem abusiva e tirana dada pelo soberano. No início do século XI, autores como Santo Isidoro de Sevilha e, posteriormente, o monge alemão Mangold de Lautenbach defendiam a soberania popular: "pergunta-se então se se pode impedir ao povo que proceda com o monarca como o campesino com o servo, ao qual, se não é fiel, deixa de alimentar e expulsa de sua jurisdição, retendo-lhe inclusive o salário acordado".⁴⁹

João de Salibury, frade inglês, escreveu o primeiro tratado medieval de ciência política em 1159, denominado *Policraticus*, no qual distingue o príncipe do tirano: o príncipe é um "servo da equidade, que se submete à autoridade divina e à justiça", enquanto o tirano usurpa a espada e por isso deve por ela morrer. Salisbury defendeu o tiranicídio como lícito, justo e conveniente.⁵⁰

A rivalidade crescente entre Roma e os príncipes temporais fortalecia a ideia da resistência como arma política. Desse modo, a igreja passa a depor os reis que traem sua própria missão, dispensando igualmente os súditos da obediência a eles. Gradativamente, a tese da

---

⁴⁷ PAUPÉRIO, Arthur Machado. *O direito político de resistência*. Rio de Janeiro: Editora Forense, 1962. p. 48.
⁴⁸ PAUPÉRIO, Arthur Machado. *O direito político de resistência*. Rio de Janeiro: Editora Forense, 1962. p. 50
⁴⁹ KERN, Fritz. *Derechos del rey y derechos del pueblo*. Madrid: Rialp, 1955. p. 197.
⁵⁰ PAUPÉRIO, Arthur Machado. *O direito político de resistência*. Rio de Janeiro: Editora Forense, 1962. p. 54.

resistência à opressão passa a se generalizar entre os estudiosos religiosos: argumentos de que Deus não transmitia seu poder a alguém sem condições, de modo que o rei injusto merecia perder a sua soberania e seus privilégios.[51] A sentença que destituía o monarca ou que declarava a resistência a ele tinha caráter declaratório, pois a autoridade injusta é nula de pleno direito. Contudo, alguns ainda defendiam a inquestionabilidade da autoridade do rei, dentre eles, Santo Agostinho.[52]

A concepção de que toda autoridade humana é limitada adquire maior importância com os percussores do direito de resistência na Idade Média, tal como S. Isidoro e S. Tomás de Aquino, cuja doutrina começa a ensinar que a ordem dada pelos soberanos, quando abusiva, não obriga o súdito. Bártolo de Sassoferrato, influenciado por esses autores, irá falar sobre a tirania em seus tratados *De Tyranno e De Regimine Civitatis*. O tirano (do grego *tyro*, que pode significar tanto força quanto angústia) é definido como aquele que governa a coisa pública sem direito (*non iure*), seja quando não tem direito ao título e não obedece ao direito (por título ilegítimo), seja quando tirano pelo exercício (exerce seu legítimo poder de forma ilegítima, não respeitando o direito, praticando ações que não convergem para o interesse comum, mas para o seu bem próprio). Bártolo, no entanto, estende os atos de tirania às casas, às famílias e esclarece que aquele que fizer um contrato por medo dessas ações do tirano poderá rescindi-lo.

As espécies de tirano são as mais diversas: seja o aberto e manifesto, seja o velado, que podem sê-lo tanto por defeito do título quando pelo exercício. Seus atos particulares precisamente demonstram suas intenções: oprimem os mais poderosos homens da cidade, não hesitando inclusive em matá-los, caso se mostre necessário; destroem os sábios para que estes não influenciem o povo contra si; oprimem o estudo e a disciplina; proíbem qualquer forma de associação e de grupos; mantêm diversos espiões espalhados nas cidades; conservam a cidade dividida, para que um lado tema o outro e não se levante; promovem guerras e mantêm, desse modo, os guerreiros entretidos em terras estranhas;

---

[51] PAUPÉRIO, Arthur Machado. *O direito político de resistência*. Rio de Janeiro: Editora Forense, 1962. p. 55.

[52] "Contudo, parece se contradizer em *De Libero Arbitrio* (libro I, cap. 6) ao afirmar que se o poder se encontra nas mãos de gente malvada e criminosa, pode o homem reto e poderoso que aparecer retirar o poder e entregá-lo a um ou a alguns varões justos. Se no governo existe alguma servidão, esta pode ser chamada mais de escravidão a do que manda do que a do que obedece". PAUPÉRIO, Arthur Machado. *O direito político de resistência*. Rio de Janeiro: Editora Forense, 1962. p. 57.

tratam de interesses externos, nunca dos próprios cidadãos; alinham-se a partidos, buscando afligir o outro.[53]

Na hipótese de algum duque, marquês, conde ou barão estar se comportando tiranicamente, deverá seu superior depô-lo, pois cabe a este livrar o povo do estado de servidão. Mais adiante, Bártolo irá diferenciar os atos meramente políticos do tirano, que com este morrem, dos contratos e compromissos que se perpetuam como atos jurídicos. Esta distinção se manteve posteriormente, com aplicação nas revoluções.[54]

Na Idade Média, o súdito devia mais fidelidade que obediência ao rei, havendo reciprocidade entre ambos. Assim, o direito de resistência não era visto como uma violação do pacto político pelo soberano, mas como genuína obrigação dos súditos em face da ordem jurídica prejudicada.[55] Tornava-se uma pena convencional, com caráter de certo modo preventivo. Ou seja, o direito de resistência passa a ser disciplinado contra possíveis arbitrariedades, transformando-se em elemento preventivo dos abusos do poder. Marsílio de Pádua, grande defensor medieval do conceito de soberania popular, defendeu a destituição do monarca pelo povo, *ex causa justa* e inclusive o direito de tiranicídio.

Nesse período, a resistência ao monarca tirano ou abusivo foi corrente e comum, tendo diversos soberanos sido depostos. O direito de julgar os príncipes, reivindicado pela igreja, constituiu verdadeira inovação processual. Durante séculos, o papa e a alta hierarquia eclesiástica julgaram soberanos. A Santa Sé era, portanto, uma espécie de tribunal internacional, taticamente constituído e sob ampla aprovação da população.[56] "O caráter teocêntrico da civilização medieval explica, por si só, a intervenção do papado como árbitro na deposição dos governantes tirânicos, ontem possível em face das circunstâncias, hoje quase sempre contraindicada em face das novas condições do mundo, já sem a antiga unidade espiritual".[57]

---

[53] LOPES, José Reinaldo Lima; QUEIROZ, Rafael Mafes Rabelo; ACCA, Thiago dos Santos. *Curso de história do direito*. 2. ed. rev. e amp. São Paulo: Método, 2009. p. 68-73.
[54] PAUPÉRIO, Arthur Machado. *O direito político de resistência*. Rio de Janeiro: Editora Forense, 1962. p. 139.
[55] PAUPÉRIO, Arthur Machado. *O direito político de resistência*. Rio de Janeiro: Editora Forense, 1962. p. 60.
[56] PAUPÉRIO, Arthur Machado. *O direito político de resistência*. Rio de Janeiro: Editora Forense, 1962. p. 68.
[57] PAUPÉRIO, Arthur Machado. *O direito político de resistência*. Rio de Janeiro: Editora Forense, 1962. p. 68.

1.3 Igreja e prática política medieval

Na Idade Média, a sociedade europeia estava organizada na forma de estamentos: clero,[58] nobreza[59] e povo[60]. Enquanto os dois primeiros eram dotados de prerrogativas, ao terceiro era apenas concedido o *status* de livre (*status libertatis*), em oposição aos servos. No final do período medieval, dois amplos movimentos de transformação social emergirão: o monarquismo e a revitalização urbana. A partir do século XI na Europa Ocidental, fortalecia-se a tendência de centralização do poder, tanto na sociedade civil como na eclesiástica. Foi-se afirmando, gradativamente, a predominância de um dos suseranos sobre os outros, um *"primus inter partes"*.[61] Posteriormente, este viria a ser o rei, destacando-se consideravelmente dos senhores feudais e vassalos: enquanto "cada barão é soberano em sua baronia, o rei é soberano sobre todos".[62]

Na Inglaterra, esse processo de centralização do poder se viu enfraquecido no reinado de João Sem-Terra, com a disputa pelo trono com um rival e com os ataques franceses contra o ducado da Normandia, pertencente ao monarca inglês por herança dinástica (a família *Plan-tagenet*)[63]. Portanto, para financiar as ações bélicas, o rei da Inglaterra aumentou a arrecadação fiscal sobre os barões. Em contrapartida, a nobreza passou a exigir como condição para o pagamento de tributos o reconhecimento formal de seus direitos. Paralelamente, João Sem-Terra se confrontava com o papado ao apoiar as expansões territoriais do Imperador Óton IV, seu sobrinho, em conflito declarado com o rei da França.

Não obstante, ao se recusar a aceitar a designação de Stephen Langton como cardeal de Canterbury, foi excomungado pelo Papa Inocêncio III.[64] Por fim, em razão da carência de recursos financeiros, João Sem-Terra se curvou ao poder papal, declarando a Inglaterra

---

[58] O topo era ocupado pela soberania espiritual, detentora do saber e da magia.
[59] Neste patamar intermediário, estavam os encarregados pela segurança coletiva, exercendo, portanto, a função militar.
[60] Era a base da sociedade, formada pelos produtores de riqueza, ligados ao cultivo da terra.
[61] COMPARATO, Fabio Konder. *Afirmação histórica dos direitos humanos*. 10. ed., São Paulo: Editora Saraiva, 2015, p. 84.
[62] BEAUMANOIR, Philippe de; apud COMPARATO, Fabio Konder. *Afirmação histórica dos direitos humanos*. 10. ed., São Paulo: Editora Saraiva, 2015. p. 84.
[63] COMPARATO, Fabio Konder. *Afirmação histórica dos direitos humanos*. 10. ed., São Paulo: Editora Saraiva, 2015. p. 85.
[64] COMPARATO, Fabio Konder. *Afirmação histórica dos direitos humanos*. 10. ed., São Paulo: Editora Saraiva, 2015. p. 86.

feudo de Roma em 1213 e obtendo, em retorno, o levantamento de sua excomunhão.

A Carta Magna instituiu o direito de revolta ao povo quando o príncipe não cumprisse as obrigações às quais se tinha vinculado. A cláusula[65] estabeleceu a criação de um conselho de vinte e cinco barões e uma comissão de quatro membros eleitos por aqueles para fiscalizar o rei. Tais autoridades tinham como função verificar os abusos reais e estabelecer a comunicação entre o soberano e os súditos, levando-lhe suas queixas de direitos porventura violados. Se o rei se negasse a observar os seus deveres, os barões, ajudados pelos súditos, poderiam tomar medidas coercitivas. "Enquanto durasse a injustiça do rei, para trazê-lo de novo ao bom caminho e torná-lo apto ao governo, podia essa autoridade provisional colocá-lo sob sua tutela direta".[66] Desse modo, a norma é explícita em permitir a resistência em caso de abuso régio.

Dois anos depois, a Magna Carta[67] foi imposta ao rei como condição para a cessação de hostilidades. Apesar de sua forma de promessa unilateral, ela constituiu, na verdade, uma convenção entre o rei e os barões feudais, reconhecendo formalmente que a soberania do monarca passava a ser limitada pelos privilégios das ordens estamentais.

---

[65] Magna Charta (1215), § 61: "havendo outorgado o que antecede por deus e pela melhora de nosso reino e para a melhor composição da discórdia que há entre nós e nossos barões, e com a intenção de mantê-lo por todos os tempos firme e inviolável, damo-lhes a seguinte segurança. Os barões devem eleger 25 barões do reino... que devem guardar e fazer guardar com todas as suas forças a paz e as liberdades... que lhe temos concedido.... de modo que se nós... ou um de nossos oficiais temos em algo incorrido em falta contra alguém ou desrespeitado qualquer artigo da cara de paz e de segurança, e a ofensa é notificada a quatro dos 25 barões referidos, estes quatros barões devem vir a Nós... com a espera de reparar sem demora essa transgressão. E se não reparamos a falta dentro de quarenta dias.... os prefalados quatro barões devem expor a questão aos restantes dos 25 barões, e aqueles 25 barões, com a comunidade de todo o país, nos reclamará o agravo por todos os meios que possam, como caução de nossos castelos, terras, possessões e qualquer outro modo que possam, até obter satisfação segundo seu juízo, deixando a salvo nossa pessoa e as pessoas de nossa rainha e nossos filhos. E depois de haver sido reparados obedecer-nos-ão de novo como têm feito anteriormente. E quem quer do país que o deseje, jure que para execução do dito anteriormente obedecerá às ordens dos 25 barões nomeados junto com eles nos importunará segundo suas forças, e nós damos a todos pública e livremente permissão para jurar isto.... e todos os que não prestem este juramento voluntariamente aos 25 barões, serão compelidos por nosso mandato a fazê-lo".

[66] PAUPÉRIO, Arthur Machado. *O direito político de resistência*. Rio de Janeiro: Editora Forense, 1962. p. 65.

[67] Magna Carta Libertatum seu *Concordiam inter regem Johannem et Barones pro concessione libertatum ecclesiae et regni Angliae* (Carta Magna das Liberdades ou Concórdia entre o rei João e os barões para a outorga das liberdades da igreja e do reino inglês). PAUPÉRIO, Arthur Machado. *O direito político de resistência*. Rio de Janeiro: Editora Forense, 1962. p. 83

Dentre os direitos elencados, os principais eram o de liberdade eclesiástica, notadamente a de livre designação de bispos, abades e demais autoridades, independentemente da confirmação régia;[68] a garantia do exercício do poder tributário mediante o consentimento dos súditos;[69] substituição da vontade arbitrária do senhor pela norma geral e objetiva da lei;[70] reconhecimento do poder-dever do rei de fazer justiça, como contrapartida a seus súditos; instauração do princípio do paralelismo entre delitos e penas e das bases do tribunal do júri, iniciando, assim, a abolição das penas criminais arbitrárias ou desproporcionais; garantia do respeito à propriedade privada contra confiscos e requisições abusivas do soberano e seus oficiais; desvinculação da pessoa do monarca da lei e da jurisdição, trazendo a essência do *due process of law*; limitação do poder dos senhores feudais em relação aos seus dependentes e agregados, constituindo o elemento para a posterior superação do regime feudal; criação da primeira espécie de mecanismo de responsabilização do rei perante os seus súditos, que seria propício para a abolição da monarquia posteriormente. Constituíam-se, assim, as primeiras garantias para o exercício da liberdade.

A Carta, que em um primeiro momento surgiu para reforçar o regime feudal, trouxe consigo a semente para a sua posterior extinção. A limitação do poder dos governantes, não mais por normas costumeiras ou divinas, mas por direitos subjetivos dos súditos, constituiu o ponto de partida para a construção da democracia moderna.

Contudo, logo após a assinatura, João Sem-Terra recorreu ao Papa e Inocêncio III declarou o documento nulo, por este ter sido obtido mediante coação e sem o consentimento pontifício. No entanto, isso não impediu que a Carta fosse reafirmada pelos monarcas subsequentes

---

[68] Essa cláusula foi apresentada pelo cardeal Stephen Langton, cuja nomeação como primaz da Inglaterra o rei João Sem-Terra recusara. Esse preceito prenuncia a futura separação institucional entre Igreja e Estado.

[69] "O brocardo *no taxation without representation* (não haverá tributação sem que os contribuintes deem o seu consentimento, por meio de representantes), que está na origem do moderno sistema parlamentar de governo". COMPARATO, Fabio Konder. *Afirmação histórica dos direitos humanos*. 10. ed., São Paulo: Editora Saraiva, 2015. p. 93.

[70] "O sentido primigênio da norma fundamental, inscrita em quase todas as constituições modernas, segundo a qual ninguém será obrigado a fazer ou deixar de fazer alguma coisa senão em virtude de lei, encontra-se nessa disposição da Magna Carta". COMPARATO, Fabio Konder. *Afirmação histórica dos direitos humanos*. 10. ed. São Paulo: Editora Saraiva, 2015. p. 93.

em 1216, 1217 e 1225, tornando-se a partir desta última data, direito permanente.[71]

A Magna Carta deixou implícito, pela primeira vez na história, que o rei se vincula às próprias leis que edita. "Dos choques entre o monarca e os barões, marcados pela luta constitucional, cedo surgiriam as novas ideias políticas inglesas, substituindo-se a Junta de Resistência pelo Parlamento, que ganhou, gradativamente, cada vez mais, maior influência na vida da nação".[72]

1.4 A doutrina tomista

Para Santo Tomás de Aquino[73] (1225-74), não era possível compreender a lei fora de Deus. Logo, existia uma lei natural de origem divina que definia o justo e o injusto. "O poder encontra sua origem em Deus porque este, tendo desejado a sociedade, desejou-lhe necessariamente o meio adequado, isto é, a autoridade, porque sem essa primeira não poderia deixar de marchar inexoravelmente para a anarquia".[74] Paralelamente, havia a lei formal, produto da razão, à qual o indivíduo capaz de consciência e de liberdade teria o dever de obedecer.[75] Desse modo, ele entendia que não era possível encontrar a lei fora de Deus, mas que só se poderia chegar a ela por meio da figura da razão.

O homem é um animal social e político que depende do Estado para escapar à desordem. Portanto, a função primordial do governo consistia em garantir a harmonia entre os indivíduos e, por isso, a importância da obrigação de obediência às normas em face da necessidade de formar um corpo político e social organizado. E a melhor maneira de garanti-lo seria por meio da realeza, já que esta fortalecia

---

[71] COMPARATO, Fabio Konder. *Afirmação histórica dos direitos humanos*. 10. ed. São Paulo: Editora Saraiva, 2015. p. 91.

[72] COMPARATO, Fabio Konder. *Afirmação histórica dos direitos humanos*. 10. ed. São Paulo: Editora Saraiva, 2015. p. 66.

[73] A França, no século XII, atingia seu apogeu: A unificação da herança pela hereditariedade realizada pelos antecessores Capetos permitiu que Filipe Augusto (1180-1223) formasse uma base territorial para o reino francês. São Luís (Luís IX), seu neto, durante seu reinado, promoveu a organização de uma seção judiciária e uma seção fiscal e implementou diversos projetos para a formação de um Estado Moderno. COMPARATO, Fabio Konder. *Afirmação histórica dos direitos humanos*. 10. ed. São Paulo: Editora Saraiva, 2015.

[74] PAUPÉRIO, Arthur Machado. *O direito político de resistência*. Rio de Janeiro: Editora Forense, 1962. Consultar em a suma teológica.

[75] COSTA, Nelson Nery. *Teoria e realidade da desobediência civil*: de acordo com a Constituição de 1988. Rio de Janeiro: Editora Forense, 1990. p. 4.

a unidade territorial e impedia a arbitrariedade, possível quando o governo era de muitos. A Igreja, por sua vez, determinava o que era justiça e injustiça, de acordo com esse direito natural, considerado o meio pelo qual Deus regia os homens. A teoria política tomista afirmava a necessidade de obediência ao soberano, mesmo quando a ordem pudesse ser considerada injusta, pois era melhor suportar a tirania do que expor todo o povo à anarquia. Logo, a perversidade contra o tirano só poderia ser procedida pela autoridade pública.[76]

Suas ideias estavam voltadas, sobretudo, para o estabelecimento de instituições fortes o suficiente para garantir o bem comum: a institucionalização da hereditariedade, que garantia a unidade do território; a organização das cortes em seções especializadas; e o Parlamento, que expressava as forças sociais dominantes.[77] Evitava-se assim que a monarquia absoluta degenerasse em tirania.

O poder injusto pode provir tanto de sua origem, *tyrannus secundum regimen et titulum*, tirano pelo exercício governamental, quanto de seu uso, *tyrannus secundum regimen tantum*, governo desvirtuado e mal exercido. Quanto ao modo de aquisição do poder, a ilegitimidade podia ocorrer tanto por defeito da pessoa, no caso de ela ser indigna, como no modo de aquisição do poder, obtido mediante violência ou qualquer meio ilícito.

Na primeira hipótese, a obrigação de obediência prevalece, enquanto na segunda é impeditiva, a menos que posteriormente se converta em senhor, mediante consentimento dos súditos ou de autoridade. Se a injustiça não ultrapassar o terreno das pretensões excessivas, os súditos devem se limitar à resistência passiva. No entanto, contrariando as leis divinas e humanas, torna-se lícita a resistência defensiva.[78]

Quando a tirania não é excessiva, Aquino aconselha sua tolerância em vez de "expor-se a perigos mais graves que a própria tirania, o que pode acontecer quando não cheguem a prevalecer os que se opõem

---

[76] "Proceder contra a perversidade do tirano por iniciativa privada, mas sim pela autoridade pública" TOMÁS DE AQUINO. *Do governo dos príncipes*. Tradução: Arlindo dos SANTOS. São Paulo: Editora Anchieta, 1946. p. 7.
[77] COSTA, Nelson Nery. *Teoria e realidade da desobediência civil:* de acordo com a Constituição de 1988. Rio de Janeiro: Editora Forense, 1990. p. 5.
[78] TOMÁS DE AQUINO. *Suma teológica*. Disponível em: https://sumateologica.files.wordpress.com/2017/04/suma-teolc3b3gica.pdf. Acesso em: 13 mar. 2018. p. 812.

ao tirano, que, provocado, pode ainda mais enfurecer-se".[79] Ainda, alerta sobre a sucessão dos tiranos, cujo sucessor pode ser ainda mais rude do que o anterior derrubado pelo povo. No entanto, o governo tirânico focado no bem do governante e não no bem comum é injusto e a mudança de governo se justifica.

O bem comum é pra Santo Tomás a medida e o limite do chamado direito de resistência. Portanto, a justificativa para a resistência aos governantes consiste na ameaça ao bem comum. "O que Tomás de Aquino procura salvaguardar é o bem comum, a ordem social conforme as exigências da natureza humana".[80] Desse modo, quando o governante "substitui o zelo pela arbitrariedade, para efetivar de modo sistemático a ruína moral e política de todo o povo, já não há simples abuso de um direito, mas a sua própria negação objetiva e total".[81]

Porém, a ação não constitui sedição. Esta é do tirano, que adquiriu mal o poder ou dele abusou.[82] A oposição à tirania somente pode ocorrer por intermédio da autoridade pública e não por iniciativa privada. Aquino propõe formas de prevenção à tirania por meio da cuidadosa seleção do rei e da moderação do poder na organização política-jurídica, em que o sistema de freios e contrapesos atenderia aos anseios tomistas – a "doutrina tomista considerada como doutrina do primado da ordem".[83]

Portanto, ainda que Santo Tomás de Aquino não reconheça efetivamente o direito de resistência, na medida em que a questão da justiça ou da injustiça estava dissociada da questão da obrigação, foi a partir dele que começaram a ser traçados os primeiros limites do poder

---

[79] PAUPÉRIO, Arthur Machado. *O direito político de resistência*. Rio de Janeiro: Editora Forense, 1962. p. 71.

[80] PAUPÉRIO, Arthur Machado. *O direito político de resistência*. Rio de Janeiro: Editora Forense, 1962. p. 75.

[81] PAUPÉRIO, Arthur Machado. *O direito político de resistência*. Rio de Janeiro: Editora Forense, 1962. p. 78.

[82] O regime tirânico não é justo, por se ordenar, não ao bem comum, mas ao bem particular do que governa, como está claro no Filósofo. Sendo assim, a perturbação desse regime não tem natureza de sedição, salvo talvez quando o regime do tirano é perturbado tão desordenadamente, que a multidão a ele sujeita sofre maior detrimento da perturbação consequente que do regime tirânico. O sedicioso é, antes, o tirano, que nutre, no povo que lhe está sujeito, discórdias e sedições, para poder governar mais seguramente. Pois é da natureza do regime tirânico ordenar-se para o bem próprio, em prejuízo da multidão" p. 2009. TOMÁS DE AQUINO. *Suma Teológica*. Disponível em: https://sumateologica.files.wordpress.com/2017/04/suma-teolc3b3gica.pdf. Acesso em: 13 mar. 2018.

[83] PAUPÉRIO, Arthur Machado. *O direito político de resistência*. Rio de Janeiro: Editora Forense, 1962. p. 77.

do Estado moderno e o embrião da força da opinião pública:[84] o direito dos homens de julgarem as ações dos governos, na medida em que, nessa época, o príncipe não é mais superior e sim o direito, fundado no costume da comunidade, a qual se submete. Essa nova realidade será fundamental ao processo democrático.

1.5 Recusa de servidão de Etienne de La Boétie

No século XV, a figura do monarca se fortalecia, mediante prerrogativas públicas e um ordenamento jurídico garantidor do *status quo*, de modo que ele aparecia como a fonte da lei sem estar, no entanto, a ela vinculado, evitando assim que fossem fixados limites a seu poder. Por seu turno, a Reforma Protestante se expandia, adquirindo novos adeptos cansados dos abusos da Igreja, concomitantemente com o Renascimento cultural, ambos fortemente reprimidos pelos soberanos. Ainda, a implantação de um novo imposto sobre o sal incitava a revolta dos camponeses, rapidamente dizimados pelas tropas reais.

A reforma protestante modifica o panorama medieval, visto que os reformadores não concebiam atacar o poder político estabelecido, do qual dependiam para a concretização da reforma. Lutero não concebe a possibilidade de resistência nem nos casos mais excepcionais, quando em jogo a defesa de uma causa justa. Como um defensor da ordem estabelecida, rejeita qualquer reforma religiosa que não ocorra pelas mãos do príncipe. Para o monge, a insurreição jamais pode ser justa, não importa quão justos sejam os motivos: "Deus prefere sofrer a autoridade injusta a ver o povo sublevado por uma causa justa".[85] Assim, nem na hipótese de o governante descumprir qualquer lei, seja divina ou humana, deve-se depô-lo, visto que ninguém foi autorizado para tanto.

Calvino segue no mesmo caminho, afirmando que "exorta os fiéis a estimar tanto a ordem instituída por Deus como a honrar os tiranos que dispõem de dominação", pois estes dominam em Teu nome.[86] Desse modo, para Calvino, o dever de obediência é absoluto,

---
[84] COSTA, Nelson Nery. *Teoria e realidade da desobediência civil*: de acordo com a Constituição de 1988. Rio de Janeiro: Editora Forense, 1990. p. 6.
[85] PAUPÉRIO, Arthur Machado. *O direito político de resistência*. Rio de Janeiro: Editora Forense, 1962. p. 83.
[86] PAUPÉRIO, Arthur Machado. *O direito político de resistência*. Rio de Janeiro: Editora Forense, 1962. p. 85.

todo fundamentado na confiança e na submissão à providência divina. Dessa maneira, o protestantismo, adotando a teoria do direito divino, compreendia a resistência ao rei como uma oposição a Deus. Portanto, a Reforma propiciou a consolidação do poder dos príncipes em oposição ao pensamento medieval.

O protestantismo traz consigo "o predomínio da tendência absolutista civil", no qual os soberanos se investem do poder absoluto tanto no plano civil como no religioso. A autoridade do Papa, ainda que pudesse ser tirânica, representava o poder divino, sendo, portanto, necessário, submeter-se às suas imposições.

Posteriormente, Lutero passa a reconhecer timidamente a legitimidade da resistência em certas circunstâncias, contudo, restritas aos príncipes perante o imperador, permanecendo os súditos sem possibilidade de se insurgir. "Os reformadores, sem qualquer dialética convincente, permanecem, via de regra, impertérritos defensores do conservantismo".[87]

Ainda, grupos associados às seitas religiosas dos *quakers* e os muggletonianos, cujos nomes sugeriam seu programa de ação, "*levellers* (niveladores), *diggers* (escavadores), *seekers* (exploradores) ou *ranters* (divagadores)", objetivavam subverter as crenças e valores estabelecidos tanto pela magistratura civil como pelo clericato espiritual. "Tudo isso vinha acompanhado de uma predicação puritana, que difundia a esperança milenarista com a qual eles confundiam as perspectivas de uma revolução social sem saber muito bem o que ela poderia ser".

Na verdade, o poder soberano atribuído no passado a Deus e aos monarcas, repousa sobre fundações populares. O poder é um encargo que o povo confia ao príncipe, por meio de um pacto, para que ele, em contrapartida o governe e o proteja. Na hipótese de o monarca se exceder ou abusar do poder conferido a ele, dissolve-se a obrigação de obediência às suas ordens. Assim, o povo é reconhecido como portador da dignidade política.

O advento do Estado Moderno criou as condições propícias para que Étienne de La Boétie escrevesse seu tratado, afirmando que a servidão ao tirano é, sobretudo, voluntária. Ou seja, não há opressão sem que haja, em contrapartida, o consenso dos oprimidos, pois são os

---

[87] PAUPÉRIO, Arthur Machado. *O direito político de resistência*. Rio de Janeiro: Editora Forense, 1962. p. 89.

próprios homens que apoiam o monarca, encantados por sua figura,[88] e este, por sua vez, transforma essa energia em força e opressão. Logo, era a submissão passiva que nutria a monarquia absolutista.

La Boétie, na busca por compreender o enigma da servidão e o esquecimento do desejo de liberdade, analisou as suas condições favoráveis: o costume, a política de pão e circo e o apoio e estímulo à tirania.

A primeira, por meio da sucessão de exemplos cotidianos, induz os homens a crerem que vivem numa realidade correspondente à sua condição natural, fazendo-os esquecer da liberdade original. Desse modo, acreditam que a única possibilidade é suportar o mal da tirania.[89] Os homens servem de boa vontade porque nascem servos e são criados como tais.[90]

A segunda condição se refere à política do "pão e circo" criada pelos romanos: os governantes, por meio de teatros, jogos, farsas, espetáculos e demais estímulos ao prazer conseguiam a servidão dos seus súditos. Isso porque a luxúria e o vício tornam as pessoas covardes, desmantelando a iniciativa de combate pela liberdade.[91] Após a morte

---

[88] "Não importa com certa e, no entanto, tão comum que se deve sofrer por ela, e menos ainda surpreender-se de ver milhões e milhões de homens servir miseravelmente subjugados por ele, não mais pressionados por uma grande força, mas ao contrário (ao que parece), encantados e enfeitiçados pelo nome de um só, cujo poder não devem temer, pois é um só, nem apreciar-lhe as qualidades, pois é desumano e selvagem. A nossa fraqueza de homens é tal, que é preciso muitas vezes que obedeçamos à força; é preciso contemporizar, pois não podemos ser sempre os mais fortes. Portanto, uma nação é obrigada por força da guerra e servir a um só, mas é de lamentar a servidão, ou então, não se surpreender, nem se lamentar, mas suportar o mal pacientemente e esperar melhor sorte no futuro". LA BOÉTIE, Étienne. *Discurso sobre a servidão voluntária*. 2. ed. rev. São Paulo: Editora Revista dos Tribunais, 2009. p. 32.

[89] "Certamente o costume, que em tudo possui grande poder sobre nós, não tem em lugar alguma virtude tão grande quanto nisso, isto é, ensinar-nos a servir, como se diz Mitrídates, que se habituou a beber veneno, para ensinar-nos a engolir, sem se achar amargo, o veneno da servidão". LA BOÉTIE, Étienne. *Discurso sobre a servidão voluntária*. 2. ed. rev. São Paulo: Editora Revista dos Tribunais, 2009. p. 43.
"(...) é verdade que no início serve-se constrangido e vencido pela força; mas os que vêm depois servem sem pesar e fazem voluntariamente o que seus antecessores haviam feito por opressão. É assim que os homens nascidos sob o jugo, depois alimentados e educados na servidão, sem olhar para frente, contentam-se em viver como nasceram, sem pensar em ter outro bem, nem outro direito senão o que encontraram, tomando como natural sua condição de nascença". LA BOÉTIE, Étienne. *Discurso sobre a servidão voluntária*. 2. ed. rev. São Paulo: Editora Revista dos Tribunais, 2009. p. 43.

[90] LA BOÉTIE, Étienne. *Discurso sobre a servidão voluntária*. 2. ed. rev. São Paulo: Editora Revista dos Tribunais, 2009. p. 49.

[91] "Mas esse ardil dos tiranos de embrutecer os súditos não pode ser mais claramente conhecido do que por meio do que Ciro fez com os lídios, que depois de haver-se apossado de Sardes, a cidade principal da Lídia e que tomara de Creso, esse rei tão rico, fazendo-o prisioneiro: trouxeram-lhe notícias de que os sardos se haviam revoltado; dominou-os logo, mas não

de Nero, imperador romano, que reinou de 54 a 68 d.C., o povo trajou luto, lembrando com prazer somente os jogos e festins que promoveu, esquecendo-se facilmente que outrora incendiara Roma e que, mandando matar cidadãos ricos, roubara suas grandes fortunas para alimentarem o tesouro vazio.[92]

A terceira, por sua vez, consiste no apoio que os homens concediam à tirania, estimulando-a. O rei cercava-se de três ou quatro homens, enquanto esses, por sua vez, possuíam seiscentos debaixo deles, que mantinham outros seis mil.[93] Observa-se que o poder estava distribuído e hierarquizado, envolvendo grande número de pessoas.[94] Iludiam-se os súditos de poderem se beneficiar das vantagens da corte ou das funções burocráticas, configurando-se assim uma realidade de homens subjugados, mas dispostos a submeterem outros. A engrenagem propulsora para a dominação era a própria sedução do poder pelo domínio.

A tática de dominação do soberano se sustentava fundamentalmente na centralização do Estado, na medida em que criava um distanciamento entre si e os outros, promovendo a diferença entre os homens. O monarca era suficiente em si, simplesmente pela sua existência.[95] Conquanto, os imperadores romanos não se esqueceram de assumir para si também o título de Tribuno do Povo, cargo considerado santo e sagrado, estabelecido para a defesa e proteção do povo.

---

querendo saquear tão bela cidade, nem ter sempre o trabalho de manter um exército para protegê-la, usou de um grande expediente para mantê-la segura: nela estabeleceu bordéis, tavernas e jogos públicos e fez publicar um edito, que os habitantes tiveram de obedecer. Deu-se tão bem com essa guarnição, que desde então nunca mais teve de dar sequer um golpe de espada nos lídios. Essa gente pobre e miserável divertia-se em inventar toda espécie de jogos. (...). Assim, nem todos os tiranos declararam expressamente que queriam tornar seu povo efeminado, mas, na verdade, o que ele ordenou formalmente e, com efeito, a maioria perseguiu sob sua autoridade. Na realidade, a natureza do povo é ser desconfiado com quem o ama e sincero com quem o engana". LA BOÉTIE, Étienne. *Discurso sobre a servidão voluntária*. 2. ed. rev. São Paulo: Editora Revista dos Tribunais, 2009. p. 51.

[92] LA BOÉTIE, Étienne. *Discurso sobre a servidão voluntária*. 2. ed. rev. São Paulo: Editora Revista dos Tribunais, 2009. p. 83.

[93] COSTA, Nelson Nery. *Teoria e realidade da desobediência civil*: de acordo com a Constituição de 1988. Rio de Janeiro: Editora Forense, 1990. p. 8.

[94] "Assim o tirano subjugou os súditos uns por meio dos outros, e é protegido por aqueles que, se nada valiam, desses deveria proteger-se". LA BOÉTIE, Étienne. *Discurso sobre a servidão voluntária*. 2. ed. rev. São Paulo: Editora Revista dos Tribunais, 2009. p. 59.

[95] "O monarca devia bastar-se por seu nome, que enfeitiçava as pessoas; por um lado, o medo e a inércia e, pelo outro, a cobiça e a vontade de dominar". COSTA, Nelson Nery. *Teoria e realidade da desobediência civil*: de acordo com a Constituição de 1988. Rio de Janeiro: Editora Forense, 1990. p. 8.

Assim, assegurar-se-ia uma maior confiança dos súditos ao ouvirem seu nome.[96]

Como solução, o autor ressalta a importância da dimensão política da amizade para a libertação da servidão, por meio do conhecimento e da sensação de semelhança como sentimento de unidade em face da dominação absoluta do soberano. Desse modo, fica claro que a liberdade se vincula ao conhecimento e, por meio dele, à correta análise da realidade ao redor: "Decide não mais servir e sereis livres; não pretende que o empurreis ou o sacudais, somente não o sustentai e o verei como um grande colosso, de quem subtraiu-se a base, desmanchar-se com próprio peso e rebentar-se".[97]

Portanto, desmitifica-se o enigma do poder político, na medida em que se compreende que o poder dos soberanos só é possível quando consentido, ou melhor, quando resultante da servidão voluntária – obediência passiva às leis do Estado. Em face dessa condição, os governantes alimentavam a sua força oprimindo ainda mais, a cada dia retirando dos homens o restante de dignidade que ainda conservavam. Somente por meio do conhecimento e da amizade, os homens conseguiriam resistir – formando uma unidade – e ser livres.

A teoria de La Boétie, atacando o cerne dos fundamentos do absolutismo real, vincula poder a consentimento popular, demonstrando que não é necessária a luta para derrotar o tirano, bastando a retirada do consentir. Assim, o poder habilita as pessoas comuns a criar oportunidades de mudança social:

> [...] aquele que o controla tanto tem apenas dois olhos, tem apenas duas mãos, tem apenas um corpo e não tem nada além do que o grande e um número infinito de homens em suas aldeias têm. Tudo o que ele tem é o meio que você lhe dá para destruí-lo. De onde ele tem todos esses olhos para espioná-lo, se você não os entregar a ele? Como ele pode ter tantas mãos para bater em você se ele não os tira de você? Os pés que pisam suas cidades, onde ele os recebe se nao através de você? Como ele pode ter algum poder sobre você, exceto através de você?[98]

---

[96] LA BOÉTIE, Étienne. *Discurso sobre a servidão voluntária*. 2. ed. rev. São Paulo: Editora Revista dos Tribunais, 2009. p. 53.

[97] COSTA, Nelson Nery. *Teoria e realidade da desobediência civil*: de acordo com a Constituição de 1988. Rio de Janeiro: Editora Forense, 1990. p. 16

[98] "The one who controls you so much has only two eyes, has only two hands, has only one body & has nothing more than what the large and infinite number of men in your villages have. All he has is the means that you give him to destroy you. From where does he get all these eyes to spy upon you, if you do not give them to him? How can he have so many

Étienne de La Boétie, "acérrimo defensor dos direitos naturais, intransigente defensor dos direitos naturais e intransigente inimigo da tirania, reivindicando eloquentemente o respeito à dignidade da natureza humana e ao direito e à igualdade natural dos homens",[99] irá influenciar toda a literatura futura de dissidência popular.

Na segunda metade do século XVI, os monarcômacos protestantes passam a se preocupar com a significação do termo povo, afirmando sua superioridade frente aos reis. A noite de São Bartolomeu clamou que somente o povo é a fonte do direito dos magistrados e dos príncipes. Cabe aos povos fazer os reis.

No célebre panfleto, o termo povo aparece bastante, mas não sob o antigo sentido pejorativo de "multidão desenfreada incapaz do conselho e prudência para lidar com os assuntos públicos", mas em um sentido positivo: "quando falamos de todo o povo, entendemos por essa palavra aqueles que detêm uma autoridade que emana do povo, ou seja, os magistrados que são inferiores ao rei, e que o povo delegou ou de certa forma constituiu como auxiliares do império e controladores dos reis, e que representam todo o corpo do povo".[100] Nenhum homem nasce com a coroa na cabeça e o cetro na mão, porque ninguém pode ser rei ou reinar sem um povo "e porque ao contrário, o povo pode ser povo sem rei, e o tem sido bem antes de ter reis, segue-se necessariamente que os reis foram inicialmente constituídos pelo povo. O povo está acima do rei".[101] A soberania é todo o povo, pela primeira vez era afirmada a personalidade cívica ou política do povo.[102]

Desse modo, essa compreensão representa um grande passo para a consciência política. E ainda que ao longo do século XVI o princípio

---

hands to hit you with if he does not take them from you? The feet that trample down your cities, where does he get. HELLER, Henry. *Iron and blood:* civil wars in sixteenth-century France. Montreal: McGill-Queen's University Press, 1991, p. 40. J. W. Allen. *A history of political thought in the sixteenth century.* London: Methuen, 1941/1928, p. 283–284, xiii–xxii. apud BLEIKER, R. Popular *dissent, human agency and global politics.*

[99] PAUPÉRIO, Arthur Machado. *O direito político de resistência.* Rio de Janeiro: Editora Forense, 1962. p. 91.

[100] GOYARD-FABRE, Simone. *O que é democracia?* A genealogia filosófica de uma grande aventura humana. Tradução: Claudia Berliner. São Paulo: Editora Martins Fontes, 2003, p. 114.

[101] GOYARD-FABRE, Simone. *O que é democracia?* A genealogia filosófica de uma grande aventura humana. Tradução: Claudia Berliner. São Paulo: Editora Martins Fontes, 2003. p. 115.

[102] GOYARD-FABRE, Simone. *O que é democracia?* A genealogia filosófica de uma grande aventura humana. Tradução: Claudia Berliner. São Paulo: Editora Martins Fontes, 2003. p. 115.

monárquico não tenha sofrido nenhum ataque, não se questiona que "a legitimidade do rei reside na democracia originária, cujo cadinho é o 'corpo do povo'". Somente no século seguinte, os filósofos lançarão o direito de oposição do povo ao rei ou ao magistrado tirano.

Enquanto na França triunfava o absolutismo monárquico, a Inglaterra se tornava a terra na qual a teoria democrática se ampliaria a partir da ideia do povo soberano. Com efeito, o absolutismo era o resultado de uma vitória sobre o passado feudal, fortalecido pelo tradicionalismo político e cultural da monarquia, de modo que não se preocupava com o futuro. Essa precariedade o tornava ainda mais vulnerável na medida em que as monarquias absolutas se viam então confrontadas por toda a parte da Europa ocidental com as guerras, com o mercantilismo, com o desenvolvimento do capitalismo e com o avanço da ciência, ressaltando as capacidades racionais humanas com suas limitações e imperfeições.

A *potesta* suprema na igreja é o papa; na realeza temporal, o monarca; e na república que se governa democraticamente é toda a república. Esse poder não existe em um indivíduo, mas em um conjunto de homens. O poder público só apareceu a partir da constituição do que é público e, portanto, não pode se restringir a um só. Um príncipe nomeado soberano é apenas ministro da *res publica* e essa república é toda a comunidade que é proprietária do poder soberano.

Em 1628, foi redigida pelo Parlamento a Petição de Direitos (*Petition of Rights*), dirigida ao monarca, para que respeitasse os direitos e as liberdades já reconhecidos na Magna Carta; destacando-se o seu artigo 39, que determinava a necessidade de um "julgamento legal de seus pares e pela lei do país"[103] antes de um homem livre sofrer qualquer tipo de restrição ou sanção. Como o Parlamento já era detentor do poder financeiro, e o rei precisava de sua autorização para poder gastar o dinheiro, optou por ceder à petição.

Essas sucessivas cartas que assumiram a forma jurídica de concessões soberanas na verdade são o resultado de um verdadeiro pacto entre partes contrapostas no que diz respeito aos direitos e deveres recíprocos na relação política, isto é, na relação entre o dever de proteção pelo soberano e o dever de obediência, a obrigação política do súdito. Aos poucos, iam se formando os eixos institucionais que o ideal

---

[103] SILVA, José Afonso da. *Curso de direito constitucional positivo*. 25. ed. rev. e atualizada. São Paulo: Editora Malheiros, 2005. p. 153.

democrático exige: "os procedimentos da representação; as estruturas contratualistas de um poder que não pode nem existir nem se exprimir sem o consentimento do povo; a arquitetura de uma constituição que, ao organizar os poderes do estado, garante o respeito da legalidade".[104]

O processo de urbanização, paralelo ao movimento de expansão do comércio e da navegação, propiciou o surgimento de novas povoações formadas praticamente por comerciantes que passaram a morar ao redor dos burgos ou castelos, posteriormente denominados de burgos livres ou de fora. Começa a se desenvolver um novo grupo social não mais submetido aos estamentos, detentor de poder político proveniente não da propriedade, mas da riqueza mercantil: a burguesia. No entanto, a estrutura estamental só será abolida de vez no ocidente europeu a partir da Revolução.

1.6 O cidadão de Thomas Hobbes

Os homens, para escaparem ao pavoroso estado natural[105] e para garantirem a convivência humana (significando a sua libertação e salvação), efetuaram um pacto renunciando a sua soberania em face da criação de uma sociedade civil ou *Civitas*, compreendida como uma "pessoa", distinta por possuir seus próprios direitos e propriedades:

> Uma cidade, portanto, assim como a definimos, é uma pessoa cuja vontade, pelo pacto de muitos homens, há de ser recebida como sendo a vontade de todos eles; de modo que ela possa utilizar todo o poder e as faculdades de cada pessoa particular para a preservação de paz e defesa comum.[106]

No entanto, entendia-se que o acordo somente seria obedecido mediante a figura de um poder irresistível, capaz de castigo,[107] na

---

[104] GOYARD-FABRE, Simone. *O que é democracia?* A genealogia filosófica de uma grande aventura humana. Tradução: Claudia Berliner. São Paulo: Editora Martins Fontes, 2003. p. 127.
[105] Neste estado, para todo homem, o outro é concorrente. A desconfiança recíproca e a avidez de poder em todas as suas formas estimulam a guerra perpétua de todos contra todos.
[106] HOBBES, Thomas. *Do cidadão*. 2. ed. São Paulo: Editora Martins Fontes, 1998. p. 97.
[107] "(...) a depravação da natureza humana é manifesta a todos, e pela experiência se sabe muito bem, bem demais até, em que pequena medida os homens se atêm a seus deveres com base na só consciência de suas promessas, isto é, naquilo que resta se for removida a punição. Devemos, portanto, providenciar nossa segurança não mediante pactos, mas através de castigos; e teremos tomado providências suficientes quando houver castigos tão grandes,

medida em que os pactos, sem a espada, *Sword*, tornam-se meramente palavras, *words*.[108] Esse poder seria o Estado, ou melhor, o *homo artificialis*, a figura de muitas criaturas em uma só, a quem o povo em corpo concedeu autoridade irrestrita, para legislar e agir.[109] Desse modo, o poder soberano deve significar a representação do povo como corpo político: "cada um dá àquele que representa a todos a autoridade que depende dele próprio em particular".[110]

A criação do estado Leviatã enquanto *persona civitatis* exige que o povo transfira sua autoridade. Assim, considerando que ninguém pode fazê-lo a não ser o próprio homem, nada mais fez do que também renunciar ao seu direito de resistência.[111] Desse modo, tornou-se súdito ao comando supremo. Logo, a pessoa pública que é o Estado representa a multidão reunida pelo contrato social e que lhe confiou seus direitos para o exercício do mandato coletivo. "Se, nos terrenos militar, religioso ou judiciário, o lugar-tenente, o vigário, o substituto age 'em nome e lugar' daqueles que lhes confiaram o mandato, ou seja, por ordem ou procuração (é um mandato imperativo)",[112] no terreno político é a representação. Segundo Hobbes, o poder político representa o povo sob o mandato representativo. Portanto, importa não a responsabilidade do mandatário (Leviatã), mas a do mandante (o povo), fazendo da função instituinte do povo o corolário lógico do contrato. Para Hobbes,

---

previstos para cada injúria que se evidencie que sofrerá maiores males quem a cometer do que quem se abstiver de praticá-la. Pois todos, por necessidade natural escolhem o que a eles parece constituir o mal menor. HOBBES, Thomas. *Do cidadão*. 2. ed. São Paulo: Editora Martins Fontes, 1998, p. 103-104.

[108] HOBBES, Thomas. *Leviatã*. São Paulo: Edipro, 2015. p. 143.

[109] GOYARD-FABRE, Simone. *O que é democracia?* A genealogia filosófica de uma grande aventura humana. Tradução: Claudia Berliner. São Paulo: Editora Martins Fontes, 2003, p. 130.

[110] HOBBES, Thomas. *Leviatã*. São Paulo: Edipro, 2015.

[111] "Em toda cidade, diz-se que tem o poder supremo, ou o comando-em-chefe, ou o domínio, aquele homem ou conselho a cuja vontade cada particular submeteu a sua (como antes mostramos). Esse poder e direito de comando consiste em que cada cidadão transfira toda a sua força e poder àquele homem ou conselho; e fazer isso – uma vez que ninguém pode transferir seu poder de forma natural – nada mais é que abrir mão de seu direito de resistência. E diz-se que todo cidadão, assim como toda pessoa civil subordinada, é súdito daquele que detém o comando supremo". HOBBES, Thomas. *Leviatã*. São Paulo: Edipro, 2015. p. 98.

[112] GOYARD-FABRE, Simone. *O que é democracia?* A genealogia filosófica de uma grande aventura humana. Tradução: Claudia Berliner. São Paulo: Editora Martins Fontes, 2003. p. 130.

tampouco importava a forma de governo, residindo na representação a importância para a unidade e poder do corpo político.[113]

Percebe-se, desse modo, que é o temor (da desordem do estado de natureza) que incentivou o homem a buscar a tutela do Estado-Leviatã e não a sua suposta condição de *zoon politikon* defendida pelos gregos e que para Hobbes consiste em um erro: os homens se associam mediante a necessidade, por interesse, pelo medo recíproco[114]. A lei da natureza consiste em assegurar a conservação da vida e a sua lei fundamental primária busca a paz. Dela irão decorrer todas as demais leis, tal como a de que não é possível o homem conservar seu direito sobre todas as coisas[115] e conviver com os outros em segurança. Para a garantia da paz, é fundamental que cada um fique o tanto quanto possível protegido da violência. A segurança é a suprema lei dos governantes e o motivo pelo qual o homem se submete ao outro. Esta proteção se distribui em quatro categorias: defesa contra inimigos externos; preservação da paz no país; máximo de enriquecimento compatível com a segurança pública e desfruto de uma liberdade inofensiva.[116]

Na falta dessa garantia, supõe-se que ninguém tenha se sujeitado a contrato algum nem que haja renunciado a sua soberania até o restabelecimento da proteção. Veja-se, todo homem tem o direito de

---

[113] PAUPÉRIO, Arthur Machado. *O direito político de resistência*. Rio de Janeiro: Editora Forense, 1962.

[114] "Toda associação, portanto, ou é para o ganho ou para a glória – isto é: não tanto para o amor de nossos próximos, quanto pelo amor de nós mesmos. Mas nenhuma associação pode ter grandeza, ou ser duradoura, se começa da vã glória; porque essa glória é como a honra: se todos os homens a têm, nenhum a tem, pois consiste em comparação e precedência; e a companhia dos outros não adianta um ceitil que seja a causa de eu me glorificar em mim mesmo; pois todo homem vale o quanto vale por si, sem a ajuda dos outros. Mas, embora os benefícios desta vida possam ser ampliados, e muito, graças à colaboração recíproca, contudo – como podem ser obtidos com mais facilidade pelo domínio, do que pela associação com outrem –, espero que ninguém vá duvidar de que, se fosse removido todo o medo, a natureza humana tenderia com muito mais avidez à dominação do que a construir uma sociedade. Devemos, portanto, concluir que a origem de todas as grandes e duradouras sociedades não provém da boa vontade recíproca que os homens tivessem uns para com os outros, mas do medo recíproco? Que uns tinham dos outros". HOBBES, Thomas. *Do cidadão*. 2. ed. São Paulo: Editora Martins Fontes, 1998, p. 28.

[115] "Essa submissão das vontades de todos à de um homem ou conselho se produz quando cada um deles se obriga, por contrato, ante cada um dos demais, a não resistir à vontade do indivíduo (ou conselho) a quem se submeteu; isto é, a não lhe recusar o uso de sua riqueza e força contra quaisquer outros (pois supõe-se que ainda conserve um direito a defender-se contra a violência); e isso se chama união. E entendemos que a vontade do conselho é a vontade da maior parte dos membros do conselho". HOBBES, Thomas. *Do cidadão*. 2. ed. São Paulo: Editora Martins Fontes, 1998. p. 96.

[116] HOBBES, Thomas. *Do cidadão*. 2. ed. São Paulo: Editora Martins Fontes, 1998. p. 200.

proteger a si mesmo por meio de seu livre-arbítrio (*free will*) quando as condições ao redor o exigirem. Hobbes afirma que a obrigação dos súditos de respeitar às leis civis é anterior a sua própria promulgação e tem origem na constituição da cidade, com a lei natural. No entanto, excetuam-se aqueles direitos que permanecem com o indivíduo, tal qual o direito à vida, que podem ser arguidos em nome próprio.

O poder absoluto, tanto do monarca quanto da assembleia, conforme a sua época, foi compreendido por Thomas Hobbes como uma pessoa artificial, cujos direitos são ilimitados, que, porém, não poderiam ser usados ao seu capricho. Desse modo, quando evidenciadas arbitrariedades e abusos, o cidadão deixa de se reconhecer nessa realidade e lhe é devolvida a liberdade, contra um Estado que já não é dele, nem o representa. Quando, em qualquer hipótese, suas vidas não estejam mais protegidas ou preservadas pelo Estado, como, por exemplo, na incompetência administrativa perante uma revolta ou uma fome generalizada, os súditos se livram de qualquer obrigação anterior. Ou seja, ao soberano exige-se a eficácia. Na falha desta, abre-se a possibilidade de um embate entre os homens e o governante, até a vitória.

Para o individualismo hobbesiano, a democracia se constitui por meio de pactos recíprocos de indivíduos entre si. Antes de o governo se constituir, não havia o chamado povo, mas uma multidão de pessoas. Logo, cada cidadão aceitou submeter sua vontade à vontade da maioria, sob a condição de que os outros agissem da mesma forma. Apenas em nome da paz e da segurança se pode contestar a autoridade ou ainda quando ela se tornou incapaz de manter um mínimo de ordem, perdendo, dessa maneira, a legitimidade. Percebe-se, sobremaneira, a relação entre eficácia e legitimidade.

O elemento volitivo (*will*), que em Hobbes substitui a origem divina do poder, funda a representação e a relação jurídica do poder, que se define não só pela submissão da vontade, mas também pela troca de obediência[117] por proteção. Para Hobbes, o poder soberano deve significar a representação do povo como corpo político: "cada

---

[117] Hobbes, sobre as razões que levam à sedição, apresenta três coisas: "*primeiro,* as doutrinas e paixões contrárias à paz, que dão às mentes dos homens certa conformação e disposição; *depois,* a qualidade e condição daqueles que incitam, reúnem e dirigem os outros, assim já conformados, a tomar em armas e a renegar sua lealdade; *finalmente,* a maneira pela qual isso é praticado, ou seja, a facção em si mesma", p. 181. No entanto, afirma que mesmo os sediciosos, quando contestam a autoridade absoluta, não buscam suprimi-la e sim transferi-la para outra pessoa que julguem melhor. Pois abolir esse poder seria abolir a própria sociedade civil, gerando o retorno ao estado de natureza de caos e guerra.

um dá àquele que representa a todos a autoridade que depende dele próprio em particular".[118]

Hannah Arendt esclareceu sobre a incompatibilidade da teoria de Hobbes com a ideia norte-americana de governo, na medida em que monopoliza o poder em prol do benefício de todos os que a ele estão submetidos, retirando seus direitos e poderes em troca da segurança garantida.

A república norte-americana, pelo contrário, constituiu-se no poder do povo, o "antigo *potestas in populo* de Roma",[119] sendo o poder delegado às autoridades de forma temporária, passível de revogação a qualquer momento. Sua contribuição ao direito de resistência constitui um exemplo crucial da "revolução copernicana na reflexão sobre as relações entre governantes e governados, trazida pelo processo histórico de asserção e reconhecimento dos direitos do homem e do cidadão".[120]

1.7 O direito de resistência de John Locke

De acordo com a teoria do contrato social de John Locke, no estado de natureza vigorava a plena liberdade e igualdade: os homens agiam de acordo com sua vontade, limitados apenas às leis da natureza. Concomitantemente, essa igualdade era, sobretudo, jurídica: todos eram soberanos, na medida em que, caso alguém ultrapassasse os limites, competiria a todos puni-lo. Trata-se do princípio de que o indivíduo é proprietário de si mesmo, direito este que o torna igual e livre perante os outros.[121] Por conseguinte, se o poder executivo pertencia a todos, a busca pela preservação de si e de outros era constante e, logo, a intranquilidade, geral.

Desse modo, a única saída para esse impasse consistia na formulação de um pacto entre os indivíduos, no qual os homens renunciariam

---

[118] GOYARD-FABRE, Simone. *O que é democracia?* A genealogia filosófica de uma grande aventura humana. Tradução: Claudia Berliner. São Paulo: Editora Martins Fontes, 2003, p. 130.

[119] ARENDT, Hannah. *Crises da república.* Tradução: José Wolkmann. São Paulo: Perspectiva, 2010. p. 77

[120] LAFER, Celso. *A reconstrução dos direitos humanos*: um diálogo com o pensamento de Hannah Arendt. São Paulo: Companhia das Letras, 1988. p. 189.

[121] COSTA, Nelson Nery. *Teoria e realidade da desobediência civil*: de acordo com a Constituição de 1988. Rio de Janeiro: Editora Forense, 1990. p. 9.

ao poder executivo individual, atribuindo-o à sociedade política,[122] na medida em que esta lhe garantisse a tranquilidade para exercerem suas atividades econômicas. Trata-se, portanto, fundamentalmente, de uma troca que vincula tanto governantes como governados.

O pacto social, assim, dividiu a sociedade, em dois polos, resguardando aos governados a escolha de seus representantes e a preservação de seus direitos essenciais – direitos à propriedade, à liberdade e à vida. Dessa maneira, os cidadãos estavam obrigados ao governo enquanto não houvesse abusos entre as prerrogativas individuais.[123] Veja-se que para Locke, o contrato ou, ainda, o "pacto de consentimento", é estabelecido para preservar e consolidar os direitos já existentes no estado de natureza. Nesse sentido, os direitos individuais ao invés de ser alienados, são fortificados e garantidos na formação da sociedade.

Logo, o povo é soberano visto que não abdica de seus direitos a uma pessoa ou a uma assembleia. Ele apenas delega seu exercício. Portanto, pode a qualquer momento revogar o contrato estabelecido quando o governante violar os direitos aos quais havia se comprometido a proteger. "A soberania do povo encontra tantos maiores motivos para fazer valer sua autoridade quanto menos preencher o poder civil o seu próprio fim. Todo poder existe em função de uma finalidade, que é a salvaguarda dos direitos individuais".[124]

---

[122] A sociedade política era formada por pessoas racionais que pudessem, em prol do bem comum, melhor punir as violações da propriedade. Para Locke, a razão era garantia da liberdade, na medida em que eliminava o conflito, de modo a permitir que os indivíduos se desenvolvessem plenamente. Trata-se de uma compreensão mais ampla do contrato social, que, para Thomas Hobbes, consistia meramente em uma autorização para todos os atos e decisões da sociedade política, sem necessidade de contrapartida. HOBBES, Thomas: "Diz-se que um Estado foi instituído quando uma multidão de homens concorda e pactua cada um com cada um dos outros, que a qualquer homem ou assembleia de homens a quem seja atribuído pela maioria o direito de representar a pessoa de todos eles (ou seja, de ser seu representante), todos sem exceção, tanto os que votaram a favor dele como os que votaram contra ele, deverão autorizar todos os atos e decisões desse homem ou assembleia de homens, tal como se fossem seus próprios atos e decisões, a fim de viverem em paz uns com os outros e serem protegidos dos restantes homens. É desta instituição do Estado que derivam todos os direitos e faculdades daquele ou daqueles a quem o poder soberano é conferido mediante o consentimento do povo reunido". *Leviatã*: os pensadores. MONTEIRO, J. P. & Silva, M. B. N., trads. São Paulo: Editora Abril, 1983. p. 107 apud COSTA, Nelson Nery. *Teoria e realidade da desobediência civil*: de acordo com a Constituição de 1988. Rio de Janeiro: Editora Forense, 1990. p. 11.

[123] COSTA, Nelson Nery. *Teoria e realidade da desobediência civil*: de acordo com a Constituição de 1988. Rio de Janeiro: Editora Forense, 1990. p. 12.

[124] PAUPÉRIO, Arthur Machado. *O direito político de resistência*. Rio de Janeiro: Editora Forense, 1962. p. 189.

Assim, o sistema político delineava-se no seguinte sentido: assegurar a estabilidade dos governos, dando-lhes o monopólio do poder executivo, enquanto estes respeitassem as liberdades individuais; caso contrário, emergia o direito de resistência em face das arbitrariedades. São diversas as situações de dissolução de governo que justificam a desobediência, tais como:

a) A conquista do território por um estado estrangeiro por meio de guerra justa permitiria o poder despótico apenas sobre quem lhe opusesse as armas. As pessoas que permanecessem neutras não estariam obrigadas ao vencedor que, caso atentasse contra a propriedade e a liberdade dos conquistados, seria posto em estado de guerra.

b) A usurpação era considerada uma conquista interna, com a qual um pretendente à coroa entraria em sua posse contra o direito legítimo de terceiro. Ocorreria apenas a mudança da pessoa governante, mantendo-se as instituições. O usurpador não teria o direito de ser obedecido, necessitando do assentimento livre dos indivíduos para lhe ser confirmada a autoridade.

c) A tirania representava o exercício do poder além do direito permitido. A utilização das prerrogativas governamentais apenas em benefício pessoal retirava do governante as garantias da suprema magistratura. As hipóteses possíveis eram duas: quando a pessoa do príncipe fosse considerada sagrada e quando o magistrado principal não o fosse. No primeiro caso, poder-se-ia fazer oposição aos atos ilegais dos funcionários subalternos, mas não aos do rei, que só poderia ser oposto quando estivesse fazendo uso injusto da força. Na segunda, pela doutrina da legitimidade da resistência a todo exercício ilegal do poder", dever-se-ia tentar preliminarmente reparar os danos pelos meios legais. Caso a solução fosse obstruída, liberar-se-ia o uso da força pelos opositores, contanto que o direito de resistência não tivesse uso trivial e repetido.

d) A dissolução do governo podia ocorrer quando houvesse interferência do poder legislativo, pelas seguintes razões: 1ª) quando as leis oriundas do legislativo não tivessem aplicações; 2ª) quando este se encontrasse impedido de reunir e deliberar livremente; 3ª) quando as regras e as qualificações dos eleitores fossem modificadas sem o assentimento dos indivíduos. Esses problemas ocorreriam devido à interferência deliberada do soberano na liberdade do legislativo.

e) O abandono do poder executivo supremo por seu ocupante também provocava a dissolução do governo; assim como o estabelecimento de um poder estrangeiro no território do Estado permitido pelo soberano ou pelo legislativo.[125]

As situações acima se referem às hipóteses de desobediência no âmbito das esferas institucionais. Porém, o direito de resistência da sociedade civil frente ao abuso dos governantes aconteceria:

> Sempre que os legisladores tentam tirar e destruir a propriedade do povo, ou reduzi-lo à escravidão sob poder arbitrário, entra em estado de guerra com ele, que fica assim absolvido de qualquer obediência a mais, abandonado ao refúgio comum que Deus providenciou para todos os homens contra a força e a violência. Sempre que, portanto, o legislativo transgredir esta regra fundamental da sociedade, e por ambição, temor, loucura ou corrupção, procurar apoderar-se ou entregar às mãos de terceiros o poder absoluto sobre a vida, liberdade e propriedade do povo, perde, por esta infração ao encargo, o poder que o povo lhe entregou para fins completamente diferentes, fazendo-o voltar ao povo, que tem o direito de retomar a liberdade originária e, pela instituição do novo legislativo, conforme achar conveniente, prover à própria segurança e garantia, o que constitui o objetivo da sociedade.[126]

Contudo, para que fosse possível a resistência, era necessária a presença de três requisitos: 1. que o povo estivesse exposto ao mau uso do poder arbitrário, maltratado e governado de maneira ilegal; 2. que houvesse uma longa sucessão de abusos, prevaricações e fraudes anteriores; e 3. que não houvesse uso da força pelos resistentes, para que não fossem considerados "rebeldes", o que suscitaria a volta ao estado de natureza.[127]

Em suma, a justificativa de Locke para o direito à resistência está embasada no contratualismo, ou seja, na noção de direitos e de obrigações mútuas entre os contratantes. O Estado é legítimo para criar e

---

[125] COSTA, Nelson Nery. *Teoria e realidade da desobediência civil*: de acordo com a Constituição de 1988. Rio de Janeiro: Editora Forense, 1990. p. 13.
[126] LOCKE, John. *Segundo tratado sobre o governo civil*. Petrópolis: Editora Vozes. p. 96, § 222.
[127] LOCKE, John. *Segundo tratado sobre o governo civil*. Petrópolis: Editora Vozes. p. 96-97, §§ 224 a 226.

executar leis, no limite de suas prerrogativas, respeitando as liberdades individuais. E os cidadãos, por sua vez, possuem o direito de cidadania e o dever de obediência à lei. Quando se configurasse desvio de função pelos governantes, de modo a atingir o direito à vida, à liberdade e à propriedade dos governados, estes teriam o direito a desobedecer às leis.

Para Locke, só o povo será juiz, pois quem elege o governante deve ter igual poder para depô-lo no caso de não corresponder às obrigações necessárias ao exercício do mandato. Ainda, na hipótese de controvérsia acerca de matéria relevante, o árbitro adequado é o corpo popular.[128] O direito de resistência, desse modo, consiste em um instrumento político de aperfeiçoamento do Estado, quando os processos institucionais se mostraram insuficientes. Não se provoca uma ruptura com as instituições, mas o seu aprimoramento para a eleição de um novo poder legislativo, reformado quanto às arbitrariedades.

O "direito de retomar a liberdade originária"[129] se apresenta como um modelo excepcional, pois, somente depois de configurados os requisitos exigidos, tais como efetiva violência, seguidas infrações do governo e a não-utilização de força pelos resistentes, que poderá ser aplicado. Não obstante, outro empecilho à efetivação desse dispositivo se evidencia: a resistência do povo de afastar as antigas estruturas às quais está acostumado. A lentidão e a aversão que o povo tem de abandonar suas antigas constituições perpetuam a sua fidelidade diante de antigos poderes ou fazem voltar a eles, apesar das diversas tentativas de revolução e de mudança, em sua grande maioria, frustradas.[130]

Para Hannah Arendt, sob o nome de contrato social, foram associados três tipos diferentes de acordos: o primeiro se estabeleceu com o "convênio bíblico" entre o povo e Deus, consistindo na obediência a qualquer lei que emanasse da divindade; em segundo lugar, a variante

---

[128] PAUPÉRIO, Arthur Machado. *O direito político de resistência*. Rio de Janeiro: Editora Forense, 1962. p. 195.

[129] "A razão por que os homens entram em sociedade é a preservação de sua propriedade; e o fim a que se propõem quando escolhem e autorizam um legislativo é que haja leis e regulamentos estabelecidos, que sirvam de proteção e defesa para as propriedades de todos os membros da sociedade, para limitar o poder e moderar a dominação de cada parte e de cada membro da sociedade. Por isso, nunca se poderia imaginar que a sociedade quisesse habilitar o legislativo a destruir o próprio objeto que cada um se propunha a proteger quando a ela se juntou e que o povo teve em vista quando cuidou de escolher seus legisladores (...)". LOCKE, John. *Segundo tratado sobre o governo civil*. Petrópolis: Editora Vozes. p. 96.

[130] "Sejam quais tenham sido as provocações que impeliram o povo a retirar a coroa das cabeças de alguns de nossos príncipes, jamais o levaram tão longe a ponto de colocá-la em outra linhagem". LOCKE, John. *Segundo tratado sobre o governo civil*. Petrópolis: Editora Vozes. p. 96, § 223.

de Hobbes, por meio do qual os indivíduos celebravam o acordo em troca de segurança, renunciando a todos os direitos e poderes; e, em terceiro, o de Locke, que compreendia o contrato como uma limitação do poder de cada indivíduo membro, mas que mantinha o poder da sociedade intacto ao estabelecer um governo a partir de um contrato original entre indivíduos independentes.[131]

Portanto, percebe-se que, no contratualismo hobbesiano, denominado por Hannah Arendt vertical em virtude da instauração do poder do Leviatã, os indivíduos retêm consigo o direito inalienável à vida. E no de Locke, considerado horizontal porque criador de uma sociedade entre indivíduos, o Estado e o Direito são o meio necessário para compatibilizar as demandas da vida em sociedade.[132] É por meio do contrato social horizontal que se torna possível a existência de um governo unido pela força de promessas mútuas e não "por reminiscências históricas ou homogeneidade étnica (como no estado-nação) ou pelo Leviatã de Hobbes que 'intimida a todos' e, desta forma, une a todos".[133]

Assim, para Locke, a sociedade permanece sempre intacta, mesmo após a dissolução do governo ou a ocorrência da tirania, pois, uma vez estabelecida, não pode mais retornar à ilegalidade e à anarquia original. Da mesma maneira, o poder empenhado pelo indivíduo ao ingressar na sociedade permanecerá sempre com a comunidade, não podendo reverter ao indivíduo novamente. Essa concepção avançou sobre teorias anteriores acerca do direito de resistência, na qual "o povo só podia agir 'quando estivesse preso por correntes', ele agora tinha o direito, ainda conforme Locke, de impedir o acorrentamento".[134]

O *Segundo Tratado sobre o Governo Civil*, pela primeira vez previu o direito de resistência como um requisito da cidadania, e ousou ao demonstrar que, pelo bem da humanidade – objetivo preeminente de todo governo, é melhor os governantes enfrentarem oposição e até hostilidade quando exorbitam de seus direitos no uso do poder e o desviam não para a preservação das propriedades de seu povo, mas

---

[131] ARENDT, Hannah. *A dignidade da política*. 3. ed. Rio de Janeiro: Relume-Dumará, 2002. p. 77.
[132] ARENDT, Hannah. *Crises da república*. Tradução: José Wolkmann. São Paulo: Perspectiva, 2010. p. 77 e LAFER, Celso. *A reconstrução dos direitos humanos*: um diálogo com o pensamento de Hannah Arendt. São Paulo: Companhia das Letras, 1988, p. 122.
[133] ARENDT, Hannah. *Crises da república*. Tradução: José Wolkmann. São Paulo: Perspectiva, 2010. p. 78.
[134] ARENDT, Hannah. *Crises da república*. Tradução: José Wolkmann. São Paulo: Perspectiva, 2010. p. 78.

para benefício próprio, do que o povo estar exposto à vontade desenfreada da tirania, impassíveis e subjugados.

Assim, a teoria de governo civil de Locke se funda na ideia de anuência livre (*consent*) do povo ao poder. O indivíduo preferir a ordem pública à liberdade privada do estado de natureza é condição para que ele, por sua decisão de se integrar ao corpo político, torne-se cidadão. Esse engajamento é um ato de confiança (*trust*) para com a instituição que ele constitui. A confiança no poder implica, portanto, que o governo é responsável perante o povo e está submetido ao controle do povo. "Com sua anuência ao poder (*consent*) e com sua confiança no poder (*trust*), o poder encontra-se investido de uma função constituinte".[135]

Logo, ao reconhecer o povo como entidade política, e quase como sujeito jurídico, dá continuidade a Hobbes para esboçar uma teoria da autorização, na qual o povo emerge como verdadeiro autor das leis da república. A ideia da autorização exprime tanto a soberania do povo como a primazia da lei no Estado, por meio da execução das leis e da punição das ilegalidades. "O povo é, portanto, detentor dos poderes de fazer as leis, de fazer com que sejam executadas e de julgar sua aplicação".[136]

A anuência à vida política exige uma teoria da representação, pois mesmo uma democracia perfeita não poderia ser direta; a mediação dos representantes é, portanto, uma necessidade. Na representação, a regra da maioria aparece para garantir que cada um, no corpo público, aceite a anuência da maioria como equivalente racional do conjunto. Para Locke, a *majority rule* é a "máxima prática de sabedoria política que condiciona a perpetuação da república e a eficácia do poder legislador".[137] Esse momento de anuência à vida civil e de confiança depositada no poder público transforma o indivíduo em cidadão, alcançando assim a dignidade política.[138]

---

[135] GOYARD-FABRE, Simone. *O que é democracia?* A genealogia filosófica de uma grande aventura humana. Tradução: Claudia Berliner. São Paulo: Editora Martins Fontes, 2003. p. 133

[136] GOYARD-FABRE, Simone. *O que é democracia?* A genealogia filosófica de uma grande aventura humana. Tradução: Claudia Berliner. São Paulo: Editora Martins Fontes, 2003. p. 134.

[137] GOYARD-FABRE, Simone. *O que é democracia?* A genealogia filosófica de uma grande aventura humana. Tradução: Claudia Berliner. São Paulo: Editora Martins Fontes, 2003. p. 134.

[138] GOYARD-FABRE, Simone. *O que é democracia?* A genealogia filosófica de uma grande aventura humana. Tradução: Claudia Berliner. São Paulo: Editora Martins Fontes, 2003. p. 135.

Locke rompe com a visão hierárquica do mundo que justifica a ideia de dominação absoluta para pressupor uma concepção igualitária da condição dos homens. Sua teoria política, com base no governo representativo, trilha os caminhos do individualismo, do liberalismo e do igualitarismo. Preocupava-se que o poder dos povos degenerasse em despotismo, pois o perigo de uma democracia extrema é tão pernicioso quanto uma monarquia absoluta.[139] Portanto, para um regime de liberdade, é importante que a relação entre o povo e a sociedade seja regrada pela limitação dos poderes de que são investidos os representantes.

1.8 A limitação dos poderes e a formação dos alicerces democráticos em Montesquieu

Montesquieu era um aristocrata convicto. Contudo, sua teoria da limitação constitucional dos poderes, com os elementos de virtude cívica, o equilíbrio dos poderes e o pluralismo partidário, fornecerá à democracia, sem que o tenha querido expressamente, um dos parâmetros essenciais.

Para Montesquieu, existem três espécies de governos: o republicano (aristocrático ou democrático), o monárquico e o despótico. Enquanto a espécie de governo constitui a estrutura particular da democracia, o princípio a faz se mover e reside nos "sentimentos e nas paixões que conduzem a consciência do povo a ela. Esse princípio é a virtude, ou seja, uma coisa muito simples: o amor pela república ou pela pública".[140] Logo, a natureza de um governo define o que ele é, enquanto o princípio é o que o faz se movimentar.

Esse sentimento move a democracia e é próprio do homem do bem político. A virtude invocada por Montesquieu não é nem a moral e nem a cristã, mas a cívica, fundada no civismo, que incorpora o senso de cidadania e de responsabilidade. "A virtude democrática consiste, portanto, em resistir, nas repúblicas, às tentações da corrupção

---

[139] TOCQUEVILLE, Alexis de. *A democracia na América*. Sentimentos e opiniões. De uma profusão de sentimentos e opiniões que o estado social democrático fez nascer entre os americanos. Tradução: Eduardo Brandão. São Paulo: Editora Martins Fontes, 2004. p. 13.

[140] GOYARD-FABRE, Simone. *O que é democracia?* A genealogia filosófica de uma grande aventura humana. Tradução: Claudia Berliner. São Paulo: Editora Martins Fontes, 2003. p. 137.

e aos assaltos das facções que, na história, são as forças destrutivas da política".[141]

Esse princípio implica o restrito respeito à legalidade, pois, para Montesquieu, "querer ser livre contra as leis é se tornar escravo de seus instintos".[142] Desse modo, o equilíbrio constitucional dos poderes se torna condição *sine qua non* de uma política de liberdade. A distinção entre os poderes legislativo, executivo e judiciário impede o autoritarismo e sua inevitável arbitrariedade, interferindo na liberdade.

A sua teoria, portanto, foi fundamental aos doutrinários da democracia representativa ou parlamentar. Desse modo, mesmo a democracia não é por si só um regime de liberdade, devendo para tanto ser construída juridicamente por meio da fragmentação do poder público e, conjuntamente, com a distribuição das prerrogativas governamentais a órgãos distintos, promovendo o controle mútuo e recíproco dos poderes executivo, legislativo e judiciário.

Igualmente, o pluralismo partidário também limita a autoridade do poder por meio da diversidade de opiniões e tendências. O pluralismo possibilitava um espaço ao povo, que não era mais por meio do poder imediato, para dizer o que pensa e, portanto, para gozar da liberdade. Montesquieu defendia a possibilidade dos cidadãos se exprimirem pela voz do partido que escolheram.[143] A multiplicidade de partidos implicava ao mesmo tempo na legalidade da oposição e em um modo de existência do poder conforme a opinião que a maioria impõe à minoria de votantes. O discurso fundador da democracia encontra suas bases na potência da multidão, a qual é inerente à ideia de liberdade.

1.9 A positivação do direito de resistir nas revoluções liberais

A concepção dos direitos subjetivos se modifica na transição da Idade Média para a Idade Moderna de uma visão fundada nos

---

[141] GOYARD-FABRE, Simone. *O que é democracia?* A genealogia filosófica de uma grande aventura humana. Tradução: Claudia Berliner. São Paulo: Editora Martins Fontes, 2003. p. 137.
[142] GOYARD-FABRE, Simone. *O que é democracia?* A genealogia filosófica de uma grande aventura humana. Tradução: Claudia Berliner. São Paulo: Editora Martins Fontes, 2003. p. 138.
[143] GOYARD-FABRE, Simone. *O que é democracia?* A genealogia filosófica de uma grande aventura humana. Tradução: Claudia Berliner. São Paulo: Editora Martins Fontes, 2003. p. 139.

privilégios, ou seja, nas prerrogativas estamentais, para a dos direitos do homem. A Reforma Protestante havia trazido o individualismo para o campo religioso, rompendo com a ordem hierárquica, para ressaltar a importância do sucesso no mundo para a salvação individual. Como consequência, surgia a reivindicação do direito individual à livre opção religiosa. A partir do Movimento, também ocorrerá a progressiva laicização do Direito Natural, com o "apelo à razão como fundamento do Direito, aceitável, por isso mesmo, por todos, porque comum aos homens independentemente de suas crenças religiosas".[144]

No século XVII, a Revolução Inglesa se aproximará da concepção do astrônomo Copérnico como o "retorno a uma ordem preestabelecida".[145] Contudo, o que se acreditava ser uma restauração era na verdade uma grande mudança. A Revolução Inglesa foi travada fundamentalmente sob dois pontos: a garantia da liberdade religiosa e a extinção da monarquia absolutista. Nesse contexto, Carlos I foi deposto, condenado à morte e executado em 1642, sob a acusação de tentar restabelecer o catolicismo como religião oficial. Após um período de onze anos de tirania de Cromwell, a monarquia foi restaurada pela dinastia dos Stuart, últimos soberanos católicos da Inglaterra, que dispensavam, inclusive, a participação do Parlamento na tomada de decisões.

Em contrapartida, o Parlamento atuou intensamente para a limitação do poder real, buscando evitar, principalmente, as prisões dos opositores políticos sem submissão ao processo criminal regular. O *habeas corpus* já existia há séculos na Inglaterra como instrumento de defesa para as prisões arbitrárias. Contudo, a falta de regras processuais adequadas reduzia imensamente sua eficácia como remédio jurídico. Em 1679, o *Habeas Corpus Act*, denominado oficialmente "uma lei melhor para garantir a liberdade do súdito e para a prevenção das prisões no ultramar"[146] veio para confirmar o brocardo *"remedies precede rights"*, ou seja, as garantias processuais que criam os direitos e não o

---

[144] LAFER, Celso. *A reconstrução dos direitos humanos*: um diálogo com o pensamento de Hannah Arendt. São Paulo: Companhia das Letras, 1988. p. 121.

[145] LAFER, Celso. *A reconstrução dos direitos humanos*: um diálogo com o pensamento de Hannah Arendt. São Paulo: Companhia das Letras, 1988. p. 117. Sobre isso, Hannah Arendt comenta: "nada poderia estar mais distanciado do significado original da palavra 'revolução' do que a ideia que se apoderou obsessivamente de todos os revolucionários, isto é, que eles são agentes num processo que resulta num fim definitivo de uma velha ordem e provoca o nascimento de um novo mundo". ARENDT, Hannah. *Da revolução*. Brasília: Editora Universidade de Brasília, 1988, p. 34.

[146] COMPARATO, Fabio Konder. *Afirmação histórica dos direitos humanos*. 10. ed. São Paulo: Editora Saraiva, 2015. p. 100.

contrário. Esse documento se afirmou como um importante estatuto de garantia da liberdade individual, retirando dos déspotas uma das suas ferramentas mais preciosas: as prisões arbitrárias[147] e se tornando a matriz de todas as declarações posteriores para a proteção de outras liberdades fundamentais.[148] Em 1688, Jaime II Stuart[149] é retirado do poder e a coroa foi oferecida, conjuntamente, ao Príncipe de Orange e à sua mulher, Maria de Stuart, filha mais velha de Jaime II e protestante, sob a condição de que aceitassem a Declaração de Direitos (*Bill of Rights*) votada pelo Parlamento.

Esse documento, promulgado um século antes da Revolução Francesa, pôs fim ao regime monárquico absolutista, transferindo para o Parlamento a competência de legislar e criar tributos; institucionalizando, desse modo, a separação dos poderes no Estado, à qual Montesquieu se referirá meio século depois. Fortaleceu a instituição do júri, reafirmou alguns direitos fundamentais, como o direito de petição e a proibição de penas inusitadas ou cruéis (*cruel and unusual punishments*) expressas até hoje, nos mesmos termos, pelas constituições modernas.

Contudo, há um caráter contraditório no que se refere às liberdades públicas: ao mesmo tempo que promoveu a separação dos poderes como garantia das liberdades civis, impôs uma religião oficial. O que ficou na história política, contudo, foi a prevenção institucional para os abusos de poder e não a oficialização da falta de liberdade religiosa.

A Revolução Inglesa teve apoio maciço dos burgueses, que desejavam se livrar dos obstáculos ao crescimento de suas atividades profissionais. Nesse sentido, só uma revolução política seria capaz de criar as bases necessárias para o surgimento da Revolução Industrial no

---

[147] SILVA, José Afonso da. *Curso de direito constitucional positivo*. 25. ed. rev. e atual. São Paulo: Editora Malheiros, 2005. p. 153.

[148] "O dispositivo nuclear do *habeas corpus* inglês, qual seja, a ordem para que a autoridade que detém o paciente o apresente incontinenti em juízo (segundo a fórmula tradicional que deu o nome ao instituto: *habeas corpus ad subjiciendum*), não foi reproduzido nas legislações estranhas ao mundo anglo-saxônico, ao acolherem o instituto". COMPARATO, Fabio Konder. *Afirmação histórica dos direitos humanos*. 10. ed. São Paulo: Editora Saraiva, 2015. p. 102.

[149] O libelo acusatório contra o rei Jaime II, apresentado na Câmara dos Comuns em 28 de janeiro de 1689, compreendia dois crimes. O primeiro era o de "haver tentado abolir a Constituição do reino, ao romper o contrato original entre o rei e o povo". O segundo crime era de "ter, ao seguir os conselhos dos Jesuítas e de outras pessoas pérfidas, violado as leis fundamentais". COMPARATO, Fabio Konder. *Afirmação histórica dos direitos humanos*. 10. ed. São Paulo: Editora Saraiva, 2015. p. 106.

século seguinte, constatando-se que foram as relações sociais que "precederam e tornaram possível a transformação das forças produtivas".[150]

A passagem do capital comercial ao capital industrial será marcada, sobretudo, com a substituição da predominância da agricultura pela predominância da produção industrial; com a antiga precariedade dos meios de locomoção suprida por uma nova rede de transportes cada vez mais rápida e diversificada; e com a mudança das crises periódicas de subsistência do período feudal para crises de superprodução e de baixa de preços.

O processo revolucionário inglês foi o primeiro a questionar as "forças da tradição",[151] cuja solução monárquica constitucional criou a base necessária para que a classe burguesa tomasse para si o poder estatal, e mantivesse "o rei que reina, mas não governa".[152]

A nova racionalidade econômica capitalista terá íntima relação com a ética protestante, com a qual os burgueses se afirmam sob a valorização do trabalho e da poupança. Nesse cenário, as possibilidades para a ação humana se tornam ilimitadas. Contudo, os embates entre os interesses da nobreza e da burguesia, representando o antigo e o novo, culminarão nas revoluções liberais nos séculos XVII e XVIII.

Nos séculos seguintes, o direito natural laicizado irá difundir a tese do contrato social para explicar a origem do Estado, da sociedade e do Direito como uma construção convencional dos indivíduos, com a passagem "de um Direito baseado no *status* para o Direito baseado no indivíduo, numa sociedade na qual começa a surgir o mercado e a competição".[153] No contratualismo, a relação entre autoridade e liberdade se fundamenta na auto-obrigação dos governados, iniciando-se com a celebração do contrato social, na passagem do estado de natureza para a vida em sociedade. Percebe-se, portanto, que o Estado e o Direito são uma construção convencional para o estabelecimento desse convívio organizado. Tal justificação irá repousar não mais no poder irresistível

---

[150] COMPARATO, Fabio Konder. *Afirmação histórica dos direitos humanos*. 10. ed., São Paulo: Editora Saraiva, 2015. p. 107.
[151] MONDAINI, Marco. *O respeito aos direitos dos indivíduos*. In. PINSKY, Jaime, PINSY, Carla Bassanezi (org). *História da cidadania*. São Paulo: Contexto, 2003. p. 120.
[152] MONDAINI, Marco. *O respeito aos direitos dos indivíduos*. In. PINSKY, Jaime, PINSY, Carla Bassanezi (org). *História da cidadania*. São Paulo: Contexto, 2003. p. 120.
[153] LAFER, Celso. *A reconstrução dos direitos humanos*: um diálogo com o pensamento de Hannah Arendt. São Paulo: Companhia das Letras, 1988. p. 122.

do soberano ou de Deus, mas "na base da sociedade, através da vontade dos indivíduos".[154]

Nesse sentido, a doutrina dos direitos do homem e o contratualismo irão compartilhar a ideia de que o exercício do poder político apenas é legítimo quando fundado sobre o consenso popular entre aqueles que se submetem a um poder superior e aqueles a quem esse poder é confiado. O contratualismo moderno representa uma reviravolta na história do pensamento, ao conceber a sociedade não como um fato natural, independente da vontade dos indivíduos, mas como um corpo artificial, criado por eles para a satisfação de seus interesses e carências, no mais amplo exercício de seus direitos. "Sem essa revolução copernicana, à base da qual o problema do estado passou a ser visto não mais da parte do poder soberano, mas da parte dos súditos não seria possível sem a doutrina do estado liberal que é *in primis* a doutrina dos limites jurídicos do poder estatal".[155]

Desse modo, o advento do Estado de Direito estará preocupado em estabelecer limites necessários para a preservação das individualidades, originando a teoria da divisão de poderes de Montesquieu, e as declarações de direitos americana de 1776 e francesa de 1789.

O Iluminismo e as revoluções irão trazer de forma pioneira a possibilidade de os homens organizarem o Estado e a sociedade conforme sua vontade, desligada da tradição e dos costumes. Assim, habitar uma cidade não bastava mais ao homem, exigindo-se que nela também tivesse direitos e não só deveres. Passa-se de uma era dos deveres obscura para uma era dos direitos promissora: é a passagem do citadino-súdito para o citadino-cidadão:[156]

> A decadência da noção da predestinação orientou, em grande medida, o avanço irresistível da modernidade, emoldurada pelos acontecimentos que se desenrolaram entre a crise da sociedade feudal no século XIV e as revoluções burguesas dos séculos XVII e XVIII (...) Contra um mundo de 'verdades reveladas', assentado no trinômio particularismo-organicismo-heteronomia, construiu-se um outro

---

[154] LAFER, Celso. *A reconstrução dos direitos humanos*: um diálogo com o pensamento de Hannah Arendt. São Paulo: Companhia das Letras, 1988. p. 122.

[155] BOBBIO, Norberto. *Liberalismo e democracia*. Tradução: Marco Aurélio Nogueira. São Paulo: Brasiliense, 2000.

[156] BOBBIO, Norberto. *Liberalismo e democracia*. Tradução: Marco Aurélio Nogueira. São Paulo: Brasiliense, 2000. p. 116.

pautado no trinômio universalidade-individualista-autonomia no qual a descoberta das verdades depende do esforço criativo do homem.[157]

Enquanto os textos ingleses se preocuparam em limitar o poder do rei, em proteger o indivíduo das arbitrariedades do poder do rei e firmar a supremacia do Parlamento,[158] a primeira declaração de direitos fundamentais, a Declaração de Direitos do Bom Povo de Virgínia, buscou a estruturação de um governo democrático, com um sistema de limitação de poderes. Tais limitações do poder estatal estarão fundamentadas na existência de direitos naturais e imprescritíveis do homem.

Esses limites começam a ser delineados com a teoria política de Locke, com a divisão de poderes de Montesquieu na teoria do governo misto, combinada com declarações de direitos, tais como a da Declaração de Independência Americana de 1776 e a Declaração Francesa dos Direitos do Homem e do Cidadão de 1789.[159]

Substitui-se o princípio da legitimidade dinástica, que se define na monarquia hereditária, baseada fundamentalmente nos costumes, pelo princípio da soberania popular, de origem contratualista.[160] Desse modo, o contrato social "deixou de estar relegado à origem hipotética do Estado e passou a ser parte integrante de sua história através do poder constituinte originário".[161]

Os norte-americanos de 1776 e os franceses de 1789 realizaram revoluções inspirados pela legitimidade de resistência à opressão no paradigma do direito natural, buscando, inclusive a positivação desse direito para garantir uma dimensão permanente e segura à rebelião dos indivíduos às arbitrariedades e injustiças. Para os norte-americanos, esse anseio pela positivação do direito de resistência decorria do desejo de emancipação frente às recorrentes tentativas da coroa britânica de dominação, mais especificamente, destacando-se a *Lei do Selo*,[162] a *Questão do*

---

[157] MONDAINI, Marco. *O respeito aos direitos dos indivíduos*. In. PINSKY, Jaime, PINSY, Carla Bassanezi (org). *História da cidadania*. São Paulo: Contexto, 2003. p. 115.

[158] SILVA, José Afonso da. *Curso de direito constitucional positivo*. 25. ed. rev. e atualizada. São Paulo: Editora Malheiros, 2005. p. 154.

[159] LAFER, Celso. *A reconstrução dos direitos humanos*: um diálogo com o pensamento de Hannah Arendt. São Paulo: Companhia das Letras, 1988.

[160] LAFER, Celso. *A reconstrução dos direitos humanos*: um diálogo com o pensamento de Hannah Arendt. São Paulo: Companhia das Letras, 1988. p. 134.

[161] LAFER, Celso. *A reconstrução dos direitos humanos*: um diálogo com o pensamento de Hannah Arendt. São Paulo: Companhia das Letras, 1988. p. 123.

[162] A *Lei do Selo*, emanada em 1765 pelo governo britânico, estabelecia que todos os tipos de documentos, ofícios e jornais fossem elaborados com papel selado. Porém, a oposição foi tamanha que a lei acabou sendo revogada.

Chá[163] e as *Leis Intoleráveis*.[164] Desse modo, em 1774, os norte-americanos se reuniram em um Congresso na Filadélfia para redigir a Declaração dos Direitos do Homem, exigindo o tratamento igualitário entre eles e os britânicos.

No ano seguinte, iniciou-se a guerra e, no dia 4 de julho de 1776, o Segundo Congresso Continental da Filadélfia informou a separação das treze colônias da Grã-Bretanha, com a declaração de independência. No entanto, a guerra só teve fim em 1783, por meio do Tratado de Paz, em Paris, no qual os britânicos enfim reconheceram a independência das antigas colônias. Thomas Jefferson, advogado virginiano, teve papel fundamental na consolidação da democracia americana. Participou dos principais atos políticos que conduziram ao nascimento dos Estados Unidos, inclusive redigindo a Declaração de Independência, seu mais importante escrito político.[165]

Para ele, o princípio básico da política consistia na liberdade de forma a garantir os direitos naturais, tais como os direitos à vida, à liberdade e à "busca pela felicidade", bem como aqueles direitos que se mostravam independentes ao desempenho do governo, tal qual a liberdade religiosa e os direitos de defesa contra a arbitrariedade – o julgamento pelo júri, o *habeas corpus* e a liberdade de imprensa – que permaneciam no poder dos indivíduos, na medida em que inalienáveis e inerentes à personalidade humana.

Para Jefferson, a autoridade da sociedade política advinha do povo, que, contudo, conservava consigo autonomia civil e política. Desse modo, o indivíduo detinha o direito de reivindicar tanto individualmente, por meio institucionais, como coletivamente, por meio da soma das vontades individuais, formando um todo capaz de se defender de abusos e de modificar a legislação em vigor. Não obstante, quando o governo não cumpria com o acordado no contrato, os indivíduos ficavam isentos de obedecer às leis e podiam se opor às medidas estatais, derivando daí o direito de resistência:[166]

---

[163] Posteriormente, o monopólio do chá pela *Companhia das Índias Ocidentais*, provocou nova rebelião: os norte-americanos se disfarçaram de índios, assaltaram três navios da companhia e jogaram toda a carga ao mar, no porto de Boston (Massachusetts).

[164] Em represália, o governo britânico lançou as denominadas *Leis Intoleráveis*, determinando, dentre outras disposições, que os americanos deveriam dar alojamentos às tropas inglesas.

[165] COSTA, Nelson Nery. *Teoria e realidade da desobediência civil*: de acordo com a Constituição de 1988. Rio de Janeiro: Editora Forense, 1990. p. 18.

[166] Thomas Jefferson afirmava que as rebeliões eram necessárias para a própria formação do Estado.

Sempre que qualquer forma de governo se torne destrutiva de tais fins (assegurar os direitos inalienáveis), cabe ao povo o direito de alterá-lo ou aboli-lo e instituir novo governo baseando-se em tais princípios e organizando-lhes os poderes pela forma que lhe pareça mais conveniente para realizar-lhe a segurança e a felicidade (...). Quando uma longa série de abusos e usurpações, perseguindo invariavelmente o mesmo objeto, indica o desígnio de reduzi-lo ao despotismo absoluto, assisti-lhe o direito, bem como o dever, de abolir tais governos e instituir novos guardas em prol da segurança futura.[167]

Quase todas as demais constituições americanas do período reproduziram com poucas diferenças os princípios acima. A Constituição de Massachusetts de 1780 determinou em seu preâmbulo que quando não for realizado um dos fins do Estado, "manutenção do corpo político e proteção dos direitos naturais dos indivíduos",[168] o povo detém o direito de mudar o governo e de tomar as medidas necessárias à sua segurança, prosperidade e bem-estar.

A Carta de Maryland de 1867, em seu art. 4º, declarou abertamente que "a doutrina da não-resistência ao poder arbitrário e à opressão é absurda, servil e destruidora do bem e da felicidade da humanidade".[169]

E a Constituição de Virginia de 1902 preceituou: "se um governo fosse algum dia reconhecido inadequado ou contrário a esses fins, uma maioria da coletividade teria um direito incontestável, inalienável e imprescritível de reformá-lo, mudá-lo, aboli-lo, pela maneira que julgasse mais útil ao bem público".[170]

Contudo, foi a Declaração de Independência, posterior à de Virgínia, que alcançou maior repercussão, mesmo não tendo força jurídica como a última: "consideramos estas verdades como evidentes por si mesma, que todos os homens foram criados iguais, foram dotados pelo Criador de certos direitos inalienáveis; que, entre estes, estão

---

[167] *Declaração de Independência dos Estados Unidos da América.* Disponível em: http://www.uel.br/pessoal/jneto/gradua/historia/recdida/declaraindepeEUAHISJNeto.pdf. Acesso em: 1 abr. 2017.

[168] PAUPÉRIO, Arthur Machado. *O direito político de resistência.* Rio de Janeiro: Editora Forense, 1962. p. 256.

[169] PAUPÉRIO, Arthur Machado. *O direito político de resistência.* Rio de Janeiro: Editora Forense, 1962. p. 256

[170] PAUPÉRIO, Arthur Machado. *O direito político de resistência.* Rio de Janeiro: Editora Forense, 1962. p. 256-257.

a vida, a liberdade e a busca da felicidade".[171] Assim, é reconhecido formalmente que os homens são, por natureza, orientados ao constante aperfeiçoamento de si mesmo, e tendo a busca pela felicidade como a razão desses direitos inerentes à sua condição.

Em 1787, foi aprovada a Constituição dos EUA na Convenção de Filadélfia. Contudo, para que entrasse em vigor, precisaria da ratificação de pelo menos nove dos treze Estados Independentes. Alguns afirmaram que somente assinariam se fosse introduzida na Constituição uma Carta de Direitos, na qual fossem garantidos os direitos fundamentais do homem. Desse modo, os enunciados foram elaborados por Thomas Jefferson e James Madison, resultando nas dez primeiras emendas à Constituição de Filadélfia, aprovadas em 1791, que asseguravam: a liberdade de religião e culto, de palavra, de imprensa, de reunião pacífica e direito de petição; a inviolabilidade da pessoa, da casa, de papéis e posses de objetos; o direito de defesa e de um julgamento por juiz natural e de acordo com o devido processo legal; a garantia do direito de propriedade; o direito a julgamento público e rápido por um júri imparcial, com direito à defesa por um advogado; vedação de exigência de fiança e multas excessivas, bem como de infringência de penas cruéis ou inusitadas, tal como já previa a declaração de Virgínia.[172]

Os ideais de liberdade e de cidadania propagados na Revolução Americana[173] foram resultantes de uma combinação de fatores: as con-

---

[171] *Declaração de Independência dos EUA*. Disponível em: http://agal-gz.org/faq/lib/exe/fetch.php?media=gze-ditora:declaracao_da_independencia_eua.pdf. Acesso em: 9 abr. 2017.

[172] SILVA, José Afonso da. *Curso de direito constitucional positivo*. 25. ed. rev. e atual. São Paulo: Editora Malheiros, 2005. p. 155.

[173] O termo revolução na Revolução Americana permanece ainda com o mesmo significado original cunhado por Copérnico: aparece entre os norte-americanos por ocasião da independência. Uma interpretação anacrônica da palavra revolução, influenciada retroativamente pela Revolução Francesa, procura mostrar o sentido inovador da fundação dos Estados Unidos da América como ação independente. Essa inovação existiu sem dúvida, objetivamente, com a instauração de algumas instituições pioneiras, como a separação de Poderes. Mas, no espírito dos Pais Fundadores, a assim chamada "revolução americana" consistiu, tal como na Inglaterra de 1688, na restauração das antigas e costumeiras prerrogativas dos súditos norte-americanos da coroa britânica. É significativo, aliás, que toda a argumentação da Declaração de Independência visou a demonstrar não que o regime monárquico fosse essencialmente injusto, mas que o rei Jorge III havia decaído de sua soberania sobre os povos norte-americanos, pelo fato de se ter transformado num tirano, ao negar as liberdades tradicionais de que gozavam seus súditos do outro lado do Atlântico". COMPARATO, Fabio Konder. *Afirmação histórica dos direitos humanos*. 10. ed., São Paulo: Editora Saraiva, 2015. p. 141.

dições específicas da colonização, o discurso religioso, a influência de outros pensadores e a luta contra a Inglaterra[174].

Jefferson avançou em diversos aspectos: enquanto Locke compreendia que os direitos naturais, por força do pacto, passavam para a sociedade política, retornando aos indivíduos apenas em casos de arbitrariedades e de injustiças, na Declaração de Independência, esses direitos permaneciam em poder do indivíduo. Para Locke, o direito à propriedade era um bem natural, na medida em que para o ex-presidente dos EUA esse direito representava mais um produto da sociedade civil do que um direito em si. A "busca pela felicidade" defendida por Jefferson propiciava as reivindicações de cunho social, diferente do direito à propriedade, que na maioria das ocasiões serviu para reprimir as manifestações sociais.

Para Thomas Jefferson, não se tratava apenas de um direito de resistir aos governos injustos, mas de um dever de se opor. A cidadania consistia, fundamentalmente, na participação dos indivíduos nos rumos da sociedade política. A proteção dos direitos naturais significava um dever político constante. Dessa maneira, o direito de resistência começa a ser compreendido como o instrumento adequado e disponível para defesa de governos abusivos. Assim, além das formas institucionais de representação, havia a possibilidade de participação direta e efetiva na elaboração das constituições dos governos.

Treze anos depois, emergia a Revolução Francesa,[175] afirmando os mesmos valores de liberdade e de igualdade dos seres humanos: "os homens nascem e são livres e iguais em direitos".[176] Enquanto a

---

[174] KARNAL, Leandro. *Estados Unidos, liberdade e cidadania*. In: PINSKY, Jaime, PINSY, Carla Bassanezi (org). *História da cidadania*. São Paulo: Contexto, 2003. p. 145.

[175] "O grande movimento que eclodiu na França em 1789 veio operar na palavra revolução uma mudança semântica de 180º. Desde então, o termo passou a ser usado para indicar uma renovação completa das estruturas sociopolíticas, a instauração *ex novo* não apenas de um governo ou de um regime político, mas de toda uma sociedade, no conjunto das relações de poder que compõem a sua estrutura. Os revolucionários já não são os que se revoltam para restaurar a antiga ordem política, mas os que lutam com todas as armas – inclusive e sobretudo a violência – para induzir o nascimento de uma sociedade sem precedentes históricos. Compreende-se, nessa perspectiva, que a palavra restauração tenha entrado no vocabulário político francês com uma conotação diametralmente oposta à *restoration* dos ingleses. Na história política francesa, o termo designa o restabelecimento dos Bourbons na França, após a derrota de Napoleão; ou seja, o retorno ao Ancien Régime, com a supressão de todas as inovações revolucionárias". COMPARATO, Fabio Konder. *Afirmação histórica dos direitos humanos*. 10. ed. São Paulo: Editora Saraiva, 2015.

[176] *Declaração Universal dos Direitos do Homem e do Cidadão de 1789*. Disponível em: http://pfdc.pgr.mpf.mp.br/atuacao-e-conteudos-de-apoio/legislacao/direitos-humanos/declar_dir_homem_cidadao.pdf. Acesso em: 9 abr. 2017.

Revolução Americana esteve muito mais voltada em firmar sua independência face à Coroa, a França buscava uma mudança radical para a libertação dos povos.[177] Equivoca-se a afirmação de que a constituinte francesa foi influenciada pela Revolução Americana: as fontes filosóficas das declarações de direitos americanas e francesas são as mesmas, fruto do pensamento político europeu e internacional do século XVIII, de uma corrente humanitária cujo objetivo era a libertação do homem oprimido pelo poder abusivo. "As declarações são obra do pensamento político, moral e social de todo o século XVIII".[178]

Kant,[179] em sintonia com os ideais franceses, compreendia a liberdade como o direito de um povo de não ser impedido de dar a si mesmo uma constituição civil, em harmonia com os direitos naturais, única Constituição que poderia dar vida a um sistema de estados que eliminaria para sempre a guerra. Ou seja, definia a liberdade como autonomia, como independência, como poder de legislar para si mesmo e de obedecer às leis externas com as quais assentiu. Rousseau também

---

[177] "Os líderes revolucionários estavam tão convencidos de que acabavam de inaugurar uma nova era histórica que não hesitaram em abolir o calendário cristão e substituí-lo por um novo, cujo Ano I iniciou-se em 22 de setembro de 1792, dia seguinte à data da instalação dos trabalhos da Convenção, a nova Assembleia Constituinte que inaugurou o regime republicano. Ao mesmo tempo, operaram a imediata substituição dos pesos e medidas, vigorantes havia séculos e que variavam de região a região e mesmo de cidade a cidade, pelo novíssimo sistema métrico decimal, fundado no cálculo matemático. Se o novo calendário deixou de vigorar com o término da Revolução, o sistema métrico acabou sendo adotado definitivamente em quase todo o mundo". COMPARATO, Fabio Konder. *Afirmação histórica dos direitos humanos*. 10. ed. São Paulo: Editora Saraiva, 2015. p. 142-143.

[178] GUETZÉVITCH, Mirkine apud SILVA, José Afonso da. *Curso de direito constitucional positivo*. 25. ed. rev. e atualizada. São Paulo: Editora Malheiros, 2005. p. 157.

[179] Discussão controversa, Arthur Machado Paupério afirma que Kant concebe a resistência popular, contudo, apenas quando consagrada por lei pública, ou seja, por meio de lei que abdicasse da própria soberania. No entanto, a resistência passiva é admitida por ele. O pensamento de Kant está fortemente atribuído a sua prudência, inserida na vivência em plena monarquia absoluta, como a sua idiossincrasia pelos excessos da Revolução Francesa. Portanto, Kant avalia em sua doutrina duas questões: a) se é possível interpretar na constituição a possibilidade do direito de resistência; b) se o povo tem o direito de se proteger com armas? Na hipótese de violação da lei, um terceiro deveria julgá-lo, sobre o qual igualmente deveria incidir, em progressão indefinida. Admitir o direito de insurgência significaria destruir a ordem jurídica quando se quisesse: "o poder legislativo poderia dar o exemplo da resistência levando o povo à insurreição em nome dos imperativos constitucionais, mas não em sua própria qualidade. A revolta teria, quando muito, uma autoridade moral, mas nunca uma autoridade legal". Compreendia a resistência ilegal e punível com a morte, admitindo tão somente a resistência (negativa) do povo mediante o controle parlamentar do poder, no qual os deputados se recusam a prestar o seu concurso ao governo. Portanto, permanece não admitindo o poder de insurreição, pois este necessitaria de proteção legal, já que todo direito deve ser necessariamente garantido. PAUPÉRIO, Arthur Machado. *O direito político de resistência*. Rio de Janeiro: Editora Forense, 196, p. 197-200.

definiu a liberdade como "a obediência à lei que nós mesmos nos prescrevemos", direito inato "transmitido ao homem pela natureza e não por uma autoridade constituída",[180] no qual todos os demais direitos estão compreendidos.

Com as declarações de direito desse período, tal como a Declaração dos Direitos do Homem e do Cidadão de 1789, a Constituição "Girondina" de 1791, e as Declarações dos Direitos do Homem e do Cidadão de 1793, reconheceu-se a necessidade de positivar essa carga substancial de direitos naturais e imprescindíveis do homem, tal como o direito de resistência. A Declaração dos Direitos do Homem e do Cidadão de 1789, em seu artigo 2º, previa que "a finalidade de toda associação é a conservação dos direitos naturais e imprescindíveis do homem; esses direitos são a liberdade, a segurança e a resistência à opressão".[181]

Por sua vez, a Constituição "Girondina" de 1791 previa a possibilidade da chamada resistência legal, ou seja, por meio da utilização de meios legais, resistia-se aos atos autoritários. A Declaração dos Direitos do Homem adotada pela Convenção Nacional Francesa, em 29 de maio de 1793, incluiu em seu artigo 1º, dentre os direitos do homem em sociedade, a garantia de resistência e especificamente, em seu artigo 2º: "Em todo governo livre, os homens devem ter meio legal de resistir à opressão e quando este meio é impotente, a insurreição é o mais sagrado dos deveres".[182]

Contudo, a mesma Declaração, votada em 23 de junho de 1793 e publicada como preâmbulo da Constituição de 24 de junho do mesmo ano, retirou a resistência à opressão enumerada dentre os direitos fundamentais para mantê-la como consequência dos outros direitos da cidadania no artigo 33. Desse modo, se o Estado violasse os direitos dos cidadãos, a insurreição surgiria como o mais importante dos direitos e dever indispensável.

A positivação dos direitos humanos representou o anseio do homem em conferir aos direitos nela contemplados uma dimensão permanente e segura, garantindo o amparo necessário aos indivíduos

---

[180] BOBBIO, Norberto. *A era dos direitos*. Tradução: Carlos Nelson Coutinho. Rio de Janeiro: Elsevier, 2004. p. 27.
[181] COSTA, Nelson Nery. *Teoria e realidade da desobediência civil*: de acordo com a Constituição de 1988. Rio de Janeiro: Editora Forense, 1990. p. 20.
[182] COSTA, Nelson Nery. *Teoria e realidade da desobediência civil*: de acordo com a Constituição de 1988. Rio de Janeiro: Editora Forense, 1990. p. 21.

emancipados.[183] Contudo, o direito de resistência à opressão deixou de constar nos textos constitucionais seguintes. Isso porque foi considerado uma incongruência que a resistência possa ser garantida por uma norma legal: jamais um governo admitiria ser opressivo, não consentindo, logo, com a ação de resistir. Ainda que não esteja mais positivado, permanece a faculdade de se opor ao governo, como direito pertencente à categoria do exercício da cidadania, quando este se mostrar primordialmente arbitrário.

Enquanto a Declaração Americana era mais concreta e preocupada com a situação particular em que se encontravam as colônias inglesas, a Francesa era mais abstrata e universalizante, se caracterizando por três elementos principais: a) intelectualismo, na medida em que a concepção da existência de direitos imprescritíveis do homem e de um poder legítimo baseado no consentimento popular foi resultado puramente da atividade intelectual – a declaração de direitos constituía, portanto, um documento filosófico e jurídico anunciando uma sociedade ideal; b) mundialismo, pois os princípios invocados na declaração carregam um valor universal que ultrapassa fronteiras; c) individualismo, na medida em que consagra os direitos de defesa do indivíduo diante do Estado, constituindo a marca do Estado liberal.[184]

Desse modo, formam-se duas linhas de criação do direito distintas: a inglesa, mais pragmática, considera as garantias judiciais a fonte do progresso da proteção jurídica da pessoa humana, ao passo que a francesa vê nas declarações força política e pedagógica necessária para mudar concepções e dogmas. A grande novidade da Ilustração foi a ideia de que os homens podiam organizar o Estado e a sociedade de acordo com a sua vontade e a sua razão.

A Declaração Universal dos Direitos do Homem e do Cidadão de 1789[185] parece se dividir em duas categorias dos direitos: a do homem e a do cidadão. A primeira concerne ao indivíduo somente,

---

[183] LAFER, Celso. *A reconstrução dos direitos humanos*: um diálogo com o pensamento de Hannah Arendt. São Paulo: Companhia das Letras, 1988. p. 124.

[184] SILVA, José Afonso da. *Curso de direito constitucional positivo*. 25. ed., rev. e atual. São Paulo: Editora Malheiros, 2005. p. 158.

[185] "A Declaração dos Direitos do Homem e do Cidadão, de 26 de agosto de 1789, é a mais famosa das declarações. Por força do preâmbulo da Constituição de 1958 – como ocorria na de 1946 – está ela em vigor na França. Integra o chamado *bloc de constitutionnalité*, em face do qual opera o controle de constitucionalidade efetuado pelo Conselho Constitucional". FERREIRA FILHO, Manoel Gonçalves. *Curso de direito constitucional*. 40. ed. São Paulo: Editora Saraiva, 2015. p. 435.

abrangendo, portanto, os direitos de liberdade, de propriedade e de segurança, categoria que será nomeada atualmente pelos franceses de liberdades públicas.

A segunda, por sua vez, se refere aos indivíduos como participantes de uma sociedade política, portanto, são garantidos os direitos de resistência à opressão, de concorrer pessoalmente ou de pôr representantes para a formação da lei e o direito de acesso a cargos públicos. O direito de resistência é um direito secundário que visa a proteger os valores primários de liberdade, de propriedade e de segurança. Logo, o direito de resistência intervém para a tutela de outros direitos. A sua previsão legal, ainda que contraditória, refletia a "recordação imediata do 14 de julho e ao temor de um novo assalto aristocrático; tratava-se, portanto, de uma justificação póstuma da luta contra o Antigo Regime".[186] Uma indisfarçável hostilidade ao poder monárquico e a preocupação em armar os indivíduos de meios de resistência contra o Estado.[187]

Diversos princípios nela elencados se encontram nas declarações contemporâneas, de garantias individuais liberais, exceto as liberdades de reunião e de associação que ela desconhecera, pois firmada numa restrita concepção individualista. Os ideais revolucionários franceses rapidamente se disseminaram por toda a Europa, provocando um retorno ao conservadorismo por medo do caos político, e de uma concepção que a democracia de massas não era favorável. Sobre isso, Nilo Odalia afirmará:

> A destruição da herança feudal e de uma monarquia que fora por tanto tempo um modelo invejado e temido pelas outras monarquias europeias provocou uma reação que se traduziu na invasão da França por austríacos e ingleses na tentativa de salvar Luís XVI, que acabará sendo guilhotinado no período chamado de Terror. Não conseguiram, mas despertaram nos franceses um espírito patriótico que os ajudou não apenas a defender sua pátria, mas os incentivou a iniciar um processo de exportação dos ideais da revolução pelas armas que culminou com a presença marcante de um gênio militar como Napoleão. Mas como toda revolução que se sente ameaçada, por inimigos internos ou externos, reais ou imaginários, houve também, na França, o momento do terror, especialmente com o líder Robespierre, trazendo consigo um séquito de

---

[186] BOBBIO, Norberto. *A era dos direitos*. Tradução: Carlos Nelson Coutinho. Rio de Janeiro: Elsevier, 2004. p. 44
[187] FERREIRA FILHO, Manoel Gonçalves. *Curso de direito constitucional*. 40. ed., São Paulo: Editora Saraiva, 2015. p. 247.

arbitrariedades e assassinatos em massa, metamorfoseando a guilhotina, também, num dos símbolos mais sinistros da revolução.[188]

As declarações apresentaram um forte anseio em garantir aos direitos nela previstos uma dimensão permanente e segura. Contudo, o processo de positivação não conseguiu desempenhar esta função estabilizadora, devido à natureza variável de direitos que se revelaram historicamente relativos. Por isso, a fundamentação jusnaturalista dos direitos humanos necessitou ser substituída por uma fundamentação historicista, na medida em que os homens não nascem iguais nem são criados de forma igual por obra da natureza, mas por meio da lei. Desse modo, a doutrina dos direitos naturais inverte o curso histórico, colocando no início como fundamento aquilo que é historicamente o resultado.

A doutrina dos direitos do homem consiste na racionalização póstuma do estado de coisas que ocorreu nos séculos anteriores, a luta entre a monarquia e outras forças sociais, cujas faculdades e poderes reconhecidos que no futuro serão denominados direitos do homem são reconhecidos sob o nome de liberdade (*libertates, freedom*), ou seja, "como esferas individuais de ação e de posse de bens protegidos perante o poder coativo do rei".[189]

Os direitos humanos das declarações americana e francesa são direitos caracterizadamente de primeira dimensão, de defesa em face do Estado e de inspiração individualista. São individuais quanto ao titular, que é o homem em sua individualidade; quanto ao modo de exercício, pois somente o indivíduo poderá exercer a liberdade de opinião, por exemplo; e quanto ao sujeito passivo do direito, na medida em que o indivíduo como titular do direito poderá afirmá-lo frente a todos os demais, já que estes direitos têm como limite o reconhecimento do direito do outro.[190]

---

[188] ODALIA, Nilo. *A liberdade como meta coletiva*. In. PINSKY, Jaime, PINSY, Carla Bassanezi (org). *História da cidadania*. São Paulo: Contexto, 2003. p. 168.

[189] BOBBIO, Norberto. *Liberalismo e democracia*. Tradução: Marco Aurélio Nogueira. São Paulo: Brasiliense, 2000. p. 13.

[190] Art. 4º: "a liberdade consiste em poder fazer tudo aquilo que não prejudique outrem: assim, o exercício dos direitos naturais de cada homem não tem por limites senão os que asseguram aos outros membros da sociedade o gozo dos mesmos direitos. Estes limites apenas podem ser determinados pela Lei". *Declaração Universal dos Direitos do Homem e do Cidadão*. Disponível em: http://pfdc.pgr.mpf.mp.br/atuacao-e-conteudos-de-apoio/legislacao/direitos-humanos/declar_dir_homem_cidadao.pdf. Acesso em: 7 abr. 2017.

Tais direitos constituíram o resultado de mais de dois séculos de preparação para a emancipação do indivíduo perante os grupos sociais ao qual estava submetido: a família, o estamento e as organizações religiosas. Caracteriza-se pela convicção da existência de um mínimo do qual o homem não pode abdicar sem prejudicar a sua própria essência humana.

Logo, a liberdade individual significa tanto ausência de frustração, mas também ausência de obstáculos à realização de escolhas, não simplesmente as escolhas reais, como todas as escolhas potenciais. A liberdade então consistiria mais na oportunidade da ação do que na ação em si mesma. Em contrapartida, quando os caminhos são deliberadamente bloqueados, se pode chamar de opressão.

Ocorre que o indivíduo independentizado ficou vulnerável às adversidades da vida, o que foi "solucionado" pela sociedade liberal com a segurança da legalidade, por meio da garantia de igualdade de todos perante a lei. No entanto, essa garantia logo se tornou obsoleta em razão das novas relações de trabalho que se formavam entre patrão e operário que, perante a norma, eram contratantes iguais em direitos, com liberdade para estipular o salário e demais condições de trabalho.

Paralelamente ao crescimento feroz da produção e à acumulação de capital dos seus donos, a miséria e a exploração cresciam para os juridicamente livres e iguais em direitos aos donos das máquinas. O mercado de trabalho crescia menos rapidamente que o das disponibilidades e a concorrência pelo emprego obrigava o desempregado a aceitar salários ínfimos para jornadas pesadas e longas, o que, por sua vez, afetava as próprias famílias, cujas esposas e filhos eram obrigados a se empregar para que pudessem sobreviver. "Assim, o enriquecimento global redundava na prosperidade acrescida, e muito, de alguns e na miséria também acrescida, e muito, da maioria".[191]

A Constituição Francesa de 1848, em resposta aos movimentos populares, consagrou o direito do trabalho, constituindo-se o principal documento acerca dos direitos econômicos e sociais na evolução dos direitos fundamentais. No preâmbulo, expressa que "reconhece os direitos e deveres anteriores e superiores às leis positivas", e determina tarefa da República, "proteger o cidadão na sua pessoa, sua família,

---

[191] FERREIRA FILHO, Manoel Gonçalves. *Curso de direito constitucional*. 40. ed. São Paulo: Editora Saraiva, 2015. p. 321

sua propriedade, seu trabalho e, pôr ao alcance de cada um a instrução indispensável a todos os homens".

Ademais, deve "por uma assistência fraternal, assegurar a existência dos cidadãos necessitados, seja procurando-lhes trabalho nos limites de seus recursos, seja dando-lhes, à falta de trabalho, socorros àqueles que estão sem condições de trabalhar".[192] Destaca-se a previsão de que, para atender ao direito ao trabalho, o Estado estabelecerá "trabalhos públicos para empregar os braços desocupados".[193] A Constituição Francesa de 1791 já previa a instituição de ajuda pública para as crianças abandonadas, para os pobres doentes e aos pobres inválidos desempregados.[194]

Desse modo, no decorrer do século XIX, os direitos individuais exercidos coletivamente serão incorporados à doutrina liberal, que reconhecerá neles um componente necessário para o exercício da democracia, e, por conseguinte, para a interação entre governantes e governados, uma vez que propicia a liberdade ao ensejar o controle da máquina político-econômico-social pelos governados. Os direitos econômico-sociais e culturais, ou de segunda dimensão, buscam justamente assegurar as condições para o pleno exercício dos primeiros, eliminando ou atenuando as barreiras possíveis ao seu efetivo uso. Por isso, são denominados "direitos de crédito",[195] pois tornam reais direitos formais ao garantir "a todos o acesso aos meios de vida e de trabalho num sentido amplo, impedindo, desta maneira, a invasão do *todo* em relação ao *indivíduo*, que também resulta da escassez dos meios de vida e de trabalho".[196]

Adota-se duas perspectivas para o estudo da construção dos direitos humanos: *ex parte populi*, aos que estão submetidos ao poder, e a perspectiva *ex parte principis*, aos detentores do poder e que buscam conservá-lo.[197] Assim, no âmbito dos direitos de segunda dimensão,

---

[192] Art. 4º, VIII, *Constituição Francesa de 1848*. In. COMPARATO, Fabio Konder. *Afirmação histórica dos direitos humanos*. 10. ed. São Paulo: Editora Saraiva, 2015. 183.

[193] Art. 13. In. COMPARATO, Fabio Konder. *Afirmação histórica dos direitos humanos*. 10. ed., São Paulo: Editora Saraiva, 2015. p. 184.

[194] LAFER, Celso. *A reconstrução dos direitos humanos*: um diálogo com o pensamento de Hannah Arendt. São Paulo: Companhia das Letras, 1988. p. 128.

[195] LAFER, Celso. *A reconstrução dos direitos humanos*: um diálogo com o pensamento de Hannah Arendt. São Paulo: Companhia das Letras, 1988. p. 129.

[196] LAFER, Celso. *A reconstrução dos direitos humanos*: um diálogo com o pensamento de Hannah Arendt. São Paulo: Companhia das Letras, 1988.

[197] LAFER, Celso. *A reconstrução dos direitos humanos*: um diálogo com o pensamento de Hannah Arendt. São Paulo: Companhia das Letras, 1988. p. 125.

a perspectiva *ex parte principis* irá trazer os problemas práticos da tutela que iniciam com os direitos de primeira geração e a imposição de limites aos direitos de associação com base na preocupação constante dos governantes com a manutenção da ordem. Em relação aos econômico-sociais, é a sociedade que, por meio do Estado como sujeito passivo, fixa o quanto se pode e pretende assumir os compromissos de saúde, educação e trabalho.

Já na perspectiva *ex parte populi*, evidenciam-se as contradições existentes entre os direitos de primeira e segunda dimensão. Em um primeiro momento, buscaram a limitação do poder estatal, para depois exigirem o oposto. É por essa razão que são distintas as técnicas jurídicas que ensejam a fruição, *ex parte populi*, dos direitos de primeira e de segunda geração. No primeiro caso, cabe aos indivíduos a iniciativa e o Estado atua como polícia administrativa por parte do Executivo, de controle pelo Judiciário das lesões individuais conforme as leis estabelecidas pelo Legislativo e nos limites da Constituição; no segundo, a iniciativa partirá do Estado, exigindo que se ampliem os serviços públicos.[198]

1.9.1 Sieyès e o projeto de uma constituição democrática

A profunda insatisfação do povo frente aos enormes gastos do país com a Guerra de Independência dos EUA e com a Guerra dos Sete anos, a pesada tributação sobre a população – permanecendo o clero e a nobreza isentos de pagamento – além dos gastos supérfluos da Corte configuraram o contexto necessário para Joseph Sieyès escrever um manifesto intitulado *O que é o terceiro estado?*

Com base no contratualismo, ele vislumbrou a existência de um poder constituinte residente na nação, legitimando, desse modo, a ascensão do terceiro estado ao poder político – e lançando três perguntas: "1º O que é o cidadão? Tudo. 2º O que tem sido ele, até agora, na ordem política? Nada. 3º O que é que ele pede? Ser alguma coisa".[199]

A nação, como titular desse poder originário, elabora a constituição, define o início da ordem jurídica e a titularidade em que se baseiam

---

[198] LAFER, Celso. *A reconstrução dos direitos humanos:* um diálogo com o pensamento de Hannah Arendt. São Paulo: Companhia das Letras, 1988. p. 128-129.
[199] SIEYÉS, Joseph. *O que é o terceiro estado?* Disponível em: http://olibat.com.br/documentos/O%20 QUE%20E%20O%20TERCEIRO%20ESTADO%20Sieyes.pdf. Acesso em: 2 abr. 2017.

os poderes constituídos.²⁰⁰ Tanto o poder quanto o direito residiam na vontade da nação "que, por si só, mantinha-se fora e acima de todos os governos e de todas as leis".²⁰¹

Sieyès busca sua força política na nação, corpo político que resulta do compromisso contratual de todos aqueles que o compõem e exprime a vontade geral que o anima. Desse modo, concebe a representação não mais sob o mandato imperativo – que fazia dos representantes os portadores de votos de seus eleitores – mas sob um mandato representativo pelo qual agem de acordo com a vontade nacional soberana.

Sieyès busca esperança em uma democracia conquistadora, que obedeceria a uma outra técnica de sufrágio: legitimidade nos diversos corpos de representantes designados, em nome de toda a nação para agir em seu próprio domínio e segundo suas capacidades. Tal democracia conquistadora seria animada, através da voz dos representantes, pela ideia de amor à liberdade e de aspiração igualitária.

Sieyès propõe o valor de princípio da soberania nacional, expresso por meio do termo nação, que "existe acima de tudo; ela é a origem de tudo, sua vontade é sempre legal; ela é a própria lei. Antes dela e acima dela, há apenas o direito natural".²⁰² Sua originalidade consiste em pensar em termos constitucionais os poderes da vontade nacional, identificados no terceiro estado: as ordens privilegiadas são repudiadas como estranhas à nação em razão das desigualdades jurídicas que elas oficializaram, o terceiro estado, como corpo dos cidadãos, forma a nação completa e é o "único substrato legítimo da constituição".²⁰³ Em oposição à inércia das ordens privilegiadas, o terceiro estado extrai sua força por meio de seu número e manifesta sua eficácia por meio de sua função política e por seu trabalho.

A Declaração de Direitos do Homem e do Cidadão afirmará em seu artigo 3º a soberania da nação: "o princípio de toda soberania reside essencialmente na nação. Nenhum corpo, nenhum indivíduo

---

[200] LAFER, Celso. *A reconstrução dos direitos humanos:* um diálogo com o pensamento de Hannah Arendt. São Paulo: Companhia das Letras, 1988. p. 123
[201] ARENDT, Hannah apud LAFER, Celso. *A reconstrução dos direitos humanos:* um diálogo com o pensamento de Hannah Arendt. São Paulo: Companhia das Letras, 1988. p. 135.
[202] GOYARD-FABRE, Simone. *O que é democracia?* A genealogia filosófica de uma grande aventura humana. Tradução: Claudia Berliner. São Paulo: Editora Martins Fontes, 2003. p. 182.
[203] GOYARD-FABRE, Simone. *O que é democracia?* A genealogia filosófica de uma grande aventura humana. Tradução: Claudia Berliner. São Paulo: Editora Martins Fontes, 2003. p. 182.

pode exercer autoridade que não emane expressamente dela". A nação consiste na reunião dos indivíduos e Sieyès vê na vontade nacional a soma das vontades individuais, ou seja, por meio do esforço de cada um que a nação pode subsistir e prosperar.

Ao reconhecer a soberania da nação, busca automaticamente a igualdade cívica e jurídica de todos os cidadãos, visto que cada um deve ter os mesmos direitos, pois tem as mesmas obrigações políticas a assumir. "A igualdade adquire assim, no pensamento constitucional de Sieyès, uma dimensão criteriológica que ela nunca atingiu com tanta clareza".[204] Em face disso, o número de representantes surge como uma questão verdadeiramente democrática, associada ao voto por cabeça, e tem por função eliminar hierarquias e privilégios de classe.

A nação, por meio do sufrágio, confia aos corpos constituídos a tarefa de representá-la, distinguindo-se o poder constituinte do qual o povo soberano é detentor e o poder constituído de que estão encarregados os deputados. Enquanto o poder constituinte tem valor funcional, pois permite o estabelecimento da constituição, o poder constituído tem valor organizacional, visto que institui as regras para o funcionamento da sociedade. Desse modo, a distinção entre ambos é fundamental no *status* jurídico do Estado.

Ainda, Sieyès defende o controle permanente dos representantes pelos cidadãos, de modo a assegurar que cumpram o mandato em conformidade com a vontade da nação. Assim, formam-se as condições necessárias para que o terceiro estado ocupe o "seu legítimo lugar no coração da sociedade política: assim, se o poder vem de cima, como deve ser, a confiança vem de baixo".[205]

Seu panfleto "O que é o terceiro estado?" repercutiu tanto que se afirmou que o espírito de Sieyès retratava o espírito da Revolução Francesa. Suas ideias foram ora interpretadas como "porta-voz de uma revolução burguesa sensível ao argumento do número de cidadãos como axioma da democracia"; outros, viram-no como um precursor à tomada de consciência que a classe popular alcançaria para futuro papel que viria a desempenhar; ora ainda sobre o aspecto democrático de um

---

[204] GOYARD-FABRE, Simone. *O que é democracia? A genealogia filosófica de uma grande aventura humana.* Tradução: Claudia Berliner. São Paulo: Editora Martins Fontes, 2003. p. 183.

[205] GOYARD-FABRE, Simone. *O que é democracia? A genealogia filosófica de uma grande aventura humana.* Tradução: Claudia Berliner. São Paulo: Editora Martins Fontes, 2003. p. 179.

pensamento que busca no próprio povo as condições de um governo de liberdade, e ainda ora sobre o aspecto aristocrático que não renuncia ao 'caráter elitista da representação'.[206]

Nesse sentido, Sieyès foi pioneiro na sintetização dos parâmetros democráticos anteriormente proferidos de maneira dispersa e na elaboração do primeiro texto que afirma a importância do controle dos governantes pela nação inteira.

1.9.2 Poder constituinte e soberania popular em Carl Schmitt

Segundo Carl Schmitt, o poder constituinte "é a vontade política cuja força ou autoridade é capaz de adotar a concreta decisão de conjunto sobre modo e unidade política como um todo".[207] Ou seja, essa vontade confere validade a qualquer regulamento legal-constitucional. Assim, uma lei constitucional será pelo seu conteúdo a norma que efetiva a vontade constituinte desse ser político concreto. O poder constituinte é unitário e indivisível. É a base que abrange todos os outros "poderes" e "divisões de poderes".

Uma decisão política conjunta só pode ser decidida pela vontade do próprio poder constituinte. Também as lacunas da Constituição – ao contrário das obscuridades e das discrepâncias de opinião das leis constitucionais em particular – só podem ser preenchidas por um ato do poder constituinte; desse modo, qualquer evento imprevisto, cuja decisão afeta a decisão política fundamental, é decidido por ele.

Durante o período medieval até o século XVII, o poder constituinte derivava de Deus, seguindo o postulado "todo poder (ou autoridade) vem de Deus", permanecendo muito fortes ainda, apesar do Iluminismo. Assim, a Declaração Americana de Independência e a Revolução Francesa representaram o marco de uma nova época, ainda que não houvesse uma consciência por parte dos revolucionários da transcendência de suas condutas. Na Declaração Americana de Independência de 1776, o ato de formação política coincide com o ato de conferir à constituição o fundamento político de uma série de novos estados. Na Revolução

---

[206] GOYARD-FABRE, Simone. *O que é democracia? A genealogia filosófica de uma grande aventura humana.* Tradução: Claudia Berliner. São Paulo: Editora Martins Fontes, 2003. p. 185.

[207] SCHMITT, Carl. *Teoría de la constitución.* Madrid: Editorial Revista de Derecho Privado, 1927. p. 88.

Francesa, diversamente, os homens fixavam o modo e a forma de sua existência política, com fundamento na teoria do poder constituinte da nação de Sieyès.

Conforme essa nova doutrina, a nação é o sujeito do poder constituinte. A palavra nação designa o povo como uma unidade política com capacidade de agir e com consciência de sua singularidade e vontade política. Por sua vez, as pessoas que não existem como nação são uma associação de homens unidos por alguma forma de coincidência étnica ou cultural, mas não necessariamente política. "A doutrina do poder constituinte do povo pressupõe a vontade consciente da existência política e, portanto, uma Nação".[208] À época da Revolução Francesa, a existência política da nação foi facilmente concebida em decorrência de séculos de monarquia absolutista consolidando a unidade estatal.

Desse modo, o ato de se dar uma constituição pressupõe necessariamente o Estado, com modo e forma já consertados. No entanto, o exercício dessa vontade não exige nenhum procedimento prescrito, principalmente quanto ao conteúdo da decisão política. "Basta que a Nação deseje". Este postulado de Sieyès aponta para a natureza do fenômeno do poder constituinte como desvinculado de formas e de procedimentos legais. Assim, o poder constituinte popular sempre se manifesta de maneiras novas, nunca subordinando a sua existência política a uma formulação definitiva.

No entanto, a Constituição de 1791 era típica de uma monarquia constitucional: composta pelo rei e pelo corpo legislativo (representação popular). A questão concernente à representação da nação na elaboração da carta constitucional, se pela assembleia nacional ou pelo rei, constituía uma questão de força e revelava a dupla natureza da burguesia liberal: diante do rei (isto é, da monarquia), apelava para a vontade da nação; na frente da população (isto é, a democracia), apelava para a representação.

No período da Restauração Monárquica (1815-1830), o rei se tornou o sujeito do poder constituinte, em virtude do princípio monárquico. A transferência da concepção democrática do poder constituinte da nação para um monárquico foi possível por meio de uma antítese externa: enquanto a nação pode mudar suas formas e gerar novos modos de existência política, com liberdade total para autodeterminação política,

---

[208] SCHMITT, Carl. *Teoría de la constitución*. Madrid: Editorial Revista de Derecho Privado, 1927. p. 92.

a monarquia hereditária é uma instituição ligada à ordem sucessória de uma família, e, portanto, já é formada em si mesma. Nesse sentido, uma dinastia não poderia ser considerada, tal como o povo ou a nação, o fundamento de toda a vida política.

Logo, a atividade do poder constituinte do monarca se regula, simplesmente, na medida em que a monarquia absoluta é uma instituição estabelecida. Trata-se de uma organização constituída, a qual tem como vantagem ser uma entidade firme cujas manifestações de vontade são claras. Contudo, como desvantagem fundamental consiste o fato de sua organização se basear no princípio dinástico, isto é, na sucessão hereditária e, portanto, não em conceitos necessariamente políticos, mas no direito de família. A manifestação do poder constituinte do rei emite uma constituição por meio de um ato unilateral.

O poder constituinte, dada a sua natureza peculiar, pode se manifestar por qualquer pessoa que expresse "sua vontade imediata como um todo voltada para uma decisão sobre a maneira e forma de consentimento da unidade política".[209] O povo, como detentor do poder constituinte, não é uma instância firme e organizada. Assim que um povo tem vontade de existência política, ele é superior a todas as formalidades e regulamentos. Nem pode ser dissolvido, pois não é uma entidade organizada. Enquanto ele existe e quer continuar a existir, sua força vital e energia são inesgotáveis e sempre capazes de encontrar novas formas de existência política.

Contudo, a falta de informação e de organização pode perturbar significativamente essa tomada de decisões, no sentido de serem ignoradas ou interpretadas como ruins, falsificando facilmente suas manifestações de vontade. A vontade popular é imediata, podendo se externalizar independentemente de qualquer procedimento prescrito. Portanto, ainda que o método pelo qual se expressa a vontade do povo seja pelo processo secreto de votação, seria um erro pensá-lo como demonstração plena do poder constituinte, visto que se revela por meio do fato e não por meio de um procedimento normativamente regulamentado.

"A forma natural da manifestação imediata da vontade de um povo é a voz de assentimento ou de rejeição da multidão reunida, a

---

[209] SCHMITT, Carl. *Teoría de la constitución*. Madrid: Editorial Revista de Derecho Privado, 1927. p. 95.

aclamação".[210] Na contemporaneidade, manifesta-se por meio da opinião pública tal aclamação. Em tempos de paz, as manifestações são raras, enquanto em momentos de situações-limite, a negação surge como afirmação de uma forma de existência que é oferecida como contraponto. O povo alemão, ao negar em novembro de 1918 o princípio monárquico, afirmava a própria república em si. A vontade constituinte do povo sempre se manifesta em seu sim ou não fundamental e, assim, adota a decisão política que dá conteúdo à Constituição.

Logo, a vontade constituinte do povo é imediata, é anterior e superior a qualquer procedimento de legislação constitucional, de maneira que nem lei constitucional, nem uma Constituição podem indicar um poder constituinte e prescrever a forma de sua atividade.

Na democracia moderna, diversas classes de execução e de formulação da vontade constituinte do povo foram introduzidas: a) a Assembleia Nacional Constitucional democrática, eleita de acordo com os postulados democráticos fundamentais, para a regulamentação de determinações jurídico-constitucionais; b) A Assembleia (Convenção) que projeta regulamentos jurídico-constitucionais com referendo imediato ou outra confirmação, direta ou indiretamente, do projeto, pelos cidadãos com direito de voto; e c) exceções e casos especiais na prática democrática.

A Assembleia Nacional Constitucional democrática, eleita de acordo com os postulados democráticos do sufrágio universal e igual, virá sempre que uma constituição tiver sido abolida e uma nova for formada, sem esgotar outros processos democráticos possíveis. Desse modo, um regime legal emerge, por maioria simples, sem referendo sobre o projeto e, portanto, sem a aprovação dos cidadãos. A Constituição de Weimar de 11 de agosto de 1919 afirmou: "o povo alemão, através da Assembleia Nacional, concordou e emitiu esta Constituição. Ele entra em vigor no dia da sua promulgação".

Esse artigo revela o costume em reconhecer a soberania do povo na formulação constitucional-legal. Contudo, apenas a Assembleia Nacional concordou com isso e o povo alemão, como detentor do poder constituinte, não pode, é claro, propor um ato formal como a emissão de uma lei.

---

[210] SCHMITT, Carl. *Teoría de la Constitución*. Madrid: Editorial Revista de Derecho Privado, 1927. p. 100.

Este dispositivo evidencia que é necessário apenas o acordo majoritário da Assembleia Nacional, sem outro ato especial de consentimento formal do povo alemão, para que entre em vigor a norma constitucional. O consentimento é expresso nas eleições para a Assembleia Nacional. No mesmo sentido, a Constituição Francesa de 1791 foi realizada de acordo com a maioria da assembleia nacional constituinte, sem um plebiscito.

A Assembleia (Convenção) projeta regulamentos jurídico-constitucionais mediante referendo imediato ou outra confirmação, direta ou indireta, pelos cidadãos com direito de voto. A palavra Convenção, de origem inglesa, sobre governos provisórios que criaram uma situação constitucional, significa corporação escolhida na tentativa de elaboração de projeto de regulamentação legal constitucional.

Com a experiência norte-americana e o exemplo da Convenção Nacional Francesa de 1791, a palavra passou a significar uma assembleia que elabora o projeto de regulamentação legal-constitucional. A Convenção Nacional Francesa proclamou em 21 de setembro de 1792 que todas as constituições deveriam ser expressamente confirmadas pelas pessoas, pois não poderia haver uma constituição diversa daquela aceita pela população.

A constituição desta Convenção foi submetida ao povo para aceitação e foi aprovada quase unanimemente. No entanto, não entrou em vigor em face da instauração da ditadura dos jacobinos, que suspendeu a situação constitucional e passou a regular o período com medidas. A mesma Convenção, posteriormente, em 1795, submeteu outra Constituição ao consentimento dos eleitores e foi igualmente aceita por ampla maioria.

Ainda, há a hipótese de Convenção para uma Constituição Federal submetida ao consentimento do povo dos diferentes estados-membros. Nos Estados Unidos da América, foi projetada uma constituição por uma Convenção em 1787, submetida posteriormente ao Congresso, para a aceitação pelo povo de cada um dos treze pelas convenções especiais de ratificação (assembleias escolhidas especificamente para esse fim).

Diversamente, a Constituição de Weimar não foi especialmente ratificada pelos cidadãos de diferentes países, tampouco por suas Assembleias Nacionais. Nas deliberações dela, foi considerada, no entanto, a necessidade de ratificação da Constituição do Reich pelas Assembleias Nacionais dos Estados.

Houve a prática de plebiscitos gerais sobre proposta surgida de modo qualquer, ou sobre nova ordenação e regulação introduzida de modo qualquer. O período napoleônico previu diversos plebiscitos: a Constituição Consular do ano VIII, 1799, previa a necessidade do plebiscito, no entanto, tal disposição foi ignorada, passando a viger antes mesmo de aceitação; "Senado-consulto do ano X, 1802: primeiro conselho de Napoleão para a vida; Senado-consulto do ano XII, 1804: Napoleão, Imperador dos Franceses e do Império, hereditário da família Bonaparte; 1815 (durante os Cem Dias), plebiscito no Ato Adicional: plebiscito de 14 de dezembro de 1851: o Presidente da República, Luís Napoleão, encarregado, com o governo, por meio de poderes plenos, de dar uma Constituição; 21-22 de novembro de 1852: Napoleão III, imperador dos franceses".[211] Em todos esses plebiscitos, houve imensas maiorias pelo voto "sim". O influxo eleitoral do governo napoleônico foi bastante forte, sendo, contudo, a experiência contaminada pela sua suspeita da experiência democrática.

Em teoria, esse método corresponde ao princípio democrático e ao pensamento do poder constituinte do povo. No entanto, o "sim" nesses plebiscitos revelava sobretudo uma preocupação do povo francês com a paz e a ordem civil. O "não" significaria insegurança e desordem, enquanto o "sim" o "assentimento rancoroso a um fato consumado",[212] tendo desse modo mínima decisão própria do povo.

1.9.3 Soberania popular de Rousseau

O contrato social origina a sociedade civil que se funda na vontade geral do povo. Embora a soberania conote o critério de todo Estado ou República, ela não determina por si só nenhum modelo de governo. Diversos autores compreenderam Estado e soberania como sinônimos, ou "a soberania como a forma de existência ao Estado". Rousseau esclarece que "a soberania é o princípio do direito político e pelo fato de a sociedade civil ser produzida pelo contrato social que enquanto ato de associação reúne a multidão e a transforma em povo, a soberania em toda república é a soberania do povo".[213]

---

[211] SCHMITT, Carl. *Teoría de la constitución*. Madrid: Editorial Revista de Derecho Privado, 1927. p. 103.

[212] SCHMITT, Carl. *Teoría de la constitución*. Madrid: Editorial Revista de Derecho Privado, 1927. p. 103.

[213] GOYARD-FABRE, Simone. *O que é democracia? A genealogia filosófica de uma grande aventura humana*. Tradução: Claudia Berliner. São Paulo: Editora Martins Fontes, 2003. p. 157.

Embora a soberania popular detenha a capacidade de legislar sobre a vontade geral como seu cerne, essa potência encontra sua possibilidade de se efetivar por meio do governo. Portanto, a soberania do povo é o fundamento de toda sociedade política e não o critério do governo democrático, assim, estabelece uma distinção clara entre soberania e governo.[214] "A autoridade soberana é o princípio da vida política, ela instaura a lei". Pertence ao conjunto de cidadãos que formam o corpo público, confundindo-se com a vontade geral da pessoa pública. A soberania se caracteriza pela sua generalidade: na sua fonte em face da unanimidade do corpo político, da natureza ao exprimir a unidade do eu comum da república, na finalidade ao ter o bem comum como meta. A legislação que ela tem por vocação editar deve partir de todos para aplicar-se a todos. Desse modo, a soberania só pode ser compreendida como unidade da vontade geral e como multiplicidade de vontade de todos os indivíduos.

> Como é inconcebível que o povo, em corpo, queira fazer mal a si mesmo, a generalidade do poder soberano, que provém da exigência de universalidade da razão que conclui o pacto social, significa seu caráter absoluto e inquestionável. A generalidade formal da vontade pública soberana explica sua perfeita retidão. A vontade geral soberana é inalterável e pura, em seu dever-ser, que é sua única maneira de ser, ela não pode nem falhar nem errar.[215]

---

[214] "Os políticos não podem dividir a soberania em seu princípio, dividem-na em força e em vontade, em poder legislativo e em poder executivo, em direitos de impostos, de justiça e de guerra, em administração interior e em poder de tratar com o estrangeiro; ora confundem todas essas partes, ora as separam; fazem do soberano um ser fantástico formado de peças ajustadas; é como se compusessem o homem reunindo diversos corpos, um dos quais teria os olhos, outro os braços, outro os pés, e nada mais. (...) Tais são aproximadamente os engodos de nossos políticos: depois de haverem desmembrado o corpo social graças a uma prestidigitação digna da feira, reúnem as peças não se sabe como. Provém esse erro da inexistência de noções exatas a respeito da autoridade soberana, e por se haverem tomado como partes dessa autoridade que não era mais que emanações da mesma. Assim, olhou-se, por exemplo, o ato da declaração de guerra e o de assinar a paz como atos de soberania, o que é falso, uma vez que cada um desses atos de modo algum constitui uma lei, mas tão-somente uma aplicação da lei, um ato particular que determina o caso da lei, como se verá com clareza quando a ideia unida ao termo lei for fixada. (...) Todas as vezes que imaginamos ver a soberania partilhada nos enganamos, que os direitos tomados como partes dessa soberania lhe são todos subordinados e sempre supõem vontades supremas, dos quais esses direitos só dão a execução". ROUSSEAU, Jean Jacques. *O contrato social*. Edição eletrônica: Editora Ridendo Castigat Moraes. Disponível em: http://www.ebooksbrasil.org/adobeebook/contratosocial.pdf. Acesso em: 14 mar. 2018. p. 38-39.

[215] GOYARD-FABRE, Simone. *O que é democracia? A genealogia filosófica de uma grande aventura humana*. Tradução: Claudia Berliner. São Paulo: Editora Martins Fontes, 2003. p. 159.

A teoria do contrato social traz à soberania a ideia reguladora da política, definindo-se como um princípio formal e normativo. Embora o povo soberano queira sempre seu bem, ele é suscetível às paixões, à insuficiência de informações, às brigas que dividem a soberania. Portanto, cabe ao governo executar as leis que a soberania institui.

O governo media a comunicação entre o soberano e o Estado, entre a generalidade dos atos legislativos do soberano e a particularidade dos comportamentos dos súditos, mediante o equilíbrio das funções e das forças do Estado.

Portanto, se a soberania se caracteriza por sua unidade formal indivisível e o Estado é o corpo político no qual o povo é composto por cidadãos que também são súditos, o governo emerge como o meio-termo para a realização do equilíbrio político que está encarregado de estabelecer, por meio dos diversos regimes da república. O governo, portanto, não tem por si mesmo poder e se limita a executar a vontade geral do povo.

A democracia, portanto, é um regime de governo: "aquele em que o corpo de magistrados encarregado de exercer legitimamente a potência executiva é o mais numeroso, já que o depósito desse encargo é confiado a todo o povo ou à maior parte do povo".

Na democracia ideal, as vontades particulares se subordinam à vontade geral soberana. Na democracia real, em contrapartida, triunfa o individualismo natural, no qual as vontades individuais predominam sobre a vontade geral e sobre a vontade de corpo. Nesse, "cada membro é acima de tudo ele mesmo antes de ser magistrado e cidadão". Em Rousseau, a autonomia cívica constitui o princípio de uma liberdade política no qual o povo outorga o poder aos governantes, mas, mantém, em razão da missão que lhes confiou, a faculdade de revogá-los caso falhem no exercício de seu cargo. Cabe ao povo decidir sobre seu destino político.

A doutrina medieval de representação não exigia que o representante (pessoa ou organismo a quem o exercício do poder foi delegado) fosse eleito. A representação era uma presunção que não admitia provas em contrário. Nesse sentido, a representação poderia representar o absolutismo monárquico, pertencente ao soberano e seus descendentes segundo o direito hereditário. As democracias modernas dependem a) do poder limitado da maioria; de b) procedimentos eleitorais; e c) da transmissão do poder dos representantes.

CAPÍTULO 2

O DIREITO DE DESOBEDIÊNCIA CIVIL

Ao longo dos séculos, o direito de resistência se constituiu como a ferramenta de defesa do povo frente às arbitrariedades governamentais. Contudo, seu principal requisito, representar a vontade da maioria, dificultava sua efetivação: não conseguia atuar no âmbito do exercício da cidadania para realizar as modificações necessárias nas estruturas do Poder Público e pendia facilmente para revoluções radicais.

Nesse contexto, as minorias permaneciam sem voz, sem poder demandar pelo reconhecimento de seus direitos, na medida em que não eram consideradas legítimas para aplicação desse mecanismo.

2.1 Henry David Thoreau

Foi o autor norte-americano Henry David Thoreau que ampliou as possibilidades de resistência ao introduzir a noção da desobediência civil, na qual não era mais necessária a vontade de uma maioria nem que a crise política fosse total para que se justificasse recorrer a esse instrumento; a desobediência civil passava a garantir uma sociedade pluralista.

A doutrina liberal, a fim de garantir uma sociedade política coesa, fundamentou-se na subordinação do governo às decisões da maioria, que se entendia representar a vontade de todos. Tratava-se, sobretudo, de um jogo de interesses: o governo da maioria imperava por ser fisicamente mais forte (havia inclusive a possibilidade de manipulação durante as eleições), enquanto a minoria permanecia sem chance de opinar e de se opor, pois o direito de resistência estava direcionado para a defesa da vontade da maioria.²¹⁶ Para Thoreau, um único voto consciente valia mais do que a vontade da maioria, que age passivamente, sem discernimento e inciativa. Ao cidadão não se impõe apenas o ato de votar, mas de contribuir efetivamente para uma democracia participativa, fundada no interesse público.²¹⁷

Os governantes, por sua vez, agiam somente conforme seus interesses pessoais. As instituições eram manipuladas e não se podia mais esperar delas a imparcialidade a que originariamente deveriam corresponder. Os homens que, por respeito à lei, inclusive contrariando suas consciências e seu bom senso, aderiram às forças armadas, serviam não como homens, mas como máquinas com seus corpos.²¹⁸ Desse modo, garantiam não somente poder aos governantes como os tutelavam, fazendo com que os interesses de ambos se confundissem e provocassem as contínuas guerras.²¹⁹ A imprensa, ocupando o papel anteriormente exercido pela igreja, era agora o principal instrumento utilizado pelo governo para ludibriar a sociedade, manipulando sua vontade. Para sustentar os governos, utilizava-se de qualquer meio para atingir seu objetivo.

---

[216] "Afinal, a razão prática por que se permite que uma maioria governe, e continue a fazê-lo por um longo tempo, quando o poder finalmente se coloca nas mãos do povo, não é de que esta maioria esteja provavelmente mais certa, nem a de que isto pareça mais justo para a minoria, mas sim a de que a maioria é fisicamente mais forte. Mas um governo no qual a maioria decida em todos os casos não pode se basear na justiça, nem mesmo na justiça tal qual os homens a entendem. Não poderá existir um governo em que a consciência, e não a maioria decida virtualmente o que é certo e o que é errado? Um governo em que as maiorias decidam apenas aquelas questões às quais se apliquem as regras de conveniência? Deve o cidadão, sequer por um momento, ou minimamente, renunciar a consciência em favor do legislador? Então por que todo homem tem uma consciência? Penso que devemos ser homens, em primeiro lugar, e depois súditos". THOREAU, Henry David. *A desobediência civil*. Porto Alegre: L&PM, 1997. p. 8-9.

[217] "Toda votação é uma espécie de jogo, como o de damas ou o gamão, com um leve matiz moral, um jogo com o certo e o errado, com questões morais, naturalmente acompanhado de apostas. O caráter dos votantes não está em discussão. Dou meu voto, talvez, ao que considero direito, mas não estou vitalmente interessado em que este direito prevaleça. Disponho-me a deixar isto nas mãos da maioria. A obrigação, desta, portanto, jamais excede a da conveniência. Mesmo votar em favor do direito é não fazer alguma coisa por ele. Significa apenas expressar debilmente aos homens seu desejo de que ele prevaleça. (...). Quando a maioria finalmente votar a favor da abolição da escravidão, será porque esta lhe é indiferente ou porque não haverá senão um mínimo de escravidão a ser abolida por meio de seu voto. Eles, então serão os únicos escravos. Somente o voto de quem afirma sua própria liberdade através desse voto pode apressar a abolição da escravidão". THOREAU, Henry David. *A desobediência civil*. Porto Alegre: L&PM, 1997, p. 17-18.

[218] THOREAU, Henry David. *A desobediência civil*. Porto Alegre: L&PM, 1997. p. 10.

[219] THOREAU, Henry David. *A desobediência civil*. Porto Alegre: L&PM, 1997. p. 28.

Desse modo, para Thoreau, a obediência às leis devia, sobretudo, respeitar a consciência individual. Os homens estariam obrigados somente ao que considerassem justo, uma vez que eram primeiramente homens e depois "súditos". O direito de resistência ao governo emergia quando sua tirania e sua ineficiência se tornassem insuportáveis, ou seja, quando o Estado extrapolasse suas prerrogativas ou quando não correspondesse mais às expectativas exigidas.

Enquanto a maioria não era praticante em potencial da desobediência civil justamente por representar o próprio fundamento do poder e por estar influenciada pelo governo e pela imprensa, a minoria obrigatoriamente dependia da prática da desobediência para defender suas reivindicações. Não obstante, era possível também a um indivíduo isolado desobedecer às leis injustas. O próprio autor, numa tarde de julho de 1846, indo à cidade (pois passava a maior parte do tempo no campo), foi abordado por um policial, acusando-o de não pagar imposto há seis anos. Thoreau lhe explicou que não havia pago por nunca ter votado nesta taxa e por considerá-la um meio de cooperação com a guerra mexicana e com a manutenção da escravidão (observe que quanto aos impostos referentes à educação e às estradas ele sempre pagou). Foi preso e compreendeu que, por meio desse ato individual, era possível atrair outras pessoas para a mesma atitude, promovendo uma resistência pacífica.

Apesar de defender uma revolução sem o uso da violência, questionava as suas possibilidades reais de sucesso,[220] como no caso de John Brown.[221] Os desobedientes, porém, indubitavelmente, deveriam se submeter às sanções correspondentes aos atos praticados.[222]

---

[220] "O problema da escravidão negra nos Estados Unidos da América era um exemplo da ineficácia da resistência passiva, em virtude do acirramento do ânimo. A guerra civil que dilacerou este Estado, em meados do século passado, que teve como estopim a liberação dos escravos empreendida por Abraham Lincoln (1809-1865), confirmou sua previsão. Para o rebelde de Concord, o governo que não estabelecesse a justiça, permitia que um homem tivesse perfeitamente o direito de opor-se pela força ao senhor de escravos, a fim de salvar o escravo". COSTA, Nelson Nery. *Teoria e realidade da desobediência civil:* de acordo com a Constituição de 1988. Rio de Janeiro: Editora Forense, 1990. p. 31.

[221] John Brown liderou uma guerrilha em prol da libertação dos escravos no Kansas, território disputado por escravocratas e abolicionistas. Em 1859, acompanhado de um grupo de homens, invadiu o arsenal do exército de Harper's Ferry. Resistiu por dois dias, foi preso e condenado a enforcamento no mesmo ano. A tentativa de Thoreau de mobilizar a opinião pública em defesa do revolucionário foi frustrada.

[222] "Num país que aprisiona qualquer pessoa injustificadamente, o verdadeiro lugar de um homem justo é também a prisão". THOREAU, Henry David. *A desobediência civil*. Porto Alegre: L&PM, 1997. p. 28.

O autor norte-americano entendia que havia uma evolução nos sistemas políticos e que esse processo não se completaria na democracia tal qual a conhecemos, mas avançaria um pouco mais no sentido de um Estado livre e esclarecido: os indivíduos seriam o poder maior e independente, tendo inclusive o direito de se manter à parte do Estado se assim desejassem, sem que este se sentisse ameaçado. Porém, reconhecia que não havia nada semelhante no mundo:[223]

> Será a democracia tal qual como a conhecemos o último desenvolvimento possível em matéria de governo? Não será possível dar um passo mais além no sentido de reconhecimento e da organização dos direitos do homem? Jamais haverá um Estado realmente livre e esclarecido até que este venha a reconhecer o indivíduo como um poder mais alto e independente, do qual deriva todo o seu próprio poder e autoridade, e o trata de maneira adequada. Agrada-me um Estado que possa, afinal, permitir-se ser justo com todos os homens e tratar o indivíduo com respeito, como um seu semelhante; que consiga até mesmo não achar incompatível com sua própria paz o fato de uns poucos viverem à parte dele, sem intrometer-se com ele, sem serem abarcados por ele, e que cumpram todos os deveres como homens e cidadãos. Um Estado que produzisse este tipo de fruto e que deixasse cair assim que estivesse maduro prepararia o caminho para um Estado ainda mais perfeito e glorioso, que também imaginei, mas que ainda não avistei em parte alguma.[224]

O autor norte-americano compreendeu a resistência, então, como o direito de negar consentimento ao governo quando sua tirania e ineficiência se tornassem insuportáveis. Contudo, sua teoria estava exclusivamente orientada para as questões de autonomia individual, ao invés de promover a dissidência coletiva. Thoreau exemplifica o cerne do romantismo político, um eu que é autônomo e tem prioridade sobre o resto,[225] oscilando com uma preocupação liberal pela esfera pública. Assim, ainda que o Estado possa impor sua força superior sobre o indivíduo nunca poderá interferir em seus sentidos intelectuais e morais. "A importância do indivíduo e uma profunda desconfiança em relação ao

---

[223] "Num país que aprisiona qualquer pessoa injustificadamente, o verdadeiro lugar de um homem justo é também a prisão". THOREAU, Henry David. *A desobediência civil*. Porto Alegre: L&PM, 1997. p. 28.

[224] THOREAU, Henry David. *A desobediência civil*. Porto Alegre: L&PM, 1997. p. 55-56.

[225] BLEIKER, R. *Popular dissent, human agency and global politics*. Cambridge [England]: Cambridge University Press, 2000. p. 94.

governo fornece essas duas tendências de pensamento com um núcleo anti-autoritário inerente, pelo menos em teoria".[226]

2.2 Poder limitado da maioria

Tradicionalmente, a relação política foi concebida como desigual, seja o "príncipe em relação ao povo, o soberano em relação aos súditos, o Estado em relação aos cidadãos".[227] A *potestas* vinha antes da *libertas*, ou seja, a esfera da liberdade reservada aos indivíduos derivava de uma concessão dos detentores de poder. A figuração do poder político aparecia na doutrina da seguinte maneira:

> Se o governante é o pastor (que se recorde a polêmica entre Sócrates e Trasímaco sobre esse tema), os governados são o rebanho (a oposição entre a moral dos senhores e a moral do rebanho chega até Nietzsche); se o governante é o timoneiro, ou *gubernator*, o povo é a chusma que deve obedecer, e que, quando não obedece e se rebela, acreditando poder dispensar a experiente direção do comandante (como se lê numa passagem de A República de Platão), faz com que a nave vá necessariamente a pique; se o governante é o pai (a figuração do Estado como uma família ampliada, e, portanto, do soberano como pai do seu povo, é urna das mais comuns em toda a literatura política, antiga e moderna), os súditos são comparados aos filhos que devem obedecer às ordens do pai, porque ainda não alcançaram a idade da razão e não podem regular por si mesmos suas ações.[228]

A concepção individualista do Estado conseguiu inverter a ordem dos estados soberanos para todo indivíduo ser elevado a sujeito potencial da comunidade internacional. A relação política entre governantes e governados pode assumir as seguintes direções: como uma relação de poder recíproco, de poder do primeiro sobre o segundo, e, por fim, do segundo sobre o primeiro.

Para que fosse possível a inversão do ponto de vista, do qual emerge o pensamento político moderno, da passagem da relação política de *ex parte principis* para *ex parte civium*, era necessário o abandono

---

[226] BLEIKER, R. *Popular dissent, human agency and global politics*. Cambridge [England]: Cambridge University Press, 2000. p. 94-95.
[227] BOBBIO, Norberto. *A era dos direitos*. Tradução: Carlos Nelson Coutinho. Rio de Janeiro: Elsevier, 2004. p. 50.
[228] BOBBIO, Norberto. *A era dos direitos*. Tradução: Carlos Nelson Coutinho. Rio de Janeiro: Elsevier, 2004. p. 50.

da teoria tradicional, – ou seja, o modelo aristotélico, que concebe o homem como um animal político que nasce em um grupo social e se aperfeiçoa na pólis em que está inserido – e era necessário também que se considerasse a origem histórica das sociedades humanas com o indivíduo desvinculado de grupo social e político, em um estado de natureza, originário, anterior à organização da sociedade, no qual todos são iguais entre si e livres, ainda que de maneira hipotética.

Nesse sentido, o fundamento do estado civil passa a ser não mais um estado natural, como a família ou outro grupo social, mas um estado artificial, consciente e intencionalmente construído pela união voluntária dos indivíduos naturais. Enquanto os indivíduos nasciam vinculados originariamente a um grupo social natural, estavam submetidos à autoridade.

Em contrapartida, na hipótese de um estado originário sem sociedade nem Estado, no qual existem apenas as leis naturais, é possível sustentar a concepção contraintuitiva e histórica de que os homens nascem livres e iguais, tal como abre a Declaração de Direitos do Homem e do Cidadão: "os homens nascem e permanecem livres e iguais em direitos".[229] Trata-se de uma construção ideal, e não uma constatação histórica. Enquanto em uma concepção orgânica da sociedade as partes estavam em função do todo, a concepção individualista conceberá o todo como resultado da vontade das partes.

Dessa inversão, nasce a democracia em seu sentido moderno: não como o poder do povo, mas como o poder dos indivíduos singularmente considerados "que compõem uma sociedade regida por algumas regras essenciais, entre as quais uma fundamental, a que atribui a cada um, do mesmo modo como a todos os outros, o direito de participar livremente na tomada das decisões coletivas, ou seja, das decisões que obrigam toda a coletividade".[230]

Assim, percebe-se que "o conceito de democracia é inseparável do conceito de direitos do homem".[231] A concepção de que na democracia todos os indivíduos detêm uma parte da soberania inverteu a relação entre poder e liberdade, de modo a liberdade preceder o poder. O

---

[229] BOBBIO, Norberto. *A era dos direitos*. Tradução: Carlos Nelson Coutinho. Rio de Janeiro: Elsevier, 2004. p. 52.
[230] BOBBIO, Norberto. *A era dos direitos*. Tradução: Carlos Nelson Coutinho. Rio de Janeiro: Elsevier, 2004. p. 51
[231] BOBBIO, Norberto. *A era dos direitos*. Tradução: Carlos Nelson Coutinho. Rio de Janeiro: Elsevier, 2004. p. 47.

mais correto seria falar em soberania dos cidadãos e não em soberania popular, visto que povo é um conceito ambíguo, do qual se serviram todas as ditaduras modernas. É uma abstração muitas vezes enganosa, pois não fica claro que parcela dos indivíduos que vive no território está abrangida pelo termo povo.[232]

O termo democracia em sua etimologia significa poder do povo, acepção que permanece pertinente no registro político. Contudo, se a democracia originariamente foi definida, *stricto sensu*, como o 'poder do povo', "as democracias que conhecemos hoje são antes regimes nos quais a vontade (ou o consentimento) do povo é a fonte do poder".[233] Sejam democracia diretas, como antigamente, ou representativas, o povo permanece como o principal motor do modo de governo.

Nesse sentido, na Grécia, distinguia-se entre a multidão (*plhetos*) e o povo (demos). *Plethos* designava a massa de pessoas que formava uma multidão cega e insensata, enquanto demos, conferido por Péricles no século V em Atenas, como o povo capaz de escolhas racionais, ainda que muitas vezes caísse na cólera, apatia e arroubos.[234]

Assim, na cidade-estado, o povo passou a ser portador de prerrogativas e obrigações que a vida política exige e assumiu com entusiasmo as responsabilidades a ele atribuídas. Para Péricles, a assembleia do povo, o conselho dos quinhentos e o tribunal da Heliéia deveriam exercer funções em nome do povo e para o povo. Portanto, sua ideia de democracia estava fortemente atrelada ao papel do cidadão, independente da fortuna que tivesse. Sua intenção era não só ver o povo envolvido com os assuntos da cidade, mas de ampliar ao máximo o acesso à cidadania ativa. Queria elevar a condição do povo, "dando-lhe o senso de dignidade através do exercício dos cargos que lhe eram confiados". Concebeu o povo como "apto a exercer diretamente a soberania (...) o pilar da vida pública". Por conseguinte, sofreu mais resistência devido a sua concepção ampla de cidadania do que pelas suas políticas de reconstrução da cidade depois da segunda guerra médica, e fez de Atenas, "a pátria da democracia".

---

[232] BOBBIO, Norberto. *A era dos direitos*. Tradução: Carlos Nelson Coutinho. Rio de Janeiro: Elsevier, 2004. p. 47.
[233] GOYARD-FABRE, Simone. *O que é democracia? A genealogia filosófica de uma grande aventura humana*. Tradução: Claudia Berliner. São Paulo: Editora Martins Fontes, 2003. p. 45
[234] GOYARD-FABRE, Simone. *O que é democracia? A genealogia filosófica de uma grande aventura humana*. Tradução: Claudia Berliner. São Paulo: Editora Martins Fontes, 2003. p. 46.

A democracia, na polarização entre governar e governado, definiu o conceito de cidadania como o operador essencial da diferenciação política dos modos de governos. Assim, toda cidade-estado se define como "uma coletividade de cidadãos" e a cidadania continua sendo o parâmetro invariável da democracia.[235] No pensamento moderno, o princípio segundo o qual a soberania pertence ao conjunto de cidadãos que formam o povo ou o corpo público permanece sendo o axioma fundamental da democracia", o princípio da cidadania como universal democrático.

Contudo, povo é uma abstração que foi frequentemente utilizada para encobrir realidades totalitárias, tais como no nazismo, o *volk*, e, no fascismo, o órgão oficial do regime denominado Il Popolo D'Italia. Até a palavra *peuple*, depois dos abusos cometidos durante a Revolução Francesa passou a ser vista com restrições. Dessa concepção romântica de povo enquanto totalidade orgânica, pode-se inferir facilmente que "o indivíduo nada representa, em nome da totalidade, um e todos podem ser esmagados a qualquer momento; e, por trás da fórmula todos como uma só unidade, vislumbramos a justificativa das autocracias totalitárias, não de democracia. Uma democracia não pode (...) existir se não recusar essa fórmula".[236]

Assim, a palavra povo foi se tornando mais vazia e retórica para se alcançar a compreensão de que na democracia contemporânea, as decisões coletivas tomadas direta ou indiretamente são sempre feitas pelos cidadãos *uti singuli*, por meio, sobretudo, do seu voto. Logo, as decisões coletivas não são tomadas pelo povo, mas pelos indivíduos que o compõem. "Numa democracia, quem toma as decisões coletivas, direta ou indiretamente, são sempre e apenas indivíduos singulares, no momento em que depositam seu voto na urna".[237] Desse modo, "a sociedade democrática não é um corpo orgânico, mas uma soma de indivíduos".[238] Se assim não fosse, não teria justificativa o princípio da maioria, que é a regra fundamental da decisão democrática. A maioria

---

[235] GOYARD-FABRE, Simone. *O que é democracia?* A genealogia filosófica de uma grande aventura humana. Tradução: Claudia Berliner. São Paulo: Editora Martins Fontes, 2003. p. 49-50.
[236] SARTORI, Giovanni. *A teoria da democracia revisitada*: volume I – o debate contemporâneo. São Paulo: Editora Ática, 1987. p. 44.
[237] BOBBIO, Norberto. *A era dos direitos*. Tradução: Carlos Nelson Coutinho. Rio de Janeiro: Elsevier, 2004. p. 47.
[238] BOBBIO, Norberto. *A era dos direitos*. Tradução: Carlos Nelson Coutinho. Rio de Janeiro: Elsevier, 2004. p. 47.

é resultado de uma simples soma aritmética, na qual são somados os votos dos indivíduos um a um.

Assim se justifica a regra da maioria, preceito fundamental do governo democrático, pois é o resultado da soma aritmética dos votos individuais. Em sentido contrário, a eliminação da concepção individualista retiraria consigo a justificativa da democracia como uma boa forma de governo. A história já demonstrou que as doutrinas reacionárias se embasaram em concepções anti-individualistas. Qualquer constituição democrática parte da ideia de que "primeiro vem a liberdade dos cidadãos singularmente considerados e somente depois o poder do governo, que os cidadãos constituem e controlam através de suas liberdades".[239]

A constituição é fruto de uma decisão consciente que a unidade política, exercida por meio do titular do poder constituinte, adota por si mesma e se dá a si mesma sobre o modo e a forma de existência política. A vontade popular manifesta o poder constituinte de forma imediata, é anterior à constituição e superior a toda formalidade e a toda norma, ainda, é inesgotável, pois sempre capaz de encontrar novas formas de existência política.

A democracia, em sua concepção procedimental, define-se como um "conjunto de regras primárias e fundamentais (...) que estabelecem quem está autorizado a tomar decisões coletivas e com quais procedimentos", sob "a regra da maioria, ou seja, a regra à base da qual são consideradas decisões coletivas – e, portanto, vinculatórias para todo o grupo".[240] Isto é, para que uma decisão coletiva seja aceita e vinculativa, é preciso que seja realizada conforme regras determinando quais os indivíduos estão autorizados para tanto e segundo quais procedimentos.

No sentido que a democracia requer a concordância apenas sobre as regras do jogo, o consenso da maioria pressupõe a existência de uma minoria de dissentâneos. Logo, ela se funda nem só no consenso ou no dissenso, mas na presença simultânea de ambos, "ou mais precisamente sobre um consenso que não exclua o dissenso e sobre um dissenso que não exclua nem torne vão o consenso, dentro das regras do jogo".[241]

Dessa forma, em sociedades cada vez mais complexas, o consenso unânime é um ideal, portanto, um regime democrático se limita

---

[239] BOBBIO, Norberto. *As ideologias e o poder em crise*. 4. ed. Brasília: Editora UnB. p. 52
[240] BOBBIO, Norberto. *O futuro da democracia*: uma defesa das regras do jogo. Rio de Janeiro: Paz e Terra, 1986. p. 18-19.
[241] BOBBIO, Norberto. *As ideologias e o poder em crise*. 4. ed. Brasília: Editora UnB. p. 47.

ao consenso da maioria, deixando livres seus cidadãos para consentir ou dissentir.²⁴² O consenso da maioria é apenas uma regra de procedimento, portanto, ela não estabelece *sobre o que* se deve decidir, mas sobre *como se deve* decidir. Assim, "nas democracias, a oposição é um órgão de soberania popular tão vital quanto o governo. Suprimir a oposição é suprimir a soberania do poder".²⁴³ O poder limitado da maioria se define como elemento fundamental da democracia, que garante o uso não excessivo de seu direito, de modo que o sistema não funcione mais como uma democracia.²⁴⁴

Contudo, esse consenso precisa ser livre. O consenso obrigatório ou vicioso se caracteriza na obediência, ou seja, na conformidade, por hábito ou por medo de sanção. Desse modo, "que valor pode ter um consenso também quando não há um verdadeiro consenso, mas simplesmente uma abstenção coagida de dissentir"?²⁴⁵ Assim, o consenso obrigatório não é capaz de provar nada, visto que não permite avaliar o consenso real, ou seja, aquele que provém da aceitação e não da mera obediência. Desse modo, somente é possível avaliar o consenso real através do seu oposto, o dissenso. "Toda forma de dissenso é admitida, exceto as expressamente proibidas" ou "toda forma de dissenso é proibida, exceto as expressamente permitidas", retratam as democracias liberais e totalitárias respectivamente.

Portanto, a visão de mundo que justifica a democracia é pluralista, sustenta que não há verdade ou valores absolutos e que, portanto, todos os indivíduos são livres para criar seus próprios ideais e rumos. O valor supremo da democracia é a liberdade, garantida por meio da regra da maioria, ao "maior número possível de indivíduos diante do constrangimento que representa a vida em sociedade".²⁴⁶ Desse modo, a democracia não analisa a verdade e o bem, matérias de decisão, fixando-se, sobretudo, como o "conjunto de regras que preserva o maior grau de liberdade na tomada de decisões".²⁴⁷

---

²⁴² BOBBIO, Norberto. *As ideologias e o poder em crise*. 4. ed. Brasília: Editora UnB. p. 47.
²⁴³ SARTORI, Giovanni. *A teoria da democracia revisitada*: volume I – o debate contemporâneo. São Paulo: Editora Ática, 1987. p. 54.
²⁴⁴ SARTORI, Giovanni. *A teoria da democracia revisitada*: volume I – o debate contemporâneo. São Paulo: Editora Ática, 1987. p. 54.
²⁴⁵ BOBBIO, Norberto. *As ideologias e o poder em crise*. 4. ed. Brasília: Editora UnB. p. 49.
²⁴⁶ BARZOTTO, Luis Fernando. *A democracia na Constituição*. São Leopoldo: Editora Unisinos, 2003. p. 137.
²⁴⁷ BARZOTTO, Luis Fernando. *A democracia na Constituição*. São Leopoldo: Editora Unisinos, 2003. p. 138.

No entanto, para uma definição mínima de democracia, não basta a regra da maioria nem a atribuição ampla aos cidadãos do direito de participação direta ou indireta na tomada de decisão coletivas. É fundamental que sejam possibilitadas garantias para a realização dessas prerrogativas, por meio dos denominados direitos de liberdade, de opinião, de reunião, de associação, ou seja, direitos invioláveis do indivíduo e que limitam a esfera de atuação estatal.

Tais direitos constituem o pressuposto necessário para o correto funcionamento dos mecanismos caracterizadores de um regime democrático. A liberdade de associação e de opinião, como condições preliminares ao bom funcionamento do sistema democrático, permite aos cidadãos expressar suas próprias demandas e tomar decisões em contexto de trocas e de discussões livres. Contudo, tais direitos não são limitados: quando muito alargados, a democracia se altera; quando suprimidos, deixa de existir.[248]

Quando o termo povo é utilizado sob um critério de maioria, possui uma "definição operativa". Ou seja, o povo é dividido em maioria e minoria por um processo de tomada de decisão. Contudo, remanesce a compreensão de que povo contém o todo, formado da maioria mais a minoria. Logo, se a regra da maioria se torna abusiva, transformando-se em um poder absoluto da maioria, implica diretamente que uma parte do povo é excluída. A democracia como poder puro e simples da maioria transforma invariavelmente uma parcela do *demos* em não-*demos*.

Em contrapartida, quando a democracia é concebida como poder da maioria limitado pelos direitos da minoria, o povo é incluído como a soma da maioria com a minoria. É justamente porque o poder da maioria é restringido que todo o povo, no sentido daqueles que têm direito de voto, pode estar incluso no *demos*. Qualquer maioria que tenha a prerrogativa de exercer seu poder sem reservas invariavelmente irá tratar a não-maioria de forma injusta e desigual.

Logo, em termos políticos, todos devem ter iguais direitos, de modo que a alternância de maiorias e minorias no exercício do poder seja um mecanismo real.[249] "Minorias não devem funcionar como bonecos de

---

[248] BOBBIO, Norberto. *O futuro da democracia*: uma defesa das regras do jogo. Rio de Janeiro: Paz e Terra, 1986. p. 72-73.

[249] MULLER, Friedrich. Que grau de exclusão social ainda pode ser tolerado por um sistema democrático. *Revista da Procuradoria-Geral do Município de Porto Alegre*, edição especial, 2000. Tradução da Conferência proferida no evento "Desafios Contemporâneos da Democracia", de 25 a 26 de agosto de 1999. Tradução: Peter Nauman. p. 20.

papel (...) que de qualquer modo serão novamente vencidos pelo voto; em uma sociedade dividida de forma pluralista, elas devem ter uma chance comprovável de se converterem em maiorias".[250] Realiza-se assim a participação efetiva do povo em sua totalidade no processo político.

As regras da maioria retratam que um não forte derruba facilmente dois sim fracos e, em sentido contrário, um sim obstinado geralmente vence dois não débeis. "Uma maioria de 51% é imbatível se consistir também de membros intensos; mas uma maioria de 51 (e até maior) não é imbatível quando é uma maioria pouco intensa". O método da maioria indica apenas uma maioria matemática; não indica uma parte maior duradoura de uma coletividade. Deve-se evitar dar todo o poder, seja às maiorias, seja às minorias.

A intensidade dos grupos está diretamente relacionada com o poder, logo, uma minoria intensa compensa sua inferioridade numérica com o potencial extra de influenciar nos processos de tomada de decisão. As questões e os contextos mudam e maiorias de intensidades variáveis se dissolvem. Contudo, é possível que certos grupos pequenos permaneçam duradouros e intensos em relação a determinadas questões.

Por conseguinte, o princípio da maioria desconsidera a intensidade desigual das preferências individuais e o fator intensidade se vinga do princípio da maioria. Há quem defenda a regra da unanimidade como solução do problema da intensidade, contudo, isso significaria a própria negação da natureza humana, resultando em sua paralisia. Se as preferências de todas as pessoas sempre fossem igualmente intensas acerca de todas as questões, como qualquer órgão decisório poderia chegar a um ajuste? O acordo serve justamente porque os membros não são iguais a respeito das questões, geralmente ocorrendo dos não intensos cederem às reivindicações dos intensos.

O princípio da maioria implica decisões de soma-zero: a maioria ganha tudo, a minoria perde tudo. O que a maioria ganha, com respeito ao que está em jogo, a minoria perde. Ainda, esse critério só é possível dada a sua estrutura dicotômica de escolha, no qual as pessoas expressem sua primeira preferência. O princípio da maioria implica resultados de soma zero nos seguintes casos: a) eleições (votação por

---

[250] MULLER, Friedrich. Que grau de exclusão social ainda pode ser tolerado por um sistema democrático? *Revista da Procuradoria-Geral do Município de Porto Alegre*, edição especial, 2000. Tradução da Conferência proferida no evento "Desafios Contemporâneos da Democracia", de 25 a 26 de agosto de 1999. Tradução: Peter Nauman. p. 20-21.

cargo); b) referendos; c) sempre que uma maioria concreta é relativamente estável e cristalizada.

Isso ocorre por dois motivos diferentes: por causa da natureza discreta, separada da decisão (no caso de eleições e referendos) e por causa da natureza da maioria em questão (devendo ser concreta e cristalizada). É possível escapar a isso por meio de comitês de participação e de distribuição entre os *demos* ao: a) tratar cada questão como uma questão distinta; b) levar demanda por demanda a um resultado de soma erro, o que por sua vez, recompensa a formação e/ou estabilização de uma maioria do tipo vencedor que leva tudo.

Não obstante, a participação eleitoral, como participação em massa, consiste em uma participação simbólica, no sentimento de estar incluído.[251] A questão reside cada vez menos em quem tem poder e sim em mecanismos para dar mais poder ao povo e mais em compensações e alocações: benefícios iguais ou menos privações desiguais para a população.

Isto é, "o poder popular não significa que o *demos* deve realmente tomar o poder nas próprias mãos e sim a satisfação das necessidades populares".[252] Um governo democrático ainda guarda em certa medida um governo do povo. O processo democrático é sintetizado nas eleições e em se eleger. "Eleições são um processo descontínuo e elementar. Entre as eleições, o poder do povo fica inativo".[253]

A característica fundamental da democracia no sentido moderno se alicerça na concessão do poder de expressão política às minorias. Logo, a melhor maneira de avaliar se um país é realmente livre é o grau de segurança conferido às minorias. Assim, democracia não significa poder irrestrito da maioria, mas sim, o poder limitado dela, que respeita os direitos das minorias.

Contudo, o modelo democrático, em sua forma majoritária, não foi capaz de regulamentar conflitos severos.[254] Ao longo da história, as maiorias étnicas, religiosas ou puramente numéricas perseguiram

---

[251] SARTORI, Giovanni. *A teoria da democracia revisitada*: volume I – o debate contemporâneo. São Paulo: Editora Ática, 1987. p. 311.

[252] SARTORI, Giovanni. *A teoria da democracia revisitada*: volume I – o debate contemporâneo. São Paulo: Editora Ática, 1987.

[253] SARTORI, Giovanni. *A teoria da democracia revisitada*: volume I – o debate contemporâneo. São Paulo: Editora Ática, 1987. p. 124.

[254] SARTORI, Giovanni. *A teoria da democracia revisitada*: volume I – o debate contemporâneo. São Paulo: Editora Ática, 1987. p. 53-54.

as minorias, inclusive, a ponto de exterminá-las.[255] A maioria pode se tornar tirânica quando usa de sua maioria para mudar as regras do jogo, fazendo passar a maioria para a unanimidade, que, como tal, não reconhece mais a minoria. Pode-se afirmar que o marco da transição do Estado autocrático para o Estado democrático ocorreu com o processo de constitucionalização do direito de resistência, justamente por ter transformado um direito natural de resistência à opressão (legitimável apenas em momento posterior) em positivo (legitimidade pré-constituída e lícita).

A relação maioria e minoria pode ocorrer em três planos: constitucional, eleitoral e social. No nível constitucional, a minoria ou as minorias devem ter o direito de oposição, contudo, se essa oposição for hostilizada, há uma tirania da maioria, no sentido constitucional da expressão. No contexto eleitoral, o princípio da maioria como regra do jogo demonstra que votar com a maioria significa vencer e com a minoria, perder. Em uma eleição, os votos da minoria consistem em votos perdidos. Contudo, é possível atenuar isso, aplicando o princípio da maioria em níveis sucessivos, de múltiplos estágios, que possa eliminar uma série de minorias que forma a maioria votante da população. No fim do processo, pode acontecer de uma minoria numérica de cidadãos emergir a nível governamental como a maioria vencedora. Assim, a maioria é apenas a maior minoria.

Tocqueville e Stuart Mill eram profundamente preocupados com a tirania espiritual, no sentido de conformidade social extrema. Viam a regra da maioria do sistema democrático como a antítese da liberdade do indivíduo e da independência intelectual: "as repúblicas democráticas tornam o despotismo supérfluo, porque a própria maioria traça um círculo formidável em torno do pensamento". Mill ainda afirma que quando a sociedade é o tirano:

> Pratica uma tirania social mais formidável de que muitos tipos de opressão política, pois [...] deixa poucos meios de escape, penetrando muito mais profundamente nos detalhes da vida e escravizando a própria alma. Portanto, proteção contra a tirania do magistrado não é suficiente: é necessário também proteção contra a tirania do sentimento e da opinião dominante, contra a tendência da sociedade para impor, por outros meios para além das penalidades civis, as suas ideias e práticas como

---

[255] SARTORI, Giovanni. *A teoria da democracia revisitada*: volume I – o debate contemporâneo. São Paulo: Editora Ática, 1987. p. 53.

regras e condutas sobre que são dissidentes destas, contra o algemar do desenvolvimento, e se possível, contra a prevenção da formação, de qualquer individualidade que não esteja em harmonia com as formas ditadas coletivamente, compelindo todos os seres a adotarem o seu modelo. Existe um limite à legítima interferência da opinião coletiva na independência individual: e para encontrar esse limite, e mantê-lo protegido da intrusão, é indispensável uma boa condição dos assuntos humanos, como também proteção contra o despotismo político.[256]

Para Tocqueville, a democracia contém o perigo da tirania da maioria na progressiva realização do ideal igualitário, levando ao nivelamento, cujo resultado é o despotismo. O valor da igualdade a nível político e social suprime as condições de liberdade. Revela-se, então, a natureza liberal e não democrática do autor. Ele antepõe a liberdade do indivíduo à igualdade social, na medida em que está convencido de que os povos democráticos, "apesar de sua inclinação natural para a liberdade, têm uma paixão ardorosa, insaciável, eterna, invencível, pela igualdade e embora desejem a igualdade na liberdade, são também capazes, se não podem obtê-la, de desejarem a igualdade na escravidão".[257]

Nesse sentido, o princípio da maioria é um princípio igualitário, pois sobrepõe a força numérica à força da individualidade, repousando seu argumento sobre a quantidade de homens reunir mais sabedoria e cultura, do que na qualidade. Da onipotência da maioria, a arbitrariedade das condutas, o conformismo das opiniões. Para o autor, o poder é sempre nefasto, não importa se régio ou popular, portanto, interessa não quem o detém, mas como controlá-lo. "Quando vejo concedidos

---

[256] It practises a social tyranny more formidable than many kinds of political oppression, since, though not usually upheld by such extreme penalties, it leaves fewer means of escape, penetrating much more deeply into the details of life, and enslaving the soul itself. Protection, therefore, against the tyranny of the magistrate is not enough: there needs protection also against the tyranny of the prevailing opinion and feeling; against the tendency of society to impose, by other means than civil penalties, its own ideas and practices as rules of conduct on those who dissent from them; to fetter the development, and, if possible, prevent the formation, of any individuality not in harmony with its ways, and compels all characters to fashion themselves upon the model of its own. There is a limit to the legitimate interference of collective opinion with individual independence: and to find that limit, and maintain it against encroachment, is as indispensable to a good condition of human affairs, as protection against political despotism (tradução livre). MILL, Stuart. *On liberty*, 1859. Kitchener: Batoche Books, 2001. p. 9.

[257] TOCQUEVILLE, Alexis de. *A democracia na América*. Sentimentos e opiniões. De uma profusão de sentimentos e opiniões que o estado social democrático fez nascer entre os americanos. Tradução: Eduardo Brandão. São Paulo: Editora Martins Fontes, 2004. p. 113.

o direito e a faculdade de tudo fazer a uma potência qualquer, seja ela povo ou rei, democracia ou aristocracia, exercida numa monarquia ou numa república, afirmo: está ali o germe da tirania".[258]

Logo, Tocqueville foi capaz de compreender a inconciliabilidade do ideal liberal, com a supremacia da independência da pessoa na esfera moral e sentimental, com o ideal igualitário, no qual se aspira uma sociedade composta pelo máximo de indivíduos em condições de igual necessidade e condição.

Para Stuart Mill, a solução para a tirania da maioria estava no voto, pelo qual as minorias poderiam prover aos próprios interesses exclusivos. A discussão política propiciaria a correlação entre os interesses pessoais e o futuro, bem como ampliaria o espectro de relações, tornando o indivíduo membro mais consciente da comunidade.[259] Mill, apesar de aceitar o princípio democrático e a representação, propõe o voto plural como tentativa de combater a tirania da maioria. O voto plural caberia não ao mais ricos, mas aos mais instruídos com a reserva de poder a ser atribuída aos que a solicitem e passem por um exame.[260]

A tendência da sociedade de impor suas próprias ideias e práticas, isto é, de impor a conformidade, encontra no princípio de maioria um princípio de legitimação. Logo, o princípio da maioria evidencia o problema da proteção das minorias. A maioria eleitoral geralmente é efêmera, produzida por uma ocasião eleitoral, que se dissolve e se recompõe em torno de cada questão. Contudo, isso não significa que não seja possível formar uma unidade operante, com coesão duradoura por meio de uma forte identidade de partido, de classe ou de raça.

O processo eleitoral computa opiniões formadas anteriormente, portanto eleições e processos de formação de opinião estão conexos: a garantia essencial de eleição é constituída pelas condições em que o cidadão obtém as informações e é exposto à pressão dos formadores de opinião. "Em última instância, a opinião dos governados é o verdadeiro

---

[258] TOCQUEVILLE, Alexis de. *A democracia na América*. 4. ed. Belo Horizonte: Editora Itatiaia Limitada, 1998. p. 194-195.

[259] Favorável ao voto feminino (contrariamente à tendência prevalecente nos estados europeus que estenderam o voto primeiro aos analfabetos do que às mulheres), – argumento de que todos os seres humanos têm interesse em ser bem governados e, portanto, todos têm igual necessidade de voto para assegurar a parte dos benefícios que cada a cada membro da comunidade. "Se houver alguma diferença, as mulheres têm maior necessidade do voto do que os homens, já que, sendo fisicamente mais frágeis, dependem para sua proteção muito mais da sociedade e das leis".

[260] MILL, Stuart. *Considerations on representative government*. 1861. Kitchener: Batoche Books, 2001. p. 112-114, 123, 170.

fundamento de todo governo".²⁶¹ E as eleições são o meio necessário para a formação de um governo sensível e responsável perante a opinião pública.

Por isso, a importância que não só as eleições sejam livres, mas a opinião também. Eleições livres sem direito à opinião nada significam. "Dizemos que o povo deve ser soberano, mas uma soberania vazia que nada tem a dizer, sem opiniões próprias, é mero ratificador, um soberano de nada".²⁶²

Portanto, devem ser disponibilizadas condições para o processo global de formação de opinião, que se vincula ao problema do consenso.

Nesse sentido, governos consentidos são aqueles eleitos e que refletem as opiniões do eleitorado, responsabilizando-se perante suas reivindicações. Consenso eleitoral significa governo por consenso, que repousa nas opiniões expressas pelos cidadãos, no qual o teste democrático seria o teste legitimador.

Se as minorias não forem protegidas, será difícil ao indivíduo encontrar uma maioria alinhada com sua opinião. A permissão de mudar de opinião garante sua liberdade e desse modo a democracia se mantém como uma sociedade política aberta e autodirigida. "A liberdade de cada um é também a liberdade de todos; e adquire seu significado mais autêntico e concreto não enquanto poder majoritário",²⁶³ mas com o respeito e a salvaguarda dos direitos da minoria como condição necessária ao processo democrático.

O princípio da maioria substitui o mérito e a capacidade de se autoproclamar. Ninguém pode se autoproclamar melhor que o outro, pois a decisão reside fora dele, na coletividade. O princípio da maioria, em sua teoria, consiste na igualdade eleitoral, portanto no argumento de que cada vontade tem igual valor e de que quanto maior o número de vontades reunidas, maior o peso de seu valor coletivo.

As eleições são instrumento de seleção no sentido qualitativo do termo. A regra da maioria ainda é o método que melhor satisfaz os requisitos da democracia, visto que evita a paralisia e permite que as coletividades opinem. "Dê-se todo o poder a muitos, eles oprimirão

---

[261] SARTORI, Giovanni. *A teoria da democracia revisitada*: volume I – o debate contemporâneo. São Paulo: Editora Ática, 1987. p. 124.
[262] SARTORI, Giovanni. *A teoria da democracia revisitada*: volume I – o debate contemporâneo. São Paulo: Editora Ática, 1987. p. 124.
[263] SARTORI, Giovanni. *A teoria da democracia revisitada*: volume I – o debate contemporâneo. São Paulo: Editora Ática, 1987. p. 56.

poucos. Dê-se todo o poder a poucos, eles oprimirão muitos. O propósito é evitar dar todo o poder a muitos ou a poucos, distribuindo-o em turnos e ou simultaneamente entre maiorias e minorias".[264]

Contudo, a regra da maioria tem sido acusada de se ter tornado um mero princípio de quantidade governado sob a máxima "obtenha tantos votos quantos puder, da forma que puder". As eleições devem ter uma função seletiva e de espelhamento. "A democracia é caracterizada por um modelo de liderança de minorias caracterizado pela multiplicidade de grupos de poder entrecruzados e envolvidos em manobras de coalizão".[265]

Enquanto a regra da maioria absoluta, somente a maioria conta e decide por todos, o princípio da maioria limitada afirma que nenhum direito de nenhuma maioria pode ser absoluto. Desse modo, enquanto o primeiro define a democracia como um sistema de governo de maioria pura e simples, o segundo a define como um sistema de governo de maioria limitada pelos direitos das minorias.

Impor o direito absoluto da maioria significaria sobrepor sua vontade sobre a minoria ou minorias, e estabelecer um controle funcional que a longo prazo funcionaria contra o próprio princípio que celebra. "Se o primeiro vencedor de uma disputa democrática adquire um poder ilimitado (absoluto), então o primeiro vencedor pode estabelecer-se como um vencedor permanente. Se isso acontecer, a democracia não tem futuro democrático e deixa de ser uma democracia no nascedouro; pois o futuro democrático de uma democracia depende da convertibilidade das maiorias em minorias e inversamente das minorias em maiorias".[266]

2.3 Soberania popular e consentimento

O termo soberania popular expressa a concepção de que o governo, de alguma forma, é um governo do povo. Contudo, é usual que aqueles que clamam a importância da soberania popular tenham em mente que "somente um governo popular pode ter autoridade legítima".[267]

---

[264] HAMILTON apud DAHL, Robert. A. *A preface to democratic theory*. Expanded edition, 2006.
[265] SARTORI, Giovanni. *A teoria da democracia revisitada*: volume I – o debate contemporâneo. São Paulo: Editora Ática, 1987. p. 203.
[266] GOYARD-FABRE, Simone. *O que é democracia?* A genealogia filosófica de uma grande aventura humana. Tradução: Claudia Berliner. São Paulo: Editora Martins Fontes, 2003.
[267] SINGER, Peter. *Democracy and disobedience*. Oxford: Clarendon Press, 1973. p. 23.

Contudo, definir legitimidade e legítimo é mais difícil que sua utilização habitual para se referir a governo. Geralmente, quando alguém se refere a um governo em particular como legítimo, nada mais quer expressar que seu apoio ou aliança a ele. Contudo, nesse caso, o termo não carrega qualidade, característica ou descreve algo.

A afirmação de que a única forma de governo legítima é aquela realizada pelo povo e para o povo significa que forma diversa não será apoiada. Um governo popular é aquele que deriva seu justo poder do consentimento dos governados, os quais devem obedecer porque consentiram com essa regra. Nesse sentido, a obrigação de obedecer é similar à obrigação de manter uma promessa.[268]

Na ausência do consentimento expresso, a justificação do consentimento tácito pelo simples fato de pertencer como membro da sociedade o vincula às leis automaticamente. O acordo tácito deve ser diferenciado do consentimento a leis ou a políticas específicas, com as quais não se identifica mesmo aquelas resultantes de decisões majoritárias. O não-consentimento tácito às leis específicas incorre na "queixa da cidadania que quer leis melhores, com bons mecanismos de controle dos organismos administrativos e políticos".[269]

Nesse sentido, o dissidente que não deixou a associação teria tacitamente consentido em ser submetido ao procedimento de decisão. A aceitação dos benefícios (ainda que sua rejeição exigisse emigração ou isolamento) envolve uma concordância silenciosa em manter as condições que possibilitam os benefícios: obedecer às leis e manter a paz pública. Assim, a dificuldade relativa ao consentimento implícito é saber "em que medida ele obriga".[270]

Contudo, tal exigência é desarrazoada, pois nosso modelo de associação, por razões práticas, impossibilita a desvinculação da associação sem que seja necessário ingressar em outra associação com igual sistema de obediência. Portanto, a aquiescência a uma forma de governo não significa sinal de consentimento.

O consentimento, para dar origem a obrigações, deve ser voluntário, e isso significa que deve haver alguma alternativa ao consentimento.

---

[268] SINGER, Peter. *Democracy and disobedience*. Oxford: Clarendon Press, 1973. p. 24.
[269] GARCIA, Maria. *Desobediência civil/direito fundamental*. São Paulo: Revista dos Tribunais, 1994. p. 241.
[270] GARCIA, Maria. *Desobediência civil/direito fundamental*. São Paulo: Revista dos Tribunais, 1994. p. 91.

Portanto, a única alternativa para aquiescer foi desobedecer.²⁷¹ Mesmo em um contexto democrático, no qual há participação ativa e voluntária no processo de tomada de decisões, isso tampouco significa consentimento. Os dissidentes e outros votantes podem dar o seu máximo para melhorar as chances para o alcance de uma boa decisão, contudo, também não significa o consentimento ao método de tomada de decisões pelo voto majoritário.

Desse modo, não se pode pedir ao dissidente que obedeça ao procedimento de decisão porque teve o consentimento – expresso ou tácito – dos governados. O dissidente é governado, mas pode não ter consentido.²⁷² Ainda, um governo de consentimento implica a possibilidade de reconsideração, visto que não é possível um acordo único e eterno. Logo, a questão consiste na qualidade do consentimento e não no seu período de duração. O consentimento voluntário ocorre quando a dissidência também é uma possibilidade legal e de fato. "Dissidência implica em consentimento e é a marca do governo livre; quem sabe que pode divergir sabe também que de certo modo está consentindo quando não diverge".²⁷³

Arendt desencanta o ideal do consentimento, como um fato completamente fictício e que perdeu toda sua plausibilidade nas circunstâncias atuais, com o governo representativo em crise, com a perda da real participação dos cidadãos, com a burocratização e partidarismo que não representa ninguém "exceto as máquinas dos partidos".²⁷⁴

2.4 A não-violência de Mahatma Gandhi

A dissidência romântica apenas ganha um impulso político global quando Tolstói e Gandhi passam a implementar em seus escritos e em suas ações as reivindicações teóricas de La Boétie e Thoreau, exaltando sua relevância na dinâmica política contemporânea e tornando a desobediência civil um fenômeno de massa de grande alcance.

Tolstói defendia a superioridade do eu autônomo e a recusa em cooperar com um Estado que viole os direitos do homem. Em "Carta

---
²⁷¹ SINGER, Peter. *Democracy and disobedience*. Oxford: Clarendon Press, 1973. p. 25
²⁷² SINGER, Peter. *Democracy and disobedience*. Oxford: Clarendon Press, 1973. p. 26.
²⁷³ ARENDT, Hannah. *Crises da república*. Tradução: José Wolkmann. São Paulo: Perspectiva, 2010. p. 79.
²⁷⁴ GARCIA, Maria. *Desobediência civil/direito fundamental*. São Paulo: Revista dos Tribunais, 1994. p. 79

a um hindu", discorreu que o domínio britânico sobre a Índia somente seria possível em decorrência da passividade e da cooperação dos hindus. Por seu turno, lecionou aos trabalhadores sobre a exploração, encorajou os camponeses a desobedecerem seus proprietários e os conscritos a se recusarem ao serviço militar, sob o fundamento de que o sofrimento é causado pela própria escravidão. Os trabalhadores, ao perceberem que não obtêm nenhum tipo de benefício da violência dirigida a eles e tendo visto a fraude sofrida, "deixariam de participar da violência que só pode ser perpetrada sobre eles graças a sua participação nela".[275]

Posteriormente, Mahatma Gandhi e Martin Luther King surgem como ícones da desobediência civil aplicada à prática. O primeiro, observando o elemento da não-violência (criando o princípio da doutrina do *satyâgraha*), liderou um amplo movimento pela independência indiana e paquistanesa. O segundo, por sua vez, conduziu a luta contra a legislação segregacionista dos Estados Unidos, comandando o movimento negro baseado na ação direta.

Segundo Gandhi, a ação desobediente poderia se manifestar de duas maneiras: 1º) pela *satyâgraha*, resistência pacífica praticada por meio de protestos não violentos reivindicando seus direitos civis e políticos; e 2º) pela *asahayoh*, não-cooperação, que consistia no boicote à compra de certos produtos ingleses com o intuito de obstruir a economia e pressionar os donos do capital a respeito dos direitos sociais.

Gandhi difundia, sobretudo, a filosofia da não-violência, *ahimsa*, como o único caminho possível para se atingir qualquer mudança social em um contexto precário dominado pela violência e arbitrariedade; a lei do talião serviria apenas para multiplicar por dois a maldade.[276] "É apropriado oferecer resistência e atacar um sistema, mas oferecer resistência e atacar seu ator é equivalente a oferecer resistência e atacar a si próprio. Pois somos todos farinha do mesmo saco, e filhos do mesmo Criador".[277]

---

[275] One would have thought that just the working people, who derive no kind of profit from the violence done them, would at last see through the deception in which they are entangled, and having seen the fraud, would free themselves from it in the simplest and easiest way: by ceasing to take part in the violence which can only be perpetrated upon them thanks to their participation in it. BLEIKER, R. *Popular dissent, human agency and global politics*. Cambridge [England]: Cambridge University Press, 2000. p. 87.

[276] COSTA, Nelson Nery. *Teoria e realidade da desobediência civil*: de acordo com a Constituição de 1988. Rio de Janeiro: Editora Forense, 1990. p. 35.

[277] GANDHI, Mahatma. *Autobiografia*: minha vida e minhas experiências com a verdade. 1. ed. São Paulo: Palas Athena, 1999. p. 244.

Assim, *ahimsa* consiste em um princípio de ação baseado na não-violência, a *satyâgraha*, o meio para se atingir o fim almejado (greve, desobediência civil, jejum, estratégias e técnicas de ação direta não violenta, diferenciando-se, portanto, da resistência passiva) e *swaraj*, o objetivo almejado, qual seja, a libertação individual e coletiva. *Swaraj* significa liberdade, concebida por Gandhi sob dois sentidos: liberdade externa, alcançada por meio da independência política, e a liberdade interna, como libertação espiritual da ilusão, do medo e da ignorância. *Swaraj*, portanto, representava a busca de Gandhi pela libertação tanto pessoal como política. Portanto, "*ahimsa* é o motor da *satyâgraha*, *satyâgraha* é meio de se atingir *swaraj*".[278]

Para o líder indiano, o ato de desobedecer, além de consistir em um exercício da cidadania, possuía também uma inclinação "moral": "a resistência civil é o meio mais eficaz de exprimir a angústia da alma e o mais eloquente para protestar contra a manutenção do poder de um Estado nocivo".[279]

Ele compreendeu a lição de La Boétie na qual o poder da elite dominante é baseado inteiramente na colaboração de seus sujeitos. Logo, a não-cooperação e a desobediência são potencialmente revolucionárias, pois podem e geralmente intentam pôr todo o sistema em crise.[280] Regimes são sustentados não somente pelo poder material, incluindo seus mecanismos de coerção, mas também ou fundamentalmente pela apatia ou pela ignorância do povo.

Desse modo, a massa coletiva desobediente adquire força pelo fato de que "mesmo o mais poderoso não pode comandar sem a cooperação dos governados".[281] A teoria de Gandhi se centrava no consentimento e, por conseguinte, na compreensão de que a maneira mais eficaz de conquistar a liberdade não era mediante a violência, mas mediante a recusa de toda ligação voluntária com o governo britânico:

---

[278] ALMEIDA, Guilherme de Assis. *Direitos humanos e não violência*. São Paulo: Atlas, 2001. p. 40.

[279] ALMEIDA, Guilherme de Assis. *Direitos humanos e não violência*. São Paulo: Atlas, 2001. p. 34.

[280] CELIKATES, Robin. *Rethinking civil disobedience as a practice of contestation*. Constellations Volume 23, nº 1, 2016. John Wiley & Sons Ltd, p. 39. Disponível em: http://onlinelibrary.wiley.com/doi/10.1111/1467-8675.12216/pdf. Acesso em: 2 fev. 2017.

[281] BARTKOWSKI, Maciej J. *Recovering nonviolent history*: civil resistance in liberation struggles. USA: Lynne Rienner Publishers, 2003. p. 3.

[...] vocês têm grandes recursos militares. Seu poderio naval é inigualável. Se quiséssemos combate com vocês em pé de igualdade, seríamos incapazes de fazê-lo, mas se não aceitarem as reivindicações acima, deixaremos de representar o papel de súditos. Se vocês quiserem, poderão nos cortar em pedaços. Poderão nos fazer em pedaços na boca do canhão. Se vocês agirem de forma contrária à nossa vontade, não os ajudaremos; e sem nossa ajuda, sabemos que não poderão dar um passo à frente.[282]

Influenciado pelo Thoreau, pôde encontrar um fundamento ocidental para a *Satyagraha* – "a sustentação da verdade frente à injustiça".[283] Contudo, Gandhi atrelou a desobediência civil à ação coletiva, por meio da qual a reivindicação de um direito individual só alcança êxito se grande número de pessoas o exerce em conjunto e de maneira convergente. Essa concepção coletiva anulava qualquer distinção entre o que é lícito ao indivíduo e o que é lícito ao grupo. Desse modo, sua ação desobediente conserva o caráter não violento de resistência individual e adquire a dimensão de uma ação de grupo, por meio da ação coletiva e afirmada eticamente através da convergência entre meios e fins.[284]

Entre 1906 e 1914, liderou incontáveis campanhas de libertação nacional, dedicando especial atenção à estratégia e táticas que unissem a ação política em massa consciente e a norma da não-violência. Seguidores de Gandhi aplicaram o *satyâgraha* em Vykom, sul da Índia, entre 1924 e 1925, buscando conseguir certos direitos para os intocáveis. Esse Estado, governado por um marajá indiano, mantinha uma regra há séculos proibindo os intocáveis de usar um determinado caminho que levava diretamente aos seus lares, pois passava por um templo ortodoxo brâmane.

O movimento de resistência consistiu na permanência dos reformadores na frente do templo, recusando-se a sair, até que os brâmanes reconhecessem o direito dos intocáveis de usar aquele caminho. Somente após 16 meses, os hindus ortodoxos se converteram e a causa

---

[282] GANDHI, Mahatma. *Non-violence resistance (Satyagraha)*. New York: Schocken, 1961. p. 35.
[283] LAFER, Celso. *A reconstrução dos direitos humanos*: um diálogo com o pensamento de Hannah Arendt. São Paulo: Companhia das Letras, 1988. p.200.
[284] LAFER, Celso. *A reconstrução dos direitos humanos*: um diálogo com o pensamento de Hannah Arendt. São Paulo: Companhia das Letras, 1988. p. 201.

da reforma da casta foi expandida para outras cidades com condições semelhantes.²⁸⁵

No dia 12 de março de 1930, aos 60 anos de idade, Gandhi inicia um amplo movimento de desobediência contra o domínio britânico. Voltava-se contra a pesada taxa britânica que incidia sobre a coleta do sal, artigo de primeira necessidade da massa, único condimento do pobre. Com exceção da água, não há outro artigo "pelo qual, ao taxá-lo, o Estado possa atingir mesmo os milhões de famintos doentes, completamente miseráveis e mutilados. Essa taxa constitui, portanto, a mais inumana taxa que a ingenuidade do homem poderia imaginar".²⁸⁶

Ao longo do ano, foram realizadas diversas táticas de ação direta não violenta: assembleias em massa, grandes paradas, discursos subversivos, boicotes e piquetes nas lojas de bebida alcóolica e tavernas de ópio; os estudantes abandonaram as escolas do governo e a bandeira nacional foi hasteada; greves e renúncias de empregados do governo e membros do poder executivo. Departamentos governamentais, companhias de seguro estrangeiras e serviços postais e telefônicos foram também boicotados. Produção doméstica de tecido como boicote à compra do produto inglês (campanha de *khâdi* em 1919). Coleta do sal natural junto à costa da Índia. Recusa em pagar impostos, bem como invasões repentinas não violentas a depósitos de sal do governo.²⁸⁷

Em contrapartida, os desobedientes sofreram toda espécie de tortura, de violência e de desmantelamento do movimento: espancamentos, censura, confisco, multa, dissolução de encontros e de organizações, dentre outras medidas, e um saldo de cem mil indianos presos ou mantidos em campos de concentração. Contudo, a força gerada no movimento hindu evidenciou que o processo de independência não poderia ser mais contido, obrigando o império britânico a reconhecer a Índia como um igual e necessitando negociar com seus representantes, sendo seu ícone Gandhi.²⁸⁸

Gandhi foi fundamental na delineação dos aspectos teóricos da desobediência civil, seja pelo seu caráter prático, seja no que tange acerca

---

[285] LAFER, Celso. *A reconstrução dos direitos humanos*: um diálogo com o pensamento de Hannah Arendt. São Paulo: Companhia das Letras, 1988. p. 137.
[286] ALMEIDA, Guilherme de Assis. *Direitos humanos e não-violência*. São Paulo: Atlas, 2001. p. 39.
[287] SHARP, Gene. *Poder, luta e defesa*: teoria e prática da ação não-violenta. São Paulo: Edições Paulinas, 1983. p. 141.
[288] SHARP, Gene. *Poder, luta e defesa*: teoria e prática da ação não-violenta. São Paulo: Edições Paulinas, 1983. p. 141-142.

da não-violência e os aspectos morais da resistência. Ele demonstrou que por meio de protestos pacíficos, campanhas de cooperação e jejuns, era possível mudar as estruturas de um Estado. Suas iniciativas permitiram aos indianos a conquista dos direitos civis e políticos até então negados. Atribui-se o seu sucesso à própria cultura indiana, favorável de forma única à ação não-violenta.[289]

2.5 A ação direta de Martin Luther King

Apesar da violenta guerra civil travada pelo fim da escravidão nos EUA, de 1861 a 1865, que consistiu sobretudo na disputa pela hegemonia política entre o norte industrializado e o sul agrícola, o negro permaneceu segregado, seja na negativa de vários direitos civis e políticos, como na marginalização econômica, sem direitos à posse da terra e de créditos no campo, seja jogado nos guetos das grandes metrópoles.

Na metade da década de 50, os negros correspondiam a um décimo da população e começaram a se mobilizar na luta pelos direitos civis. Em Montgomery (Alabama), segregados nos transportes públicos, passaram a boicotá-los, andando a pé durante meses. No dia 1 de dezembro 1955, a história de Rosa Parks se tornou icônica ao negar seu assento no ônibus para um homem branco porque estava cansada. Serviu de inspiração para o movimento dos direitos civis, ainda que não tenha sido a primeira mulher a ser presa pelo mesmo motivo.

O mesmo ocorreu com Claudette Colvin, nove meses antes da prisão de Park. Contudo, os líderes do movimento a consideraram uma figura inapropriada para representá-los: ela era conhecida por falar blasfêmias publicamente e ainda era uma adolescente grávida. Ainda, um mês antes de Parks, Mary Louise Smith também se recusou a ceder seu lugar para uma mulher branca, mas foi igualmente desconsiderada pelo movimento, pois era filha de um homem muito pobre dito alcoólatra.

Em contrapartida, Parks era uma senhora costureira e secretária do NAACP (Associação Nacional para o Progresso de Pessoas de Cor). Desse modo, a liderança afro-americana decidiu que seria mais fácil mobilizar as pessoas em torno da figura de Parks, com provável razão,

---

[289] GARTON ASH, Timothy; ROBERTS, Adam. *Civil resistance and power politics*: The experience of non-violent action from Gandhi to the present. Oxford University Press Inc., New York, 2009. p. 27.

porém, "a recusa em se mobilizar em favor de cidadãos que não podem ser enquadrados como ideais é uma característica do ativismo político que traz custos significativos. Afinal, esses cidadãos são mais propensos a ficarem vulneráveis a todos tipos de danos".[290] Vítimas ruins tornam a narrativa desordenada e a narrativa política sentimental rejeita contos complexos.[291] O valor político de indivíduos e dos movimentos sociais não deveria ser menosprezado por causa da inabilidade de um ou de outro de aderir aos padrões definidos de simpatia social. A narrativa acerca dos movimentos sociais é claramente delimitada, atraente, na medida em que "o presente é sempre confuso, apenas o passado tem a oportunidade de ser limpo".[292]

No dia 5 de dezembro, o protesto contra a detenção da costureira foi exitoso. Decidiu-se, portanto, continuar os boicotes e as assembleias de massa à noite nas igrejas. Os boicotes aos ônibus faziam os negros se locomoverem a pé, a tomarem táxis e darem caronas entre si, sendo, contudo, comum a intimidação da polícia mediante detenções por infrações de trânsito, ou ameaças diárias e provocações. Eventualmente, a cooperativa de carros foi proibida, obrigando cada área a planejar seu próprio esquema de locomoção, alguns juntos de carro e outros a pé.

Em 20 de dezembro de 1956, a Corte proibiu a legislação segregacionista e a política governamental da indiferença.[293] Em represália, extremistas brancos criaram clima de terror por meio de espancamentos, de alvejamento por balas. Apesar de vários brancos terem sido presos, foram quase que imediatamente declarados inocentes e soltos.

Em 1963, em Birmingham (Alabama), milhares passaram a realizar protestos pacíficos. Os desobedientes eram treinados nas práticas pacifistas,[294] colocando os policiais em situação de contradição: se permitissem a atuação dos manifestantes, estariam admitindo o descontentamento generalizado e, se proibissem, evidenciariam a arbitrariedade do governo.

---

[290] WANZO, RA. *The suffering will not be televised: African American women and sentimental political storytelling*. Albany, NY: State University of New York Press, 2009. p. 29.

[291] WANZO, RA. *The suffering will not be televised: African American women and sentimental political storytelling*. Albany, NY: State University of New York Press, 2009. p. 30.

[292] SAUTER, Molly. *The coming swarm*: DDoS actions, hacktivism, and civil disobedience on the Internet. Bloomsbury, 2014. p. 26.

[293] COSTA, Nelson Nery. *Teoria e realidade da desobediência civil*: de acordo com a Constituição de 1988. Rio de Janeiro: Editora Forense, 1990. p. 39.

[294] Os atos deveriam ser não-violentos, contudo, excepcionalmente, o autor admitia a agressão às propriedades dos brancos, estando os responsáveis sujeitos às respectivas sanções legais.

As autoridades prenderam 3 mil manifestantes, lotando as prisões, enquanto outros 4 mil permaneceram marchando pacificamente. A violência da política recebida com passividade pelos manifestantes buscava sensibilizar brancos, negros e a opinião pública. "A mensagem pressionava as autoridades públicas que tendiam a abrir concessões pela impossibilidade de derrotarem pela força os movimentos pacíficos".[295]

Por isso, a não-violência se tornava fundamental, uma arma poderosa e justa.[296] Martin Luther King declarou que "não há ordem sem justiça", e ao defender a desobediência civil, ele sem dúvida reconheceu que igualmente não pode haver justiça sem ordem.[297] Para o líder, a desobediência civil deveria estar fundada na ação organizada em massa, pois assim atraía um maior público para suas reivindicações e ao mesmo tempo tornava mais difícil sua prisão. Mas mesmo ocorrendo, como o foi em *Birmingham*, as cadeias cheias de desobedientes deixavam seu significado ainda mais marcante e claro.

Conforme relatou em *Letter from Birmingham Jail*, existem quatro etapas necessárias para uma campanha não-violenta: a) coleta de fatos para estabelecer as injustiças cometidas; b) negociações; c) preparo dos participantes e; d) a ação direta.[298] Desse modo, conclui-se que a resistência seria utilizada como último recurso, somente quando as tentativas anteriores tivessem sido infrutíferas. "Como uma resposta moral e concreta aos gritos do negro pela justiça, a ação direta e pacífica comprovou sua capacidade de conseguir vitórias sem perder guerras. Consequentemente, tornou-se a tática triunfante da revolução negra de 1963".[299]

---

[295] COSTA, Nelson Nery. *Teoria e realidade da desobediência civil:* de acordo com a Constituição de 1988. Rio de Janeiro: Editora Forense, 1990. p. 39

[296] "A não-violência é uma arma poderosa e justa. Ela é uma arma sem igual na história porque corta sem ferir e enobrece quem a utiliza. A não-violência é uma arma que cura. Como uma resposta moral e concreta aos gritos do negro pela justiça, a ação direta e pacífica comprovou sua capacidade de conseguir vitórias sem perder guerras. Consequentemente, tornou-se triunfante da Revolução Negra de 1963". *Why we can't wait.* New York: The American Library, 1966, p. 26 apud COSTA, Nelson Nery. *Teoria e realidade da desobediência civil:* de acordo com a Constituição de 1988. Rio de Janeiro: Editora Forense, 1990. p. 38.

[297] KEATING, Kenneth B. *Paradoxes of civil disobedience.* New York Law Forum 14 N. Y. L. F. 687 (1968). p. 689-690.

[298] "In any nonviolent campaign there are four basic steps: collection of the facts to determine whether injustices are alive, negotiation, self-purification, and direct action". KING Jr, Martin Luther. *Letter from Birmingham City Jail.* p. 1. Disponível em: mlk-kpp01.stanford. edu/kingweb/liberation_curriculum/pdfs/letterfrombirmingham_wwcw.pdf. Acesso em: 3 mar. 2017.

[299] KING JR, Martin Luther. *Why we can't wait.* Boston: Beacon Press, 2011. p. 20.

A desobediência civil opunha-se a determinadas normas ou práticas governamentais consideradas injustas, no entanto, aceitava o ordenamento jurídico, inclusive sujeitando-se às sanções previstas: "um indivíduo que transgride uma lei julgada injusta de acordo com a sua consciência e voluntariamente aceita a pena imposta de ficar numa cadeia a fim de despertar a consciência da comunidade no que diz respeito a injustiça desta lei, está na verdade, mostrando o mais alto respeito pela lei".[300] Portanto, o respeito geral ao Estado de Direito era dado como elemento crucial para a realização de mudanças.

As reivindicações eram realizadas pelas minorias que, por força da contínua opressão, formavam um grupo compacto e mobilizado, direcionado para os direitos de cidadania, as liberdades civis e as distorções nos requisitos eleitorais, que obtiveram êxito.[301] Essa unidade fomentava uma identidade própria, formando-se um vínculo ainda mais forte que a obrigação com o Estado. É um processo de ação e reação, de persuasão pelo exemplo, que oferece a oportunidade de reflexão e mudança voluntária.

Luther King dividia as leis em justas e injustas: as primeiras deveriam ser obedecidas, ao passo que as outras eram avaliadas com base no código individual,[302] regulado por princípios morais e religiosos. Ou seja, a desobediência servia para afirmar os valores do homem em face das inúmeras distorções sociais, políticas e econômicas. Ele, portanto, também reconhecia o caráter moral que a desobediência detinha, tal como Gandhi reconheceu. Assim afirmava:

> Não podemos, em boa consciência, obedecer às vossas leis injustas e acatar o vosso injusto sistema, porque a não-cooperação com o mal é tanto uma obrigação moral quanto a cooperação com o bem; mas jogai-nos numa prisão, que nós ainda vos amaremos.[303]

---

[300] "I submit that an individual who breaks a law that conscience tell him is unjust, and willingly accepts the penalty by staying in jail to arouse the conscience of the community over its injustice, is in reality expressing the very respect for law". KING JR, Martin Luther. *Why we can't wait*. Boston: Beacon Press, 2011. p. 4.

[301] "A luta seguinte, pelos direitos sociais, não alcançou os resultados esperados, devido à contrapropaganda empreendida pelos setores conservadores". COSTA, Nelson Nery. *Teoria e realidade da desobediência civil*: de acordo com a Constituição de 1988. Rio de Janeiro: Editora Forense, 1990. p. 40.

[302] COSTA, Nelson Nery. *Teoria e realidade da desobediência civil*: de acordo com a Constituição de 1988. Rio de Janeiro: Editora Forense, 1990. p. 40.

[303] *Um canto de paz*. Disponível em: http://www.reflexao.com.br/imprimir.php?id=1015. Acesso em: 7 mar. 2017.

Martin Luther King, por meio de sua luta e de seus escritos, acrescentou diversos pontos à teoria da desobediência civil, tais como: a) as minorias, por meio da ação de massa, são os setores ideais para iniciar uma resistência; b) a não-violência e a sujeição às sanções são favoráveis à opinião pública; c) o caráter moral da desobediência.

No final da década de 60, o autor já admitia a possibilidade de uso da violência em propriedade, mas sob a condição de que os responsáveis se sujeitassem às sanções legais. Reconhecia a necessidade de mais do que uma declaração dirigida a uma sociedade, precisando-se de uma força capaz de interromper o funcionamento de certos setores específicos. Essa irrupção violenta não deveria ser dirigida às pessoas, mas às propriedades que representavam o poder dos brancos.

Luther King praticou a desobediência civil ao liderar o movimento negro de resistência às leis que negavam os direitos de cidadania dos negros. As manifestações pacíficas acabaram por triunfar, com o reconhecimento de seus direitos civis políticos. O empenho nessa luta lhe garantiu o Nobel da Paz; em contrapartida, custou-lhe a vida ao ser assassinado por um fanático.

Após o assassinato de King, em 1968, a mensagem cristã de não-violência foi gradativamente perdendo força para a mensagem de autodefesa armada propagada por Malcolm X: "os negros não devem estar dispostos a sangrar a menos que os brancos também estejam. E os negros não devem estar dispostos a serem não violentos a menos que os brancos sejam não violentos".[304] Seguiu-se a isso uma reviravolta na forma de atuação dos movimentos civis, embasada no caráter de eficácia da ameaça ou do uso da violência para a transmissão de suas mensagens. Contudo, a importância da teoria da não-violência é manifesta:

Durante um século, nossa consciência representativa nacional ficou adormecida enquanto à uma minoria de cidadãos foi afirmativamente negada a premissa que orgulhosamente declaramos auto evidente: de que todos os homens são criados iguais. Os direitos civis neste século, na medida em que foram alcançados, são nada menos que o produto direto da desobediência civil não-violenta.[305]

---

[304] CALABRESE, Andrew. *Virtual nonviolence?* Civil disobedience and political violence in the information age. Emerald Group Publishing Limited, volume 6, number 5, 2004, p. 334. Disponível em: http://www.thing.net/~rdom/ucsd/VirtualNonViolence.pdf. Acesso em: 30 mar. 2017.

[305] KEATING, Kenneth B. *Paradoxes of civil disobedience.* New York Law Forum 14 N. Y. L. F. 687 (1968). p. 690.

No final da década de sessenta, paralelamente à experiência negra, pacifistas protestaram contra a Guerra do Vietnã – uma guerra não-declarada e, portanto, ilegal. A questão foi levada à Suprema Corte, que se esquivou de decidir, alegando se tratar de uma questão política, logo, que escapava de sua competência. No entanto, as manifestações, as marchas e a deserção em massa, alegando objeção de consciência ao alistamento militar, perseveraram.[306] Pensavam que a maioria buscava alcançar apenas interesses próprios em desconsideração aos direitos dos demais, de uma minoria interna, no caso do movimento pelos direitos civis e de uma outra nação, no caso do Vietnã. Ronald Dworkin definiu essas ações desobedientes como "baseadas na justiça", baseadas em convicções de princípio.[307]

Os movimentos de resistência contra a política nuclear, por sua vez, fundaram sua ação "baseada em política", na medida em que se acreditava que a maioria tinha feito uma escolha tremendamente equivocada sob o ponto de vista comum, tanto para os próprios interesses como dos demais.[308]

Bertrand Russel foi um expoente do movimento: "aqueles que protestam contra as armas e as guerras nucleares não podem consentir com um mundo em que o homem tem a liberdade de decidir a capacidade de seu governo causar centenas de milhões de mortos ao

---

[306] Importante citar o famoso caso de David O'Brien e seus três amigos que subiram os degraus do Palácio da Justiça em South Boston, onde eles moravam – um bairro predominantemente irlandês, da classe trabalhadora – e queimaram seus cartões de registro. Na Corte, O'Brien alegou que seu ato, apesar de ilegal, estava protegido pelo direito de liberdade de expressão. Contudo, a Suprema Corte decidiu que a necessidade do governo de regular a questão se sobrepunha a seu direito, sendo, portanto, condenado à prisão. ZINN, Howard. *Law, justice and disobedience*. Notre Dame J. L. Ethics & Pub. Pol'y 899 (1991). p. 909. Disponível em: http://scholarship.law.nd.edu/ndjlepp/vol5/iss4/2. Acesso em: 23 fev. 2017. p. 900.

[307] DWORKIN, Ronald. *Uma questão de princípio*. Tradução: Luís Carlos Borges. São Paulo: Editora Martins Fontes, 2000, p. 158. Ainda, discute-se em sua teoria a visão consequencialista para a realização ou não da ação desobediente: "uma teoria pode insistir em que um agente leve em conta as consequências e não viole a lei se o resultado provável, a seu ver, não for melhorar a situação, mas piorá-la. Mas essa preocupação consequencialista estaria longe de ser incontrovertida. Alguém deveria matar civis inocentes no Vietnã ou ajudar a devolver um escravo ao cativeiro apenas porque, se violasse a lei, estaria contribuindo para uma reação que levaria à morte de mais civis e manteria mais pessoas na escravidão? Talvez as pessoas tenham uma prerrogativa moral de recusar-se a fazer o mal mesmo quando sabem que, como resultado, mais mal será feito. Essa possibilidade, na verdade, é muito discutida na filosofia moral". p. 160.

[308] DWORKIN, Ronald. *Uma questão de princípio*. Tradução: Luís Carlos Borges. São Paulo: Editora Martins Fontes, 2000. p. 163.

pressionar o botão".[309] Russel chega a defender a recusa dos pacifistas em aceitar a isenção ao recrutamento, visto que aceitar o benefício da lei seria aquiescer em conscrição e armamentos nucleares. Contudo, se todos os meios disponíveis em um sistema democrático foram usados na tentativa de alterar ou abolir o sistema militar, então não pode se afirmar que suas ações indicam sua forte recusa em aceitar o aparelho militar no sistema democrático em si.[310]

2.6 A consciência do cristianismo ao secularismo

O símbolo da consciência aparece em determinados momentos e lugares na história, sendo, portanto, um elemento histórico. Não obstante, não se limita ao tempo, cultura e local, no sentido que é provocado, sobretudo, por experiência humanas, sendo "meta-histórico".

O termo consciência originariamente se consolida como um tribunal interior de julgamento moral, conferido por Deus aos homens, no qual compartilham o conhecimento acerca do bem e do mal. O cristianismo primitivo, anterior à divisão entre as igrejas oriental e ocidental, praticava a tolerância entre hereges e pagãos, visto que a conversão forçada produziria somente hipocrisia ao invés de fé verdadeira. Inicialmente, a consciência estava relacionada com liberdade de religião meramente. Posteriormente, apenas com a compreensão de que para alcançar a fé é necessário que alguém a adote como uma questão de consciência, é que se passará à liberdade de consciência.[311]

Até a Reforma Protestante, movimento religioso do século XVI que separou as igrejas protestantes da igreja católica romana, a consciência tinha uma existência pública, apesar de sua natureza interior, visto que o julgamento do que era certo e errado constituía relevante função sacerdotal. Essa intervenção entre o *self* e Deus somente será contestada com o protestantismo, quado Lutero irá rejeitar a autoridade do Papa e do clero católico como melhores mensageiros da verdade cristã aos

---

[309] RUSSEL, Bertrand. *Desobediência civil e o desarmamento nuclear* apud COSTA, Nelson Nery. *Teoria e realidade da desobediência civil*: de acordo com a Constituição de 1988. Rio de Janeiro: Editora Forense, 1990. p. 70.
[310] SINGER, Peter. *Democracy and disobedience*. Oxford: Clarendon Press, 1973. Disponível em: https://pt.scribd.com/document/79838473/Peter-Singer-Democracy-and-Disobedience. Acesso em: 6 abr. 2017. p. 104.
[311] ROSENFELD, Michel. *The conscience wars in historical and philosophical perspective*: the clash between religious absolutes and democratic pluralism. Disponível em: https://papers.ssrn.com/sol3/papers.cfm?abstract_id=3030366 Acesso em: 6 abr. 2017. p. 17.

fiéis, para afirmar a verdadeira crença como um estado de consciência individual, sem mediações e subjetivo, significando um conhecimento sem "expressão social ou significado público".[312]

A consciência voltou a se internalizar para ser o pensamento e o sentimento mais profundo de alguém, um "recurso preciso e privado".[313] Assim, aquele que agisse segundo sua consciência com Deus, andava confiante, ainda que sozinho ou aparentemente sozinho perante os outros.[314] Martinho Lutero buscava, sobretudo, repelir as leis do Papa, para ampliar a liberdade de consciência, a fim de obter acesso à verdade religiosa.

Após dois séculos de ferozes guerras entre as duas igrejas em vários reinos europeus, ficou claro que a violência não seria capaz de erradicar cisões no cristianismo ocidental. Desse modo, optou-se pela tolerância, dando-se o necessário espaço para a minoria inserida no espaço ocupado pela religião majoritária. Esse despertar para a necessidade de tolerância mútua em prol da garantia de paz dentro dos reinos elevou o secularismo para "uma espécie de política (...) acima das religiões contundentes".[315]

Esse *modus vivendi* resultou no reconhecimento de um certo grau de liberdade de religião e em face disso reservou um significativo papel para a liberdade de consciência.[316] Assim, pela primeira vez na história da europa cristã ocidental, a liberdade é separada em dimensão política e em dimensão religiosa. A liberdade de consciência, consequentemente, torna-se política.

No início do século XVII, a consciência passa a ser identificada com apreensão, trazendo, portanto, dúvidas aos costumes e rupturas entre as associações religiosas, tanto que "durante o grande período criativo da reforma protestante, a consciência teve caráter profundamente separatista". Assim, com o advento do pensamento liberal, a

---

[312] WALZER, Michel. *Das obrigações políticas*: ensaios sobre desobediência civil, guerra e cidadania. Rio de Janeiro: Zahar Editores, 1977. p. 106.

[313] WALZER, Michel. *Das obrigações políticas*: ensaios sobre desobediência civil, guerra e cidadania. Rio de Janeiro: Zahar Editores, 1977. p. 106.

[314] WALZER, Michel. *Das obrigações políticas*: ensaios sobre desobediência civil, guerra e cidadania. Rio de Janeiro: Zahar Editores, 1977. p. 106-7.

[315] ROSENFELD, Michel. *The conscience wars in historical and philosophical perspective:* the clash between religious absolutes and democratic pluralism. Disponível em: https://papers.ssrn.com/sol3/papers.cfm?abstract_id=3030366 Acesso em: 6 abr. 2017. p. 21.

[316] ROSENFELD, Michel. *The conscience wars in historical and philosophical perspective:* the clash between religious absolutes and democratic pluralism. Disponível em: https://papers.ssrn.com/sol3/papers.cfm?abstract_id=3030366 Acesso em: 6 abr. 2017. p. 20.

consciência irá, como um método de separação e até de diferenciação, integrar-se ao individualismo moderno, inclusive justificando-o: Deus trabalhava de forma secreta, interna e individual por meio da consciência de cada um, que deveria demonstrar em atitudes genuínas e sinceras essa busca interior.

Portanto, "aceitar a ideia protestante de consciência é reconhecer a aprovação divina dada ao individualismo",[317] que, por sua vez, leva à prática política da tolerância, e essa a duas áreas específicas: tolerância religiosa e objeção de consciência. Enquanto a primeira é amplamente aceita, sendo permitidos todos os tipos de cerimônias religiosas, à exceção daquelas com sacrifício humano, animal ou que ameaçem a segurança geral da comunidade. A segunda é aceita em situações específicas e com receios e ressalvas. Após persistente recusa, os grupos religiosos adquirem uma tolerância legal limitada em face do Estado: acreditava-se de modo geral que a consciência privada tinha um *status* religioso especial; a aversão religiosa ao ato de matar perseverou e a piedade e disciplina geral dos que reivindicavam os direitos de consciência.[318]

Assim, quando os grupos religiosos se recusavam a pagar determinada quantia especificada, não estavam desafiando o caráter do Estado por ir à guerra, mas apenas mantendo-se à maior distância possível do confronto.[319] As reivindicações convencionais não chegavam a ser um julgamento político do Estado e, portanto, uma ameaça, de modo que apenas queriam se manter à parte daquilo que discordavam.

Com o Iluminismo e a propagação de seus ideais pelas revoluções francesa e inglesa no final dos séculos XVII e XVIII, o secularismo se amplia e se institucionaliza: não é mais limitado à tolerância e à liberdade de consciência dentro do cristianismo, mas garante seu espaço e proteção dentro da política, para todas as religiões e ideologias não religiosas, desde que não ameace o fundamento do estado secular em si. Assim, separa-se religião do Estado: a religião vai para a esfera privada em troca de especial proteção de suas crenças e práticas no âmbito privado.

A secularidade do mundo envolve a separação das esferas religiosa e política da vida, sob estas circunstâncias a religião estava fadada

---

[317] WALZER, Michel. *Das obrigações políticas*: ensaios sobre desobediência civil, guerra e cidadania. Rio de Janeiro: Zahar Editores, 1977. p. 107.
[318] WALZER, Michel. *Das obrigações políticas*: ensaios sobre desobediência civil, guerra e cidadania. Rio de Janeiro: Zahar Editores, 1977. p. 108.
[319] WALZER, Michel. *Das obrigações políticas*: ensaios sobre desobediência civil, guerra e cidadania. Rio de Janeiro: Zahar Editores, 1977. p. 110.

a perder seu elemento político, assim como a via pública a perder a sanção religiosa da autoridade transcendente.[320] Contudo, quando a preocupação acerca de suas objeções transcende o indivíduo para alcançar o movimento, surge a necessidade de distinguir as decisões pessoais do código moral: ainda que se possa tomar decisões sozinho, quase sempre o código é compartilhado.

A consciência, portanto, pode ser compreendida como um conhecimento moral compartilhado não com Deus, mas com outras pessoas, concidadãos ou companheiros de um grupo, seja movimento, partido ou seita.[321] Assim, qualquer Estado que permita que tais grupos se desenvolvam livremente será naturalmente desafiado por indivíduos conscienciosos.

As reivindicações em face do Estado geralmente se baseiam não em códigos pessoais, mas em princípios compartilhados e compromissos mútuos. Os membros ficam fortemente comprometidos com os valores que compartilham consigo e com os demais membros. Em situações extraordinárias, quando o Estado democrático não consegue realizar os ajustes necessários entre os grupos e Estado, esses compromissos assumem uma importância maior que as próprias obrigações cidadãs, denominando-se esses grupos revolucionários.[322] Um sistema totalitário, em contrapartida, irá buscar isolar os indivíduos, e esses, para se apoiar, terão apenas a lembrança dos princípios compartilhados e torcer que outras pessoas também lembrem desses valores e se juntem às reivindicações.

A democracia depende do pluralismo (genuíno) para considerar as reivindicações dos grupos que as apresentam, distinguindo um grupo do outro. As objeções de consciências, precedidas de uma oposição visível, serão oficialmente registradas pelo sistema democrático. O pluralismo exige uma ampliação da área da tolerância e da consciência. Em sentido contrário, toda vez que a consciência de um grupo é forçada a agir contrariamente aos seus valores, os estados democráticos e a vida grupal se abalam. "Não é verdade que as únicas obrigações em que se

---

[320] WALZER, Michel. *Das obrigações políticas*: ensaios sobre desobediência civil, guerra e cidadania. Rio de Janeiro: Zahar Editores, 1977. p. 180.

[321] WALZER, Michel. *Das obrigações políticas*: ensaios sobre desobediência civil, guerra e cidadania. Rio de Janeiro: Zahar Editores, 1977. p. 113.

[322] WALZER, Michel. *Das obrigações políticas*: ensaios sobre desobediência civil, guerra e cidadania. Rio de Janeiro: Zahar Editores, 1977. p. 120-121.

baseia uma democracia e que deviam ser respeitadas pelos cidadãos são as obrigações para com a própria democracia".[323]

"Ao passo que a tolerância religiosa solapa toda religião estabelecida, a objeção consciencosa (limitada) não solapa o estabelecimento militar".[324] A oposição às regras e ao pagamento de impostos da Igreja é uma recusa de estar sob o poder da igreja. Sendo tal recusa tolerada pelo Estado, o poder da igreja se esvazia, ainda que suas leis permaneçam. Em contrapartida, a recusa ao recrutamento consiste em uma recusa a servir e não a se submeter.[325] Portanto, obediência universal não se confunde com serviço universal ao Estado. Desse modo, o Estado pode dispensar os opositores de suas obrigações sem questionar o processo decisório democrático.

Em situações extremas, a oposição à guerra pode se tornar tão forte que o Estado só seja capaz de recrutar um exército mediante o uso da força sobre os opositores, cuja medida levaria ao próprio questionamento do real caráter democrático da decisão de ir à guerra. Porém, Walzer defende que com uma decisão democrática e uma tolerância limitada à objeção de consciência, não faltarão soldados ao Estado; à exceção da hipótese de guerra de defesa nacional contra um exército invasor, na qual o Estado poderá convocar a todos sob o fundamento da segurança do Estado. "Se deveria tolerar uma recusa, não em razão da qualidade das crenças em que tal recusa se baseia, mas em virtude da qualidade do Estado que permite que tais crenças sejam adquiridas livremente".[326]

Walzer associa a extensão da objeção de consciência com o aumento do preconceito de classe: "consciência é um produto social característico de uma determinada seção da sociedade".[327] A aceitação da objeção política dispensaria em sua maioria indivíduos provenientes da classe média do recrutamento militar, ainda mais quando se tratar de guerras impopulares, tal como a Guerra do Vietnã. O recrutamento

---

[323] WALZER, Michel. *Das obrigações políticas*: ensaios sobre desobediência civil, guerra e cidadania. Rio de Janeiro: Zahar Editores, 1977. p. 121.
[324] WALZER, Michel. *Das obrigações políticas*: ensaios sobre desobediência civil, guerra e cidadania. Rio de Janeiro: Zahar Editores, 1977. p. 118.
[325] WALZER, Michel. *Das obrigações políticas*: ensaios sobre desobediência civil, guerra e cidadania. Rio de Janeiro: Zahar Editores, 1977. p. 119.
[326] WALZER, Michel. *Das obrigações políticas*: ensaios sobre desobediência civil, guerra e cidadania. Rio de Janeiro: Zahar Editores, 1977. p. 120.
[327] WALZER, Michel. *Das obrigações políticas*: ensaios sobre desobediência civil, guerra e cidadania. Rio de Janeiro: Zahar Editores, 1977.

se tornaria, portanto, uma seleção primordialmente dos jovens de classe média baixa, gerando desigualdade na seleção e potencializando o ressentimento entre as classes. Contudo, uma dispensa igual para todos os grupos sociais só seria possível em uma sociedade sem classes. Logo, o recrutamento sem a dispensa foi a solução democrática à inerente desigualdade social.[328]

Ainda que se restringisse o recrutamento apenas para casos de emergência nacional, um exército de voluntários igualmente viria acompanhado com um preconceito de classe. Portanto, somente o fim do recrutamento poderia garantir maior pluralismo: os opositores políticos a uma determinada guerra participariam com recrutas do exército e poderiam estender suas ideias aos demais setores sociais. Enquanto isso não acontece, os opositores conscienciosos ficam segregados entre a tolerância governamental e o ressentimento social.[329] "Se a tolerância protege o sistema pluralista, também o neutraliza enquanto dura a guerra: na verdade, neutralização é a forma de proteção".[330]

No entanto, talvez o que a consciência necessite não seja a tolerância, mas a liberdade em si para poder agir com mínimo constrangimento na esfera política e não ser apenas dispensada do serviço ao Estado. Precisa de espaço para agir segundo suas reivindicações. Para Michael Walzer, a abolição do serviço estatal compulsório possibilitaria o desenvolvimento da consciência: o Estado se transformaria em um "laboratório da qualidade e alcance da consciência contemporânea".[331]

A partir do século XIX, pensadores como John Stuart Mill e Thoreau contribuíram significativamente para esse giro nas concepções de consciência. Mill afirmou que a região própria da liberdade humana compreende "o interior do domínio da consciência; exigindo liberdade de consciência no sentido mais abrangente; liberdade de pensamento e de sentimento em todas as matérias, práticas ou especulativas, científica, moral ou teológica".[332]

---

[328] WALZER, Michel. *Das obrigações políticas*: ensaios sobre desobediência civil, guerra e cidadania. Rio de Janeiro: Zahar Editores, 1977. p. 124.
[329] WALZER, Michel. *Das obrigações políticas*: ensaios sobre desobediência civil, guerra e cidadania. Rio de Janeiro: Zahar Editores, 1977. p. 124.
[330] WALZER, Michel. *Das obrigações políticas*: ensaios sobre desobediência civil, guerra e cidadania. Rio de Janeiro: Zahar Editores, 1977 p. 124.
[331] WALZER, Michel. *Das obrigações políticas*: ensaios sobre desobediência civil, guerra e cidadania. Rio de Janeiro: Zahar Editores, 1977. p. 125.
[332] The appropriate region of human liberty. It comprises, first, the inward domain of consciousness; demanding liberty of conscience in the most comprehensive sense; liberty

2.6.1 A consciência em Kant

Para Kant, o sentimento moral, a consciência, o amor pelo próximo e o respeito por si mesmo (autoestima) constituem a base da moralidade do ser humano e as "condições subjetivas da receptividade ao conceito de dever (...) são predisposições naturais da mente" por meio das quais "todo ser humano as experimenta e é em virtude delas que ele pode ser submetido à obrigação".[333]

O sentimento[334] moral se relaciona à capacidade de sentir prazer ou não a partir da ciência de suas ações estarem compatíveis ou contrárias à lei do dever. Visto que todo ser humano tem o sentimento moral em si originalmente, seu dever se restringe a cultivá-lo e fortalecê-lo. Não sendo um senso especial para o que é moralmente bom ou mau, o sentimento moral constitui, sobretudo, uma suscetibilidade "da parte da livre escolha para sermos movidos pela pura razão prática (e sua lei), e isso é o que chamamos de sentimento moral".[335]

Portanto, todo ser humano, como um ser moral, nasce com a consciência dentro de si. Nesse sentido, ter consciência não é uma obrigação, visto que é inerente à natureza do ser humano, e está direcionada ao sujeito "para afetar o sentimento moral através de seu ato".[336] Desse modo, quando se fala em inconsciência, não significa falta de consciência, mas tão somente a pouca atenção dada ao seu julgamento.

Assim, a consciência se expressa de modo involuntário e inevitável, portanto, agir de acordo com a consciência não poderia ser um dever. O dever se limita a cultivar a "própria consciência, aguçar a própria atenção para a voz do juiz interior e utilizar todo meio para obter uma

---

of thought and feeling; absolute freedom of opinion and sentiment on all subjects, practical or speculative, scientific, moral, or theological. WALZER, Michel. *Das obrigações políticas*: ensaios sobre desobediência civil, guerra e cidadania. Rio de Janeiro: Zahar Editores, 1977. p. 15.

[333] KANT, Immanuel. *Metafísica dos costumes*. Tradução: Edson Bini. Bauru/SP: Edipro, 2003. p. 241.

[334] Kant usa a palavra sentimento em vez de senso, pois este é entendido usualmente como uma "capacidade teórica de percepção dirigida para um objeto". Em contrapartida, sentimento moral se refere a algo puramente subjetivo, que não é produto da cognição. Para o filósofo, nenhum ser humano é totalmente destituído de moral, pois se assim fosse possível, seria moralmente morto. Se não fosse mais possível exercitar esse sentimento por meio da "força vital moral", o mundo se tornaria animalesco, misturando-se aos demais seres da natureza. KANT, Immanuel. *Metafísica dos costumes*. Tradução: Edson Bini. Bauru/SP: Edipro, 2003. p. 243.

[335] KANT, Immanuel. *Metafísica dos costumes*. Tradução: Edson Bini. Bauru/SP: Edipro, 2003. p. 243.

[336] KANT, Immanuel. *Metafísica dos costumes*. Tradução: Edson Bini. Bauru/SP: Edipro, 2003. p. 243.

audição para ela (daí ser o dever apenas indireto)".[337] O amor aos seres humanos, igualmente, não constitui uma obrigação, pois se trata do sentir, não podendo alguém ser constrangido a amar. O que não retira o dever de fazer o bem a outros seres humanos, independentemente do sentimento para com eles. Logo, a benevolência e a beneficência são um dever, o que eventualmente resulta no sentimento de amor.[338]

O respeito também reside no campo subjetivo: a lei interior do ser humano invariavelmente força-o a ter respeito pelo seu próprio ser. Este sentimento forma a base de certos deveres e certas ações com o dever para consigo mesmo. "Não se pode dizer que ele tem um dever de respeito para consigo mesmo, pois ele precisa ter respeito pela lei dentro de si mesmo para sequer pensar em qualquer dever que seja".[339]

Assim, na teoria moral de Kant, a consciência não é o mesmo que razão, julgamento ou vontade; ela assume o papel restrito de um juiz interno que examina a conduta do indivíduo que o julga culpado ou inocente de não exercer o devido cuidado e diligência na formação das opiniões morais que guiaram a sua ação.[340] Thomas Hills sustenta que, apesar do desejo de Kant de apelar para a infalibilidade da consciência, sua própria visão kantiana da deliberação moral e de julgamento reconhece grande escape de erro. Cada um de nós trata nossos julgamentos morais finais como autoridades apesar de sua falibilidade.[341]

2.6.2 As regras de consciência de Arendt

Para Hannah Arendt, as regras de consciência "dizem respeito à capacidade que cada indivíduo tem de conviver com os seus próprios atos"; logo, são subjetivas e voltadas para o autointeresse. Nos sistemas totalitários, aqueles que ousaram julgar por si mesmos não o fizeram

---

[337] KANT, Immanuel. *Metafísica dos costumes*. Tradução: Edson Bini. Bauru/SP: Edipro, 2003. p. 244.
[338] "Fazer o bem aos teus companheiros humanos e a tua beneficência produzirá amor por eles em ti (como uma aptidão do pendor à beneficência em geral)"! KANT, Immanuel. *Metafísica dos costumes*. Tradução: Edson Bini. Bauru/SP: Edipro, 2003. p. 245.
[339] KANT, Immanuel. *Metafísica dos costumes*. Tradução: Edson Bini. Bauru/SP: Edipro, 2003. p. 245.
[340] BROWNLEE, Kimberly. *Conscientious objection and civil disobedience*. Disponível em: http://hummedia.manchester.ac.uk/schools/soss/politics/research/workingpapers/mancept/Brownlee-ConscientiousObjectionandCivilDisobedience.pdf. Acesso em: 3 mar. 2017. p. 56.
[341] BROWNLEE, Kimberly. *Conscientious objection and civil disobedience*. Disponível em: http://hummedia.manchester.ac.uk/schools/soss/politics/research/workingpapers/mancept/Brownlee-ConscientiousObjectionandCivilDisobedience.pdf Acesso em: 3 mar. 2017. p. 56.

movidos por valores ao qual seu espírito e sua consciência estariam profundamente comprometidos, mas, sim, com base em um critério: a capacidade de viver em paz consigo mesmo após ter cometido certos atos.[342]

Assim, é o "hábito de viver consigo próprio de modo explícito"[343] que torna possível esse juízo autorreflexivo sobre com quais ações se é capaz de viver. Nesse sentido, ainda que o mundo e a comunicação intersubjetiva entrem em colapso e se chegue a uma situação-limite, "o juízo e o pensamento ainda serão considerados como os últimos recursos de defesa da subjetividade sitiada, e por extensão, ainda que apenas negativamente, de resistência ao espraiamento do mal na cena pública".[344]

Enquanto os atenienses entendiam o pensamento como um ato subversivo, que trazia desordem às cidades e confundia os cidadãos, Sócrates via o pensamento como um despertamento e, portanto, considerava um grande bem para a cidade.[345] Para Sócrates, uma vida sem pensamento não tinha sentido, ainda que o pensamento não torne alguém mais sábio ou traga respostas às perguntas feitas para si mesmo. O pensamento é uma atividade que tem fim em si mesma, sempre se desfazendo e se renovando, acompanhando o próprio ciclo da vida. Pensar, em suma, significa tomar novas decisões face às dificuldades que surgem. Desse modo, pensar e estar vivo é a mesma coisa:

> Pensar e estar completamente vivo são a mesma coisa, e isto implica que o pensamento tem sempre que começar de novo; é uma atividade que acompanha a vida e tem a ver com os conceitos como justiça, felicidade e virtude, que nos são oferecidos pela própria linguagem, expressando o significado de tudo o que acontece na vida e nos ocorre enquanto estamos vivos.[346]

---

[342] HANNAH, Arendt. *Lições sobre a filosofia política de Kant*. Tradução: André Duarte de Macedo. Rio de Janeiro: Relume-Dumará, 1982. p. 136.

[343] HANNAH, Arendt. *Lições sobre a filosofia política de Kant*. Tradução: André Duarte de Macedo. Rio de Janeiro: Relume-Dumará, 1982. p. 136

[344] HANNAH, Arendt. *Lições sobre a filosofia política de Kant*. Tradução: André Duarte de Macedo. Rio de Janeiro: Relume-Dumará, 1982. p. 136.

[345] ARENDT, Hannah. *A vida do espírito*: o pensar, o querer, o julgar. Rio de Janeiro: Relume-Dumará, 2000. p. 134.

[346] ARENDT, Hannah. *A vida do espírito*: o pensar, o querer, o julgar. Rio de Janeiro: Relume-Dumará, 2000. p. 134.

O pensamento, portanto, é a "quintessência desmaterializada de estar vivo".[347] E ainda que uma vida sem o pensar seja possível, irá fracassar em desabrochar a sua própria essência, tornando-se sem sentido e não totalmente viva. Nesse contexto, homens se tornam sonâmbulos.

A consciência implica essa reflexividade própria, o "diálogo sem som de mim comigo mesmo"[348] essencialmente de pergunta e resposta – e que resulta na "atualização de uma diferença na minha unicidade".[349] Essa atividade de pensar revela a natureza dupla do homem: um quando junto aos outros e outro, quando faz companhia para si.[350] Apesar do pensamento ser uma ocupação solitária, de recolhimento em si, ele mesmo é quem desvela a dualidade humana, sendo a indicação "mais convincente de que os homens existem essencialmente no plural".[351]

Desse modo, todo indivíduo, visto que capaz de pensar, guarda consigo um espectador que funciona como uma espécie de testemunha de suas ações e que poderá perquiri-lo quando agir em discordância com os preceitos de que se vale. Esse acordo de uma pessoa consigo mesma se relaciona com o imperativo categórico de Kant: agir segundo uma máxima que determina tanto a ação quanto o pensamento, no sentido de não contradizer o seu ego pensante.[352]

O respeito ao duplo que se é, não se contradizendo e se tornando estranho ao outro que existe em si, implica valorizar "o amigo que traz consigo" e, por conseguinte, considerar os concidadãos e o mundo ao redor.[353] Em contrapartida, aquele que é incapaz para o recolhimento

---

[347] ARENDT, Hannah. *A vida do espírito*: o pensar, o querer, o julgar. Rio de Janeiro: Relume-Dumará, 2000. p. 143.

[348] ARENDT, Hannah. *A vida do espírito*: o pensar, o querer, o julgar. Rio de Janeiro: Relume-Dumará, 2000. p. 139.

[349] ARENDT, Hannah. *A vida do espírito*: o pensar, o querer, o julgar. Rio de Janeiro: Relume-Dumará, 2000. p. 137.

[350] "Pensamento é um estar só, mas não é solidão; o estar só é a situação em que me faço companhia. A solidão ocorre quando estou sozinho, mas incapaz de dividir-me no dois em um, incapaz de fazer-me companhia (...) quando sou um e sem companhia". ARENDT, Hannah. *A vida do espírito*: o pensar, o querer, o julgar. Rio de Janeiro: Relume-Dumará, 2000. p. 139.

[351] ARENDT, Hannah. *A vida do espírito*: o pensar, o querer, o julgar. Rio de Janeiro: Relume-Dumará, 2000. p. 139.

[352] ARENDT, Hannah. *Lições sobre a filosofia política de Kant*. Tradução: André Duarte de Macedo. Rio de Janeiro: Relume-Dumará, 1982. 50.

[353] ARENDT, Hannah. *Lições sobre a filosofia política de Kant*. Tradução: André Duarte de Macedo. Rio de Janeiro: Relume-Dumará, 1982. p. 138.

reflexivo será incapaz para considerar a pluralidade humana como condição para a vida politicamente organizada.[354]

O pensamento – como mecanismo em si capaz de impedir a prática do mal por meio de sua própria atividade – se evidencia em situações-limite, como a habilidade de distinguir o certo do errado, nas quais o ator e o espectador se dão as mãos "visto que a desobediência, a não-colaboração e mesmo a resistência política ativa terão sido decididas tendo em vista não apenas os destinos do mundo, mas, também a consideração do espectador que trazemos conosco mesmo".[355]

Nesse contexto, o pensamento – "o dois-em-um do diálogo sem som" – distingue e define a nossa identidade, a mera consciência e, dela derivada, a consciência moral, estão supostamente sempre presentes em nós, essa como a "antecipação do sujeito que aguarda quando eu voltar para casa",[356] informando o que fazer e do que se arrepender. Ela era a voz de Deus até se tornar o *lumen naturale* ou a razão prática de Kant. Por fim, o juízo, resultante do "efeito liberador do pensamento, realiza o próprio pensamento, tornando-o manifesto no mundo das aparências, onde eu nunca estou só e estou sempre muito ocupado para poder pensar. A manifestação do vento do pensamento não é o conhecimento, é a habilidade de distinguir o certo do errado, o belo do feio".[357]

2.7 Conceito de desobediência civil

A desobediência, com suas reivindicações específicas, denomina-se civil para ressaltar que ainda se mantém a fidelidade geral ao Estado. Não obstante, a definição liberal trouxe características próprias acerca do número de participantes, do caráter público e político do ato, de sua utilização como último recurso, da não-violência, da sujeição às sanções, da ilicitude, da publicidade e das modificações normativas. A

---

[354] ARENDT, Hannah. *Lições sobre a filosofia política de Kant*. Tradução: André Duarte de Macedo. Rio de Janeiro: Relume-Dumará, 1982. p. 138.
[355] ARENDT, Hannah. *Lições sobre a filosofia política de Kant*. Tradução: André Duarte de Macedo. Rio de Janeiro: Relume-Dumará, 1982. p. 138.
[356] ARENDT, Hannah. *Lições sobre a filosofia política de Kant*. Tradução: André Duarte de Macedo. Rio de Janeiro: Relume-Dumará, 1982. p. 144.
[357] ARENDT, Hannah. *A vida do espírito*: o pensar, o querer, o julgar. Rio de Janeiro: Relume-Dumará, 2000. p. 145.

partir dessas considerações, busca-se então seu conceito, permitindo assim a compreensão de seu real sentido.

A questão acerca de a desobediência ser cometida por um indivíduo isolado é controversa. Os autores que admitem o ato isolado como resistência, consideram-no movido pela consciência. Peter Singer compreende a capacidade de desobedecer como *a condição para a liberdade*, na qual a pessoa age de acordo com sua consciência, ou seja, de acordo com sua avaliação crítica dos fatores morais relevantes.[358] Essa discussão surge por conta do ato de Thoreau de não pagar impostos. Norberto Bobbio, por sua vez, diferencia a desobediência civil dos comportamentos de resistência individual como a objeção de consciência, porém, reconhece a possibilidade de a desobediência ser individual mesmo quando apela para a consciência de outros cidadãos, como foi o caso de Thoreau.

Hannah Arendt, no entanto, entende que o debate de Thoreau se encontra no campo da consciência individual, na medida em que as deliberações de consciência são apolíticas e se expressam sempre subjetivamente. Nelson Nery Costa cita Passerin d'Entrêves, que nomeia o autor norte-americano como o grande apóstolo da desobediência civil.[359] Desse modo, pode-se conceituar a desobediência como um ato normalmente coletivo, na medida em que os grupos exercem maior pressão para a modificação de leis e de práticas governamentais. Porém, também é possível que o ato seja cometido por um indivíduo isolado, como na objeção de consciência. Embora alguns autores diferenciem os dois atos, reconhecem também suas estreitas similaridades e a dificuldade em distingui-los na prática.

É um ato público e aberto, ou seja, o grupo ou o indivíduo desobedece à norma considerada arbitrária ou injusta e, ao expor suas convicções, espera um retorno no sentido de que concordem com a sua posição, a fim de alcançarem êxito. A disposição de agir em público e de oferecer explicações a terceiros sugere uma tendência em se preocupar

---

[358] Peter Singer afirma "we to take into consideration the fact that our action is contrary to law, however, we have passed from traditional conscience to critical conscience" (*Democracy and disobedience*, New York, Oxford University Press, 1973, p. 58 e 59 apud COSTA, Nelson Nery. *Teoria e realidade da desobediência civil:* de acordo com a Constituição de 1988. Rio de Janeiro: Editora Forense, 1990. p. 45).

[359] COSTA, Nelson Nery. *Teoria e realidade da desobediência civil:* de acordo com a Constituição de 1988. Rio de Janeiro: Editora Forense, 1990. p. 45.

com as possíveis consequências que a ação pode gerar sobre o público como um todo.

Essa forma de apelo acontece no fórum público,[360] logo, é também um ato não-violento. Este é o entendimento majoritário dos autores que estudaram o tema.[361] Importa acrescentar que, para Bobbio, sua natureza pública serve também para distingui-la da desobediência comum: enquanto o desobediente civil se expõe ao público a fim de alcançar seus objetivos, o transgressor comum busca realizar ao máximo sua ação em segredo, para alcançar suas metas.[362]

Também, é um ato político, sobretudo, por conta dos valores que invoca em suas reivindicações, de modo geral, embasadas por princípios de justiça. Ela é cometida quando os interesses da sociedade colidem com a atuação do Estado, logo, dirige-se a essa maioria que detém o poder político, as autoridades e as instituições governamentais.

John Rawls não reconhece os atos cujas justificativas ocorrem com base nos valores morais individuais ou religiosos, porque compreende que estes estariam no campo da objeção de consciência. Para ele, a desobediência civil não pode estar restrita ao interesse pessoal ou de grupos, tão somente, pois deve apelar ao senso de justiça da maioria da comunidade quando os princípios de cooperação social não são respeitados. No entanto, confessa a possibilidade de princípios acerca da moralidade e da religiosidade coincidirem com reivindicações políticas.

A decisão governamental de não solucionar o conflito ou de atingir as aspirações dos grupos ou dos indivíduos é um ato político em si, mesmo quando a resposta pela desobediência for justificada por razões morais ou religiosas. Essa forma de ação política pode ser entendida como um modo de apelar aos princípios de cooperação social que estão sendo desprezados. Apoia-se em princípios de justiça ditados pelo senso comum e, portanto, tem natureza moral e não religiosa. Com base no senso de justiça comum, é possível exigir a obediência entre os homens, ao passo que, se o apelo fosse de cunho religioso, não atingiria a todos.

Recorre-se à desobediência civil quando esgotadas as possibilidades de reforma por meio dos procedimentos institucionais e legais existentes. Veja-se, a ação direta provoca crises e tensões na comunidade,

---

[360] RAWLS, John. *Uma teoria da justiça*. Brasília: Editora Universidade de Brasília, 1981. p. 405.
[361] RAWLS, p. 274; WALZER, p. 16; BOBBIO, Norberto, p. 335 e SINGER, passim, p. 82.
[362] BOBBIO, Norberto; MATTEUCCI, Nicola; PASQUINO, Gianfranco. *Dicionário de política*. 11 ed. Brasília: UNB, 1998. p. 330.

portanto, deve ser iniciada somente por motivos relevantes[363] e após a devida preparação dos ativistas. Diante de fraturas significativas da lei e de práticas governamentais, a desobediência civil se justifica e, assim, os praticantes exercem sua condição de cidadãos, participando ativamente para a conquista do tipo de Estado que almejam.

O ato de desobediência assume seu caráter de cidadania por conta do adjetivo civil que o acompanha. No entanto, os autores se dividem quanto à possibilidade ou não do emprego da força pelos resistentes. Thoreau defende uma revolução pacífica, contudo, admite o uso da violência em determinadas circunstâncias. Gandhi, por sua vez, permaneceu invariável quanto ao uso da não-violência. Já Luther King acabou por reconhecer a possibilidade de uso da força em determinados casos para alcançar o impacto desejado acerca de suas reivindicações, estando sujeitos os indivíduos responsáveis pelos atos violentos às sanções.

Norberto Bobbio considera a característica da não-violência da desobediência civil fundamental para distingui-la de outras formas de resistência como a guerrilha e a revolução.[364] Hannah Arendt afirma que essa característica é necessária ao ato e é largamente aceita.[365] John Rawls afirma a necessidade de o ato ser pacífico, pois em caso contrário, provocaria o questionamento do aspecto "civil" da desobediência.[366] Porém, certos grupos radicais colocam-se contra o entendimento de que a desobediência deve reconhecer alguma legitimidade dos governantes. Essa forma de resistência procura modificar não somente a lei

---

[363] "Quando estamos convencidos de que tentamos impedir algo que é de facto um mau moral grave, temos ainda outras perguntas morais a fazer a nós próprios. Temos de contrapor à magnitude do mal que tentamos impedir a possibilidade de os nossos atos levarem a um declínio drástico do respeito pela lei e pela democracia. Temos também de levar em consideração a probabilidade de os nossos atos falharem o seu objetivo e provocarem uma reação que reduziria as hipóteses de êxito por outros meios (...). Um resultado da abordagem consequencialista desta questão que, à primeira vista, pode parecer estranho, é que quanto mais profundamente enraizado estiver o hábito de respeito pelo regime democrático, tanto mais facilmente se pode defender a desobediência. Contudo, não há aqui qualquer paradoxo, mas apenas mais um exemplo da verdade prosaica de que, se as plantas jovens precisam de cuidados especiais, as que já estão desenvolvidas podem dispensar essas atenções". SINGER, Peter. *Democracy and disobedience*. Oxford: Clarendon Press, 1973. p. 90. Disponível em: https://pt.scribd.com/document/79838473/Peter-Singer-Democracy-and-Disobedience. Acesso em: 6 abr. 2017. p. 205.

[364] BOBBIO, Norberto; MATTEUCCI, Nicola; PASQUINO, Gianfranco. *Dicionário de política*. 11. ed. Brasília: UNB, 1998. p. 337.

[365] ARENDT, Hannah. *Crises da república*. Tradução: José Wolkmann. São Paulo: Perspectiva, 2010. p. 70.

[366] "Se o apelo falha em seu objetivo, a resistência por meio da força poderá mais tarde ser prevista". RAWLS, John. *Uma teoria da justiça*. Brasília: Editora Universidade de Brasília, 1981. p. 275.

ou a *práxis* de governo, mas, implicitamente, nomear outra autoridade para produzir tais normas e práticas.

Michel Walzer alerta acerca do engano que se incorre em insistir na não-violência, porque essa compreensão ignora o efeito que a desobediência exerce sobre os que a observam e ignora a violência real que o ato provoca, muitas vezes, da parte da polícia.[367] Esta, para pôr fim à ação ilegal (mas ainda pacífica), acaba por causar o maior número de mortes e lesões corporais. Desse modo, geralmente, os desobedientes agem de forma violenta como represália. Em síntese, não se estimula o uso da força, mas não se deve esquecer sua potencialidade em determinados momentos, não devendo, contudo, transformar-se numa rebelião armada.

Ainda, a sujeição às sanções reafirma a confiança nos princípios da justiça e influencia positivamente a opinião pública.[368] A desobediência civil se direciona às diretrizes das leis, e não a suas punições, que refletem o poder coercitivo estatal. Ou seja, a resistência nega ao Estado o direito de impor obrigações que violam seus interesses ou seus valores individuais, no entanto, reconhece o direito de punir toda violação às leis.[369]

O ato de desobediência é considerado ilícito, pois não está positivado no ordenamento legal. Contudo, foram várias as tentativas como o Projeto de Lei de Direitos da Virginia, de 1776[370] e a Constituição

---

[367] "A insistência na não-violência é enganosa porque, em primeiro lugar, ignora o efeito que a desobediência civil frequentemente tem sobre observadores inocentes e, em segundo lugar ignora a violência real que a desobediência provoca (e que às vezes pretende provocar) especialmente por parte da polícia". WALZER, Michel. *Das obrigações políticas*: ensaios sobre desobediência civil, guerra e cidadania. Rio de Janeiro: Zahar Editores, 1977. p. 26- 27.

[368] "(...) nego tudo exceto o que sempre admiti: - a intenção, de minha parte, de libertar os escravos. (...) Agora, se se considera necessário que eu perca a vida para ajudar o avanço das finalidades da justiça, e misture meu sangue ao sangue (...) de milhões neste país escravocrata, cruéis e injustas – eu me submeto; que assim se faça". Último discurso de John Brown. *In*: Syrett, H.C. (org.). São Paulo, Editora Cultrix, 1980, p. 210 apud COSTA, Nelson Nery. *Teoria e realidade da desobediência civil*: de acordo com a Constituição de 1988. Rio de Janeiro: Editora Forense, 1990. p. 51. Ainda, Luther King, em seus escritos, sempre citava as manifestações em Birmingham, quando cerca de três mil habitantes lotavam as cadeias da cidade e da vizinhança enquanto outros quatro mil continuavam a marchar pacificamente. COSTA, Nelson Nery. *Teoria e realidade da desobediência civil*: de acordo com a Constituição de 1988. Rio de Janeiro: Editora Forense, 1990. p. 51.

[369] A "tendência em tratar os manifestantes ou como criminosos comuns ou então exigir deles a suprema prova de auto sacrifício: "o contestador que violasse lei válida deveria bendizer seu castigo (...)". ARENDT, Hannah. *Crises da república*. Tradução: José Wolkmann. São Paulo: Perspectiva, 2010. p. 66.

[370] "(...) quando qualquer governo se revelar inadequado ou contrário a esses propósitos (o benefício, a proteção e segurança comuns do povo, da nação ou da comunidade), a maioria

Francesa de 1793;[371] textos elaborados em períodos conturbados que, no entanto, não entraram em vigência. E em 1949, a Constituição da República Federal Alemã, em seu artigo 20, IV, previu o direito de resistir contra quem tentasse subverter a ordem.

Alguns teóricos modernos, como John Rawls e a Hannah Arendt, defendem a positivação da resistência pacífica no ordenamento constitucional. No entanto, essa ação ainda não solucionaria todos os problemas desse instituto, e criaria outra problemática tal como a transferência do poder decisório que antes era do indivíduo para um órgão do governo. Ocorre que, em síntese, a desobediência civil não necessita ser incluída na lei para ser reconhecida. Ela representa um atributo da cidadania, que exige ser tolerado pelo governo. A força da desobediência civil está em sua justa ilegalidade em conflito com a legalidade injusta.[372]

Sobre a publicidade, os aparelhos de informação e de comunicação pertencentes ao Estado manipulam constantemente a opinião pública. Surge aí a desobediência civil como possível instrumento para informar a sociedade acerca de questões controvertidas deixadas de lado pela imprensa tradicional.[373] A desobediência busca obter publicidade favorável às suas reivindicações, apela ao senso de justiça da maioria para determinada lei abusiva e violadora dos princípios regentes da sociedade. Enquanto o comportamento violento chama mais a atenção do público, o comportamento pacífico desperta mais simpatia, inclusive deixando o governo em situação de contradição sobre que tipo de atitude deve tomar (se permite a atuação dos indivíduos, estarão admitindo o descontentamento geral, e se reprime as manifestações,

---

da comunidade tem o direito indubitável, inalienável e irrevogável de reformá-lo, alterá-lo ou aboli-lo, da maneira que for julgada mais conducente ao bem-estar público". Projeto de Lei dos Direitos da Virgínia (12/06/1776). In: SYRETT, op. cit., p. 63. apud COSTA, Nelson Nery. Teoria e realidade da desobediência civil: de acordo com a Constituição de 1988. Rio de Janeiro: Editora Forense, 1990. p. 52.

[371] "Quando o governo viola os direitos do povo, a insurreição é para o povo, e para cada porção do povo, o mais sagrado dos direitos e o mais indispensável dos deveres". COSTA, Nelson Nery. Teoria e realidade da desobediência civil: de acordo com a Constituição de 1988. Rio de Janeiro: Editora Forense, 1990. p. 52.

[372] COSTA, Nelson Nery. Teoria e realidade da desobediência civil: de acordo com a Constituição de 1988. Rio de Janeiro: Editora Forense, 1990. p. 53.

[373] "A desobediência é uma forma efetiva de publicidade, pois qualquer pessoa com uma causa que sinta não estar recebendo a adequada consideração pelo público pode usar a desobediência como uma forma de chamar a atenção". SINGER, Peter. Democracy and disobedience. Oxford: Clarendon Press, 1973. Disponível em: https://pt.scribd.com/document/79838473/Peter-Singer-Democracy-and-Disobedience. Acesso em: 6 abr. 2017. p. 81.

estará expondo a natureza arbitrária do governo). A desobediência civil evidencia ao público as distorções do governo, persuadindo-o a buscar mudanças numa perspectiva mais democrática. A desobediência não é ato destrutivo, o que se poderia pensar num primeiro momento, mas construtivo, pois procura expandir os meios de expressão política. Ela modifica leis, práticas governamentais ou ainda decisões judiciais que estejam incoerentes com a realidade social, política e econômica que se busca.

Portanto, o ato desobediente é coletivo, podendo, contudo, ser individual em determinadas circunstâncias; tem caráter público, na medida em que se direciona para a sociedade; suas reivindicações têm conteúdo político e são de interesse geral; é utilizado somente como último recurso, depois de esgotadas todas as possibilidades de reforma pelos meios institucionais e legais disponíveis; é não-violento, sendo, no entanto, possível a utilização da força excepcionalmente com o fim de atingir um público maior, submetendo-se os desobedientes às sanções correspondentes aos atos ilícitos praticados.

A desobediência civil, portanto, em face do dever que assume de se opor às arbitrariedades do Estado,[374] caracteriza-se como um exercício da cidadania, cujo objetivo é mobilizar a opinião pública para a reforma ou a revogação das normas e práticas governamentais questionadas.

2.8 As manifestações de desobediência civil

2.8.1 Objeção de consciência

"A objeção de consciência costuma ser um ato individual, raramente coletivo, de rechaço ao cumprimento de mandado ou proibição

---

[374] "As circunstâncias defendidas pelos fautores da desobediência civil e que favorecem mais a obrigação da desobediência do que a da obediência são substancialmente três: o caso da lei injusta, o caso da lei ilegítima e o caso da lei inválida (ou inconstitucional). Segundo os fautores da desobediência civil, em todos esses casos não existe lei em seu sentido pleno: no primeiro caso não o é substancialmente, no segundo e no terceiro não o é formalmente. Principal argumento: o dever (moral) de obedecer às leis existe na medida em que é respeitado pelo legislador o dever de produzir leis justas (conforme aos princípios de direito natural ou racional, aos princípios gerais do direito ou como se lhes queira chamar) e constitucionais (ou seja, conforme aos princípios básicos e às regras formais previstas pela constituição). Entre cidadão e legislador, haveria uma relação de reciprocidade: se é verdade que o legislador tem direito à obediência, também é verdade que o cidadão tem o direito de ser governado com sabedoria e com leis estabelecidas". BOBBIO, Norberto; MATTEUCCI, Nicola; PASQUINO, Gianfranco. *Dicionário de política*. 11. ed. Brasília: UNB, 1998, p. 345.

jurídica por motivos de consciência".[375] Esse código moral que orienta a ação do objetor pode derivar de motivações éticas, filosóficas, políticas, dentre outras. Esses valores irão conformar a personalidade do agente de tal maneira que agir em sentido contrário levaria a um significativo conflito interno de consciência, uma autêntica e profunda luta interna, capaz de afetar a sua própria personalidade e integridade moral. [376]

Contudo, o objetor não busca uma mudança: recusa o cumprimento de uma lei porque é injusta, mas não para que deixe de sê-la.[377] Logo, trata-se de uma decisão estritamente pessoal, de recusa de compromisso ao Estado que coaduna com seus princípios, sem conflitar com a vontade da maioria. Nelson Nery Costa a refere como "a forma mais simpática de desobediência civil".[378]

Rawls compreendeu a objeção de consciência como uma forma de desobediência mais restrita, cujas distinções refere: não apela ao senso de justiça da maioria, não é uma ação pública, não busca ocasiões para afirmar a sua causa, busca, pelo contrário, evitar a situação. "São menos otimistas do que aqueles que praticam a desobediência civil e talvez não alimentem nenhuma expectativa de mudar leis ou políticas".[379] Soriano, no mesmo sentido, compreende a objeção de consciência como uma classe do gênero da desobediência civil, denominando-a "desobediência civil setorial ou uma manifestação de desobediência civil".[380]

Enquanto a objeção se opõe a uma norma concreta do ordenamento, a desobediência almeja instituições jurídicas ou o próprio sistema em si.[381] Essa transgressão do desobediente é compreendida como um dever ético do cidadão perante determinada situação concreta

---

[375] HERINGER JR., Bruno. *Objeção de consciência e direito penal*: justificação e limites. Porto Alegre: Lumen Juris, 2007. p. 41.

[376] HERINGER JR., Bruno. *Objeção de consciência e direito penal*: justificação e limites. Porto Alegre: Lumen Juris, 2007. p. 42.

[377] HERINGER JR., Bruno. *Objeção de consciência e direito penal*: justificação e limites. Porto Alegre: Lumen Juris, 2007. p. 42.

[378] COSTA, Nelson Nery. *Teoria e realidade da desobediência civil*: de acordo com a Constituição de 1988. Rio de Janeiro: Editora Forense, 1990. p. 66

[379] RAWLS, John. *Uma teoria da justiça*. Brasília: Editora Universidade de Brasília, 1981. p. 409.

[380] SORIANO, Ramón. *La objeción de conciencia*: significado, fundamentos jurídicos y positivación en el ordenamiento jurídico español. *Revista de Estudios Políticos* (Nueva Época), Núm. 58. Octubre-Diciembre 1987. p. 64

[381] SORIANO, Ramón. *La objeción de conciencia*: significado, fundamentos jurídicos y positivación en el ordenamiento jurídico español. Revista de Estudios Políticos (Nueva Época), Núm. 58. Octubre-Diciembre 1987. p. 64.

e histórica.³⁸² É um ato público e aberto, ou seja, o grupo ou o indivíduo desobedece à norma considerada arbitrária ou injusta, e, ao expor suas convicções, espera um retorno no sentido de que concordem com a sua posição, a fim de alcançarem êxito. A disposição de agir em público e de oferecer explicações a terceiros sugere uma tendência em se preocupar com as possíveis consequências que a ação pode gerar sobre o público como um todo. Essa forma de apelo acontece no fórum público,³⁸³ logo, é também um ato não-violento. Este é o entendimento majoritário dos autores que estudaram o tema.³⁸⁴

Importa acrescentar que, para Bobbio, sua natureza pública serve também para distingui-la da desobediência comum: enquanto o desobediente civil se expõe ao público a fim de alcançar seus objetivos, o transgressor comum busca realizar ao máximo sua ação em segredo, para alcançar suas metas.³⁸⁵

A desobediência é um ato político, uma tentativa do agente de mudar as políticas públicas, enquanto a objeção conscienciosa é um ato privativo, "designado para proteger o agente da interferência da autoridade pública".³⁸⁶ Apesar das duas classes se sobreporem, suas motivações as levam a rotas distintas: um indivíduo acessa a arena pública para exercer seu direito de participar na tomada de decisões coletivas e outro afirmando sua proteção da interferência publica em matérias que considera privativas a ele.³⁸⁷ "O desejo de ser bom está na esfera do privado e corresponde a uma legítima preocupação com o próprio ser (...) na ação política a preocupação não é com o *eu*, mas

---

³⁸² LAFER, Celso. *A reconstrução dos direitos humanos*: um diálogo com o pensamento de Hannah Arendt. São Paulo: Companhia das Letras, 1988. p. 200.
³⁸³ RAWLS, John. *Uma teoria da justiça*. Brasília: Editora Universidade de Brasília, 1981, p. 405.
³⁸⁴ RAWLS, John. *Uma teoria da justiça*. Brasília: Editora Universidade de Brasília, 1981. p. 274; WALZER, Michel. *Das obrigações políticas*: ensaios sobre desobediência civil, guerra e cidadania. Rio de Janeiro: Zahar Editores, 1977. p. 16; BOBBIO, Norberto, p. 335 e SINGER, Peter. *Democracy and disobedience*. Oxford: Clarendon Press, 1973, p. 90. Disponível em: https://pt.scribd.com/document/79838473/Peter-Singer-Democracy-and-Disobedience. Acesso em: 6 abr. 2017. p. 82.
³⁸⁵ BOBBIO, Norberto; MATTEUCCI, Nicola; PASQUINO, Gianfranco. *Dicionário de política*. 11 ed. Brasília: UNB, 1998. p. 330.
³⁸⁶ RAZ, Joseph. *The authority of law*: essays on law and morality. 2. ed. New York: Oxford University Press, 2009. p. 276
³⁸⁷ RAZ, Joseph. *The authority of law*: essays on law and morality. 2. ed. New York: Oxford University Press, 2009.

com o *mundo* e, portanto, na esfera do interesse público é que se coloca o tema da desobediência civil".[388]

A característica distintiva da objeção de consciência é que não é nem uma tentativa de forçar a maioria a alterar sua decisão nem a tentar obter publicidade ou pedir à maioria que reconsidere sua decisão. O objetor consciencioso não pode declarar que sua desobediência busca apenas atingir uma plateia justa, ou levar a maioria a reconsiderar sua decisão, tampouco que irá obedecer a decisão majoritária após evidenciar esse caso ou a maioria reconsiderar sua decisão.[389]

Em oposição ao pensamento de Hannah Arendt em torno da objeção conscienciosa como fundamentalmente apolítica e subjetiva, Rawls reconhece a sua possibilidade baseada em princípios políticos, exemplificando: "alguém pode recusar-se a acatar uma lei pensando que ela é tão injusta que obedecê-la está simplesmente fora de cogitação (...) a lei nos impusesse a escravização de outras pessoas ou exigisse que nos submetêssemos a um destino semelhantes. Essas são violações evidentes de princípios políticos reconhecidos".[390] Por sua vez, diversos atos de desobediência trazem como causa imediata aspectos éticos, como campanhas antirracistas, ao passo que atos de objeção de consciência podem ter motivações políticas ou sociais, como se negar a portar armas somente em situações em que pode violar a ideologia política daqueles que se opõem.

Dworkin, em sua teoria operacional, discutiu a objeção de consciência sob a classificação de desobediência "baseada na integridade", para situações em que a integridade pessoal, a consciência proíba alguém de cumprir uma ordem imoral ou a uma guerra injusta. Destaca que não se poderia exigir nessa hipótese o esgotamento prévio do processo político normal, visto que se trata de questões urgentes e irreversíveis: "o nortista a quem se pede que entregue um escravo ao proprietário, ou mesmo o escolar a quem se pede que saúde a bandeira, sofre uma perda definitiva ao obedecer e não é de muita valia para ele que a lei seja modificada logo depois".[391]

---

[388] LAFER, Celso. *A reconstrução dos direitos humanos*: um diálogo com o pensamento de Hannah Arendt. São Paulo: Companhia das Letras, 1988. p. 231

[389] SINGER, Peter. *Democracy and disobedience*. Oxford: Clarendon Press, 1973. p. 90. Disponível em: https://pt.scribd.com/document/79838473/Peter-Singer-Democracy-and-Disobedience. Acesso em: 6 abr. 2017.

[390] RAWLS, John. *Uma teoria da justiça*. Brasília: Editora Universidade de Brasília, 1981. p. 409.

[391] DWORKIN, Ronald. *Uma questão de princípio*. Tradução: Luís Carlos Borges. São Paulo: Editora Martins Fontes, 2000. p. 159.

Para Dworkin, os objetores ao recrutamento militar não deveriam ser processados, no sentido de que são movidos por motivo melhores dos que infringem leis por cobiça ou para subverter o governo; que a perda que a sociedade tem ao punir os dissidentes das leis do recrutamento, visto que alguns são os cidadãos mais leais, ou que encarcerá-los significa aliená-los diante da sociedade e que dissuade outros em face da ameaça. "Se consequências práticas desse tipo sustentaram a aplicação da proibição, por que não sustentariam a tolerância dos crimes de consciência"?[392]

Em uma sociedade humanista, a lei respeitará o pluralismo e a autonomia individual, restringindo a liberdade de ação apenas extraordinariamente. Rawls afirma existir um direito *prima facie* de que a lei não deve coagir uma pessoa a fazer aquilo que ela acredita ser moralmente errado.[393] Um direito à objeção consciênciosa como um caminho a proteger autonomia e pluralismo.[394]

Singer diferencia dois sentidos de consciência: a) a voz interna que diz o que deve ou não fazer, a qual denomina consciência tradicional; b) a ação depois da consideração crítica de todos os fatores moralmente relevantes, denominada consciência crítica, que significa tanto quanto possível racional. Portanto, quando se aceita a visão tradicional sem levar em consideração as razões moralmente relevantes, abdica-se da responsabilidade como um agente moral racional. Em contrapartida, a mera consideração do fato de nossa ação ser contrária à lei, passa da consciência tradicional à consciência crítica. Ainda que se possa concordar com a afirmação de que todo homem deve sempre fazer o que ele acha certo, a questão se concentra em quando ele deve pensar que é certo violar a lei.[395]

Um agente responsável moralmente não segue sua consciência tradicional imediatamente, contudo, ainda que realizar determinado ato possa ser contra a consciência tradicional de alguém, não significa que seja contra a consciência crítica de alguém fazê-lo, se esse alguém é legalmente obrigado a tanto. "Obrigação legal pode ser uma relevante

---

[392] DWORKIN, Ronald. *Uma questão de princípio.* Tradução: Luís Carlos Borges. São Paulo: Editora Martins Fontes, 2000. p. 137.
[393] RAWLS, John. *Uma teoria da justiça.* Brasília: Editora Universidade de Brasília, 1981. p. 284.
[394] RAWLS, John. *Uma teoria da justiça.* Brasília: Editora Universidade de Brasília, 1981.
[395] SINGER, Peter. *Democracy and disobedience.* Oxford: Clarendon Press, 1973. p. 90. Disponível em: https://pt.scribd.com/document/79838473/Peter-Singer-Democracy-and-Disobedience. Acesso em: 6 abr. 2017.

consideração moral, particularmente, quando cresceu através do processo democrático".³⁹⁶

Às vezes, a objeção é seletiva, caso de oposição a uma guerra específica, a qual o consciencioso considera injusta. Enquanto o pacifista completo firma sua posição segundo a consciência tradicional ("é sempre errado matar"), o objetor a uma guerra particular provavelmente teve acesso a mais fatos considerados relevantes e, portanto, provavelmente age conforme a consciência crítica.³⁹⁷ Contudo, ainda há uma preferência às objeções guiadas pelo primeiro sentido. O argumento seria no sentido de que muitas pessoas entrariam na segunda categoria, enfraquecendo significativamente as forças armadas.

2.8.2 Afirmação da minoria

Grupos e coligações minoritárias que, diante da inexistência de processos constitucionais que veiculem suas exigências, recorrem ao único canal possível, a desobediência civil, no intuito de "garantir um espaço próprio entre as forças que se justapõem no Estado".³⁹⁸ A regra majoritária, solução dada ao sistema democrático, nem sempre garante a representação necessária das minorias em seus direitos civis, políticos e de cidadania. "A restrição destrói o compromisso legítimo, que constitui a base das obrigações democráticas, desde que ela favoreça alguns membros da sociedade sobre outros – alguns dispõem dos meios de persuadir os outros de seus pontos de vista, outros não".³⁹⁹

Quando essa minoria ocorre de estar concentrada em um mesmo segmento territorial, há a tendência do separatismo, no qual se questiona a integridade política do Estado governado pela maioria. Em contrapartida, quando espalhados pelo país, "questionam a justiça

---

[396] SINGER, Peter. *Democracy and disobedience*. Oxford: Clarendon Press, 1973. Disponível em: https://pt.scribd.com/document/79838473/Peter-Singer-Democracy-and-Disobedience. Acesso em: 6 abr. 2017.

[397] SINGER, Peter. *Democracy and disobedience*. Oxford: Clarendon Press, 1973. Disponível em: https://pt.scribd.com/document/79838473/Peter-Singer-Democracy-and-Disobedience. Acesso em: 6 abr. 2017. p. 100.

[398] COSTA, Nelson Nery. *Teoria e realidade da desobediência civil*: de acordo com a Constituição de 1988. Rio de Janeiro: Editora Forense, 1990. p. 67

[399] "The restriction destroys the fair compromise which is the base of democratic obligations, since it favours some members of the society over others – some have the means of winning other members over their views, others do not". SINGER, Peter. *Democracy and disobedience*. Oxford: Clarendon Press, 1973. Disponível em: https://pt.scribd.com/document/79838473/Peter-Singer-Democracy-and-Disobedience. Acesso em: 6 abr. 2017. p. 65.

do governo; caso sejam reconhecidos legalmente, as diferenças sociais e econômicas"[400] limitam significativamente sua influência no sistema político, levando-os a praticar resistências ocasionais e localizadas.

Portanto, a violência contínua dos seus direitos sociais, políticos, religiosos ou morais leva a minoria a recorrer à prática da desobediência civil e, assim, a maioria deverá decidir se aceita essa resposta às injustiças praticadas ou se irá reconhecer a legitimidade das exigências. Em suma, os membros dos grupos minoritários buscam se insurgir contra leis e políticas governamentais prejudiciais aos seus interesses e o reconhecimento de suas particularidades, dando-lhes o tratamento adequado para as suas necessidades.

A ação tem dois objetivos: obter suporte material por meio das instituições para diminuir a discriminação e exigir o seu reconhecimento como grupo perante o Estado. E servir como exemplo de luta militante para a conscientização de outras minorias reprimidas: "o simbolismo do gesto estimula os membros da minoria a tomarem conhecimento do sofrimento comum, e de que, unidos possuem uma compreensão que ninguém mais pode partilhar".[401]

Em situações extremas, quando as possibilidades desobediência civil coletivas são mínimas, essa tentativa de afirmação da minoria pode levar ao terrorismo – que já não tem mais perspectiva de atingir metas políticas democráticas, tornando-se difícil justificá-lo;[402] sofrendo todos os pertencentes ao grupo, em represália, repressão violenta e generalizada, distanciando-se, portanto, de atingir suas metas políticas e de obter um maior número de resultados práticos.

2.8.3 Pleito para reconsideração

Grupos podem praticar a desobediência civil em nome do interesse de toda a sociedade quando consideram determinadas leis e/ou políticas governamentais prejudiciais aos compromissos do Estado. Essa ação se realiza por meio do pleito, cuja mensagem construída em princípios humanistas, busca atingir tanto os membros da comunidade

---

[400] WALZER, Michel. *Das obrigações políticas*: ensaios sobre desobediência civil, guerra e cidadania. Rio de Janeiro: Zahar Editores, 1977.
[401] COSTA, Nelson Nery. *Teoria e realidade da desobediência civil*: de acordo com a Constituição de 1988. Rio de Janeiro: Editora Forense, 1990. p. 69.
[402] COSTA, Nelson Nery. *Teoria e realidade da desobediência civil*: de acordo com a Constituição de 1988. Rio de Janeiro: Editora Forense, 1990. p. 69.

– fazendo-os refletir sobre os pontos levantados e suas implicações para o desenvolvimento democrático – como o governo, para que analise a situação e os possíveis prejuízos em não reconsiderar a situação.

Trata-se de cidadãos desobedientes pertencentes a pequenos grupos que, como "membros da 'comunidade humana' ou por seus 'laços com os oprimidos'",[403] buscam, sobretudo, criar obrigações para o Estado do que negar sua fidelidade a ele.[404] Nesse sentido, Albert Einstein defendeu a recusa ao recrutamento militar durante a Primeira Guerra Mundial na Alemanha.[405] E movimentos pacifistas e ecológicos apelaram para a consciência crítica da humanidade. Bertrand Russel convocou a resistência contra a política nuclear: "acreditamos por todos estes fundamentos que cada homem livre tem um direito legal e um dever moral de exercitar todo o esforço para terminar esta guerra, evitar conluio com ela e encorajar os outros a fazerem o mesmo".[406] Percebe-se, assim, que o pleito se mostra a forma adequada de atrair publicidade favorável aos objetivos de suas propostas.

2.8.4 Greve

"Suspensão coletiva e combinada do trabalho, realizada por iniciativa dos trabalhadores, em uma ou várias empresas, com o objetivo de conseguir mudanças de caráter profissional ou político".[407] Logo, dois elementos definem o fenômeno: o sujeito e a modalidade da ação conflitual.[408] O sujeito pode ser desde a inteira força de trabalho, organizada e dirigida por um sindicato (greves oficiais), até associações informais de trabalhadores, guiadas por um líder ("sondagens"[409]), mas nunca é formada por um só indivíduo (absenteísmo, atrasos ou outras

---

[403] WALZER, Michel. *Das obrigações políticas*: ensaios sobre desobediência civil, guerra e cidadania. Rio de Janeiro: Zahar Editores, 1977. p. 13.

[404] COSTA, Nelson Nery. *Teoria e realidade da desobediência civil*: de acordo com a Constituição de 1988. Rio de Janeiro: Editora Forense, 1990. p. 69.

[405] HAWKING, Stephen William. *Uma breve história do tempo*: do Big Bang aos buracos negros. Tradução: Maria Helena Torres. Rio de Janeiro: Rocco, 1988. p. 239

[406] RUSSEL, Bertrand. *Desobediência civil e o desarmamento nuclear* apud COSTA, Nelson Nery. *Teoria e realidade da desobediência civil:* de acordo com a Constituição de 1988. Rio de Janeiro: Editora Forense, 1990. p. 163

[407] COSTA, Nelson Nery. *Teoria e realidade da desobediência civil:* de acordo com a Constituição de 1988. Rio de Janeiro: Editora Forense, 1990. p. 71.

[408] BOBBIO, Norberto; MATTEUCCI, Nicola; PASQUINO, Gianfranco. *Dicionário de política*. 11 ed. Brasília: UNB, 1998.

[409] SHARP, Gene. *Poder, luta e defesa*: teoria e prática da ação não-violenta. São Paulo: Edições Paulinas, 1983. p. 183.

formas de desafeição ao trabalho)[410]. Gene Sharp define a greve como a "recusa em continuar a cooperação econômica através do trabalho", sendo, portanto, uma subcategoria de métodos de não cooperação econômica.[411]

As paralisações de trabalho podem ter aspectos e intensidades variáveis: a) legal: segue as instruções legais acerca dos procedimentos e prazos requeridos; b) advertência: visa, por meio de duração determinada, demonstrar a possibilidade de estender a paralisação. "A mera ameaça de uma greve séria pode ser suficiente para levar o grupo adversário a fazer certas concessões";[412] c) surpresa: alterna paralisações setoriais com grupos de operários trabalhando; e) de acidente: reduz ou paralisa o trabalho, sob a alegação de perigo inexistente; f) de braços cruzados: os trabalhadores são levados aos estabelecimentos, mas mantidos paralisados frente ao serviço; g) de piquete: impede a entrada de qualquer funcionário na empresa, usando força para tanto, se necessário; h) ocupação dos lugares de trabalho: permanência dos trabalhadores nos estabelecimentos da empresa, sob a afirmação de titularidade quanto à propriedade dos meios de produção.[413] Portanto, a greve, ao bloquear a produção, ainda que sem prejuízo às instalações, constitui um dano efetivo ao empregador.[414]

De crime para direito, a greve sempre foi submetida a várias condições para ser considerada legal. "Toda a substância da legislação trabalhista – o direito ao acordo salarial, o direito de se organizar e fazer greve – foi precedida por décadas de desobediência, às vezes violenta, às leis que no fim das contas se mostraram obsoletas".[415] Constitui instrumento adequado, portanto, para a democratização de leis que negavam as práticas coletivas de pressão.[416]

---

[410] BOBBIO, Norberto; MATTEUCCI, Nicola; PASQUINO, Gianfranco. *Dicionário de política*. 11 ed. Brasília: UNB, 1998.
[411] SHARP, Gene. *Poder, luta e defesa:* teoria e prática da ação não-violenta. São Paulo: Edições Paulinas, 1983. p. 181.
[412] SHARP, Gene. *Poder, luta e defesa*: teoria e prática da ação não-violenta. São Paulo: Edições Paulinas, 1983. p. 182.
[413] COSTA, Nelson Nery. *Teoria e realidade da desobediência civil:* de acordo com a Constituição de 1988. Rio de Janeiro: Editora Forense, 1990. p. 71.
[414] BOBBIO, Norberto; MATTEUCCI, Nicola; PASQUINO, Gianfranco. *Dicionário de política*. 11. ed. Brasília: UNB, 1998.
[415] ARENDT, Hannah. *Crises da república*. Tradução: José Wolkmann. São Paulo: Perspectiva, 2010. p. 73.
[416] COSTA, Nelson Nery. *Teoria e realidade da desobediência civil:* de acordo com a Constituição de 1988. Rio de Janeiro: Editora Forense, 1990.

Nesse sentido, os sindicatos não só melhoraram a posição econômica do operário, como exerceram sobre ele um importante efeito psicológico de sensação de força e de significado. Contudo, infelizmente, diversos sindicatos se converteram em organizações enormes nas quais o trabalhador paga sua contribuição e vota de vez em quando, "sendo um pequeno elemento na grande engrenagem".[417]

"Durante anos, a greve foi a forma mais comum de desobediência da classe trabalhadora".[418] Para ser reconhecida, devem ser preenchidos os requisitos materiais, como a cessação do trabalho voluntário e coletivo, a fim de conquistar um maior alcance de direitos no ambiente profissional, e os requisitos formais, como observar os parâmetros legais que regulam o instituto. Michel Walzer acrescenta a necessidade do preenchimento de outros requisitos:

> (1) quando a opressão das autoridades da corporação puder ser especificada de alguma forma racional; (2) quando as funções sociais das corporações houverem sido levadas em consideração; (3) quando houverem sido apresentadas propostas específicas para a reorganização corporativa; (4) quando houver sido feito um esforço sério para se obter apoio efetivo para tais propostas. Também deveria constar entre as condições o fato de que tenha sido tentado algum método para reforma "legal" de que se disponha na corporação.[419]

A greve apresenta dupla resistência: às empresas e ao Estado, visto que mantêm contato direto entre si, são principais fonte da receita fiscal, maiores clientes de financiamentos de bancos estatais, estimulam entre si uma aliança que resulta em submissão dos trabalhadores a baixos salários e a regulamentos de caráter autoritário.[420] Assim, o instituto "busca revolução no mundo corporativo, ao se procurar revogar radicalmente as medidas autoritárias; e desobediência civil no Estado, quando o governo se inclina na defesa das empresas em nome do direito à propriedade".[421]

---

[417] FROMM, Erich. *O medo à liberdade*. 6. ed. Rio de Janeiro: Zahar, 1968. p. 107-108.
[418] WALZER, Michel. *Das obrigações políticas*: ensaios sobre desobediência civil, guerra e cidadania. Rio de Janeiro: Zahar Editores, 1977. p. 29.
[419] WALZER, Michel. *Das obrigações políticas*: ensaios sobre desobediência civil, guerra e cidadania. Rio de Janeiro: Zahar Editores, 1977. p. 31.
[420] BOBBIO, Norberto; MATTEUCCI, Nicola; PASQUINO, Gianfranco. *Dicionário de política*. 11. ed. Brasília: UNB, 1998.
[421] COSTA, Nelson Nery. *Teoria e realidade da desobediência civil:* de acordo com a Constituição de 1988. Rio de Janeiro: Editora Forense, 1990. p. 74.

Logo, os fins podem ser profissionais, políticos ou ambos. No primeiro caso, forma-se a greve clássica, cujas reivindicações se restringem às condições de trabalho, limitadas aos conflitos com a empresa. Quando os objetivos são políticos, a greve serve para pressionar indiretamente o Estado, de modo que mude leis, práticas governamentais ou, inclusive, decisões judiciais, constituindo-se em um instrumento de resolução do problema social.[422] Ou ainda, a ação dos trabalhadores pode almejar ambos. Nos dois últimos casos, a reivindicações de direitos sociais e de cidadania caracterizam a desobediência civil.[423]

Norberto Bobbio alerta para as diferenças existentes entre a desobediência civil e a contestação e o protesto. Veja-se que, enquanto o contrário da desobediência é a obediência, o contrário da contestação é a aceitação. Logo, quem aceita um sistema está automaticamente obedecendo a ele, sendo que, no entanto, na maior parte das vezes se obedece sem o aceitar, seja por força da inércia, do hábito, por imitação ou por medo.

Enquanto a obediência corresponde a uma ação, ainda que meramente demonstrativa, a contestação é feita por meio de um discurso crítico. E o protesto, por sua vez, em suas diversas formas não é, como a desobediência civil, ilegal, pois busca, fundamentalmente, despertar um sentimento de reprovação contra a ação que se quer combater, sem, no entanto, descumpri-la.[424]

2.9 O limitado papel da desobediência civil na teoria liberal: superando o paradigma

Passa a ser questionada a definição liberal de desobediência civil, proposta fundamentalmente por Rawls, como um ato "público, não-violento, consciente e, não obstante, político, contrário a lei, geralmente praticado com o objetivo de provocar uma mudança na lei e nas políticas do governo",[425] por meio do apelo ao senso de justiça da maioria, dentro dos limites de fidelidade à lei, mediante a sujeição à

---

[422] COSTA, Nelson Nery. *Teoria e realidade da desobediência civil:* de acordo com a Constituição de 1988. Rio de Janeiro: Editora Forense, 1990. p. 74.
[423] COSTA, Nelson Nery. *Teoria e realidade da desobediência civil:* de acordo com a Constituição de 1988. Rio de Janeiro: Editora Forense, 1990.
[424] BOBBIO, Norberto; MATTEUCCI, Nicola; PASQUINO, Gianfranco. *Dicionário de política.* 11. ed. Brasília: UNB, 1998. p. 338.
[425] RAWLS, John. *Uma teoria da justiça.* Brasília: Editora Universidade de Brasília, 1981. p. 404.

pena. A perspectiva liberal se mostrou limitada e surge a necessidade de uma visão mais prática, democrática e pluralista, que possa abranger as novas formas de ação desobediente, como a cibernética.

O primeiro elemento constitutivo, a publicidade, exige que o ato seja realizado no espaço público e seja previamente anunciado.[426] Habermas discorre sobre a importância do aviso prévio inclusive para que haja maior controle da polícia relativamente aos desobedientes.[427] Contudo, diversas formas tradicionais de protesto, como o bloqueio de uma intersecção movimentada, ocupação de um porto ou obstrução da deportação de imigrantes denominados ilegais, depende de não avisar antecipadamente as autoridades. Excluir tais atos da categoria de desobediência civil, ainda que justificáveis na análise das circunstâncias concretas, revelaria o potencial ideológico nos debates filosóficos.[428]

Ainda, destaca-se o exemplo da ação desobediente de Thoreau de não pagar os impostos financiadores da guerra e da escravidão que só veio a ser descoberta anos depois. Ainda que Rawls pudesse responder que sua ação se aproximava mais da objeção de consciência, a linha de separação entre ambos os institutos é tênue e difícil de ser estabelecida. Hannah Arendt irá esclarecer que as decisões tomadas *in foro conscientae* tornam-se parte da opinião pública, na medida em que "não depende da consciência, mas do número de pessoas com quem está associada – concordância unânime de que 'X' é um demônio... dá crédito à crença de que 'X' é um demônio".[429] Torna-se, ainda, uma questão crucial como a ênfase na publicidade acomodará formas recentes de desobediência eletrônica ou ciberativismo, praticados, por exemplo, pelo *Anonymous* na forma de ataques DDoS, nos quais os protagonistas não são identificáveis.

---

[426] "A second look shows that for Rawls civil disobedience is public insofar as '[i]t is engaged in openly with fair notice; it is not covert or secretive'". CELIKATES, Robin. *Civil disobedience*. The International Encyclopedia of Political Communication, First Edition. Edited by Gianpietro Mazzoleni. John Wiley & Sons, Inc. Published 2015 by John Wiley & Sons, Inc. p. 38.

[427] "Is a public act which, as a rule, is announced in advance and which the police can control as it occurs". HABERMAS, Jürgen. *Civil disobedience*: litmus test for the democratic constitutional state. Berkeley Journal of Sociology Vol. 30 (1985), p. 95-116, p. 100. Disponível em: https://www.jstor.org/stable/41035345?seq=1#page_scan_tab_contents. Acesso em: 20 mar. 2017.

[428] CELIKATES, Robin. *Civil disobedience*. The International Encyclopedia of Political Communication, First Edition. Edited by Gianpietro Mazzoleni. John Wiley & Sons, Inc. Published 2015 by John Wiley & Sons, Inc., p. 52.

[429] ARENDT, Hannah. *Crises da república*. Tradução: José Wolkmann. São Paulo: Perspectiva, 2010. p. 64.

O critério da não-violência, por sua vez, é ainda mais disputado considerando a dificuldade conceitual, política e legal existente em estabelecer o que é considerado violência no senso comum relevante. Ainda não está determinado se o caráter da não-violência é incompatível somente com graves violações da integridade física ou inclui também a violência contra propriedade, violência contra si mesmo ou violência mínima em legítima defesa.[430] Para Hugo Bedau "not every illegal act of public resistance to government, however, is an act of civil disobedience. Anytime the dissenter resists government by deliberately destroying property, endangering life and limb, inciting to riot (e.g., sabotage, assassination, street fighting), he has not committed civil disobedience. The pun on 'civil' is essential; only nonviolent acts thus can qualify".[431]

Cortes alemãs, em uma série de notórios casos, decidiram que exercer pressão psicológica em outros, por exemplo, através de bloqueios nas estradas, obrigando os motoristas a pararem seus carros, constitui um ato de coerção violenta, enquadrado no art. 240 do Código Penal Alemão (StGB), incompatível, portanto, com a natureza do protesto pacífico e não-violento.[432] Em 1969, a Corte de Justiça Federal (BGH – Bundersgerichtsshof) no caso Laepple decidiu que também é um ato de coerção violenta se sentar na rua e psicologicamente pressionar o motorista a parar seu carro. A Corte Constitucional Federal (BVerfG), por sua vez, interveio para determinar que deve haver coerção física para que possa ser considerado violência. Em resposta, BGH argumentou que o apelo serve apenas para o primeiro carro: se mais de um carro sofrer o bloqueio, então o segundo motorista será coagido fisicamente, tornando-se uma barreira física pelo protestador, e constituindo uma

---

[430] CELIKATES, Robin. *Civil disobedience*. The International Encyclopedia of Political Communication, First Edition. Edited by Gianpietro Mazzoleni. John Wiley & Sons, Inc. Published 2015 by John Wiley & Sons, Inc. p. 2.

[431] "Nem todo ato ilegal de resistência pública ao governo, contudo, é um ato de desobediência civil. Sempre que o dissente resiste ao governo deliberadamente destruindo a propriedade, colocando em risco a vida e os membros, incitando ao tumulto (por exemplo, sabotagem, assassinato, lutas de rua), ele não cometeu desobediência civil. O poder sobre 'civil' é essencial; Somente atos não-violentos podem assim qualificar-se" (tradução nossa). BEDAU, Hugo Adam. *Civil disobedience in focus*. Routledge, 1991, p. 656.

[432] TEXAS LAW. BVerfGE 73, 206 1 BvR 713/83, 921, 1190/84 and 333, 248, 306, 497/85 Mutlangen - decision. Disponível em: https://law.utexas.edu/transnational/foreign-law-translations/german/case.php?id=655. Acesso em: 2 abr. 2017.

ofensa criminal.⁴³³ Esse tipo de decisão foi denominada "second-row jurisprudence".⁴³⁴

Em 2001, a Corte Constitucional Federal decidiu no sentido de que é ato de coerção se acorrentar nos trilhos ou no portão de entrada de um trem, exercendo, desse modo, uma barreira física, e em 2011 foi novamente sentenciado que se sentar na rua pode ser um ato violento.⁴³⁵ Essas decisões relevam que a concepção popular de que a desobediência civil é por definição não violenta não é particularmente esclarecedora e que tudo depende de como a violência é socialmente, politicamente e legalmente redefinida".⁴³⁶

Em 1983, o líder bavário da Alemanha Oriental, Messrs. Zimmermann e Spranger, cantaram o refrão de uma música por meses pelo FAZ (Frankfurter Allgemeine Zeitung⁴³⁷): "resistência não violenta é violência". Na época, advogados chegaram a iniciar um curso com a intenção de estender o conceito jurídico de violência para além dos atos de violência em si e incluir modos não convencionais de influenciar a formação da vontade política.⁴³⁸ A imprensa reportou que parecia que o país se preparava para a guerra contra um agressor que ameaçava a segurança nacional. A concepção adotada por juristas e políticos, divulgada por jornalistas de que 'lei é lei' e 'coerção é coerção' tem origem na mesma mentalidade pronunciada por um ex-juiz nazista de que uma vez lei deve permanecer sempre lei.⁴³⁹ E por isso, Habermas afirma que:

---

⁴³³ QUINT, Peter E. *Civil disobedience and the German courts*: the Pershing missile protests in comparative perspective. The University of Texas at Austin Studies in Foreign and Transnational Law. Routledge-Cavendish, 2008. p. 73-75.

⁴³⁴ CELIKATES, Robin. *Rethinking civil disobedience as a practice of contestation*. Constellations Volume 23, nº 1, 2016. John Wiley & Sons Ltd, p. 39. Disponível em: http://onlinelibrary.wiley.com/doi/10.1111/1467-8675.12216/pdf. Acesso em: 2 fev. 2017. p. 42.

⁴³⁵ CELIKATES, Robin. *Rethinking civil disobedience as a practice of contestation*. Constellations Volume 23, Nº 1, 2016.John Wiley & Sons Ltd, p. 39. Disponível em: http://onlinelibrary.wiley.com/doi/10.1111/1467-8675.12216/pdf. Acesso em: 2 fev. 2017. p. 42.

⁴³⁶ CELIKATES, Robin. *Rethinking civil disobedience as a practice of contestation*. Constellations Volume 23, Nº 1, 2016.John Wiley & Sons Ltd, p. 39. Disponível em: http://onlinelibrary.wiley.com/doi/10.1111/1467-8675.12216/pdf. Acesso em: 2 fev. 2017.

⁴³⁷ Jornal diário de grande circulação nacional.

⁴³⁸ HABERMAS, Jürgen. *Civil disobedience*: litmus test for the democratic constitutional state. Berkeley Journal of Sociology Vol. 30 (1985), pp. 95-116, p. 100. Disponível em: https://www.jstor.org/stable/41035345?seq=1#page_scan_tab_contents. Acesso em: 20 mar. 2017. p. 96.

⁴³⁹ HABERMAS, Jürgen. *Civil disobedience*: litmus test for the democratic constitutional state. Berkeley Journal of Sociology Vol. 30 (1985), pp. 95-116, p. 100. Disponível em: https://www.jstor.org/stable/41035345?seq=1#page_scan_tab_contents. Acesso em: 20 mar. 2017. p. 111.

O estado constitucional que processa a desobediência civil como um crime comum cai sob o feitiço de um legalismo autoritário (...) o legalismo autoritário renuncia à substância humana do ambíguo precisamente no ponto em que o Estado democrático constitucional adquire alimento desta substância.[440]

Não obstante, a história dos movimentos desobedientes não foi sempre isenta de violência, conforme foi propagada. Destaca-se Malcom X, que se opunha a Luther King e os atores políticos mais radicais que ficaram nos bastidores do movimento de independência liderado por Gandhi. Parece que o sucesso da desobediência civil depende, ao menos em parte, da deliberação, da provocação ou do uso da violência por um grupo ou outro. O movimento dos direitos civis norte-americano foi bem-sucedido, ao menos em parte, devido à violência dos protestos não violentos (intencionalmente e por razões estratégicas) provocada pelo aparato de segurança do Estado.

A ação desobediente é uma forma de prática política essencialmente dependente de encenações e de representações, tendo Martin Luther King se manifestado sobre sua função dramatizadora: "a ação direta (não-violenta) busca criar tal crise e promover tamanha tensão que a comunidade que constantemente se recusou a negociar se veja forçada a confrontar a questão. Busca dramatizar a questão de modo que não possa mais ser ignorada".[441]

Esse aspecto de dramatização e da representação está ligado à dimensão simbólica da desobediência civil. Contudo, a ação desobediente não pode ser vista somente sob esse viés, sob o risco de ser reduzida a mero protesto, quando, na verdade, tem potencial para determinar consequências legais e políticas tangíveis tanto para o público em geral como para o sistema judicial. Assim, para que possa transcender a dimensão simbólica, ela deve ser combinada com momentos de confronto real, tais como práticas de bloqueio e de ocupação que, por vezes, contêm elementos de violência (especialmente se a destruição da propriedade privada e o bloqueio de estradas e edifícios – formas de

---

[440] HABERMAS, Jürgen. *Civil disobedience*: litmus test for the democratic constitutional state. *Berkeley Journal of Sociology* Vol. 30 (1985), pp. 95-116, p. 100. Disponível em: https://www.jstor.org/stable/41035345?seq=1#page_scan_tab_contents. Acesso em: 20 mar. 2017. p. 111.

[441] KING JR, Martin Luther. *Letter from Birmingham City Jail*. p. 1. Disponível em: mlk-kpp01.stanford.edu/kingweb/liberation_curriculum/pdfs/letterfrombirmingham_wwcw.pdf. Acesso em: 3 mar. 2017. p. 4.

ação que claramente pertencem ao repertório da desobediência – são considerados violentos).

Contudo, esses momentos de confronto real podem facilmente ser taxados de ações terroristas ou criminosas. Ativistas dos direitos dos animais em diversos países têm sido enquadrados na categoria de terrorismo, sofrendo ações específicas estatais de combate.[442] Mais recentemente, formas de desobediência digital – do vazamento Wikileaks e Edward Snowden para as ações de Negação Distribuída de Serviço [DDoS], são criminalizadas como formas de cibervandalismo e terrorismo, não obtendo, portanto, o reconhecimento do caráter político e moral de suas ações.[443]

Definir tal ação ou grupo como violento vem sempre com uma carga política de fala capaz de reproduzir formas de marginalização e de exclusão, muitas vezes raciais e de gênero. Portanto, uma categoria fixa de não-violência se revela limitadora da análise filosófica da desobediência bem como do contexto social e político em que se insere. Desse modo, "uma teoria crítica da desobediência civil não pode ficar à parte dessas lutas sobre terminologia e enquadramento que são inevitavelmente parte de qualquer luta política".[444]

Por seu turno, o terceiro quesito da desobediência, a consciência, acaba por excluir ações voltadas para o interesse próprio, como se pode citar os atos denominados "não em meu quintal" (*not in my backyard*), de oposição a projetos polêmicos no entorno de moradias, tais como de construção de estradas ou de aterro sanitário. Percebe-se assim que o foco da teoria liberal parece ser demasiado superficial ou simplista.

Ainda, nem sempre a desobediência civil envolve um apelo ao senso de justiça da maioria, podendo, inclusive, muitas vezes estar contra o senso majoritário. É geralmente a falha desse senso de justiça que

---

[442] Na Áustria, o *Soko Pelztier* foi criado fundamentalmente para isso. No reino unido, no governo de Tony Blair com legislação antiterrorista, ativistas dos direitos dos animais foram categorizados como terroristas e uma ameaça à segurança nacional. Similarmente, na Holanda na Unidade de Crimes Cibernéticos da Polícia holandesa, grupos alvos foram engajados na desobeidencia civil, provavelmente porque posavam como uma ameaça terrorista. CELIKATES, Robin. *Democratizing civil disobedience*. Philosophy and social criticism. SAGE, 2016. Disponível em: http://psc.sagepub.com/content/early/2016/03/18/0191453716638562.full.pdf+html. Acesso em: 2 mar. 2017. p. 43.

[443] CELIKATES, Robin. *Democratizing civil disobedience*. Philosophy and social criticism. SAGE, 2016. Disponível em: http://psc.sagepub.com/content/early/2016/03/18/0191453716638562.full.pdf+html. Acesso em: 2 mar. 2017.

[444] CELIKATES, Robin. *Democratizing civil disobedience*. Philosophy and social criticism, SAGE, 2016. Disponível em: http://psc.sagepub.com/content/early/2016/03/18/0191453716638562.full.pdf+html. Acesso em: 2 mar. 2017. p. 7.

torna a desobediência civil necessária.[445] Sobre isso, David Lefkowitz compreende atos de desobediência civil como atos de participação e de comunicação sob a concepção de um direito moral à participação política com potencial disruptivo para reduzir barreiras que impedem parcela da população de participar plenamente no processo da democracia deliberativa.[446] Nessa percepção, ele inclui inclusive o direito de defender uma causa errada (*a right to do wrong*), na medida em que negar esse direito por se tratar de questões erradas, injustas ou ainda causas ofensivas esvaziaria o sentido da liberdade política em si. Ou seja, permitir a participação em discussões políticas de pessoas apenas quando elas fazem escolhas moralmente corretas, seria negar-lhes vidas autônomas, exercendo significativo controle sobre a forma e a direção que suas vidas tomam.[447] Assim, as pessoas devem ter que suportar os custos envolvidos no exercício, por parte dos outros, do seu direito moral de participação.[448]

Molly Sauter ressalta o entendimento de que a melhor expressão da prática democrática não é necessariamente manifesta em estabilidade intelectual e conforto, mas sim na mais ampla distribuição de oportunidades para a participação individual e a necessária mudança social possível. Essa definição reconhece a distribuição imperfeita dessas oportunidades de engajamento nas democracias existentes e considera os tipos de ações disruptivas abrangidas dentro do guarda-chuva da desobediência civil um direito tão central como os outros modos mais tradicionais de participação, como a votação anônima.[449]

Diversos atos de desobediência não buscam convencer. Veja-se o exemplo dos ativistas dos direitos dos animais: ao passo que não esperam mais o engajamento das pessoas no destino dos animais, recorrem a uma política de cobrança de custos destinada a alterar a estrutura

---

[445] CELIKATES, Robin. *Rethinking civil disobedience as a practice of contestation*. Constellations Volume 23, nº 1, 2016. John Wiley & Sons Ltd, p. 39. Disponível em: http://onlinelibrary.wiley.com/doi/10.1111/1467-8675.12216/pdf. Acesso em: 2 fev. 2017. p. 38.
[446] SAUTER, Molly. *The coming swarm*: DDoS actions, hacktivism, and civil disobedience on the Internet. Bloomsbury, 2014. p. 32.
[447] LEFKOWITZ, David. *On a right to civil disobedience*. Ethics 117 (January 2007): 202–233, 2007 by The University of Chicago, p. 228. Disponível em: http://www.jstor.org/stable/pdf/10.1086/510694.pdf. Acesso em: 20 mar. 2017.
[448] LEFKOWITZ, David. *On a right to civil disobedience*. Ethics 117 (January 2007): 202–233, 2007 by The University of Chicago, p. 228. Disponível em: http://www.jstor.org/stable/pdf/10.1086/510694.pdf. Acesso em: 20 mar. 2017. p. 221.
[449] SAUTER, Molly. *The coming swarm*: DDoS actions, hacktivism, and civil disobedience on the Internet. Bloomsbury, 2014. p. 33.

de incentivo dos particulares, de corporações ou de políticos que de outra forma permaneceriam indiferentes. Similarmente, esse caso se encaixa na teoria operacional sobre a desobediência civil de Dworkin, acerca das estratégias não persuasivas. Ele divide as estratégias em dois tipos: a persuasiva busca obrigar a maioria a ouvir os seus argumentos e convencê-los a mudar de ideia; a não persuasiva, por sua vez, não busca essa mudança de posicionamento, mas sim fazer a maioria pagar tão alto pela política que adota a ponto de querer desistir dela.[450] Sobre a concepção de Rawls, Peter Singer fala que Rawls diz que é errado ser cruel com animais, embora não tenhamos compromisso de justiça com eles. Se a justificação da desobediência civil deve ser feita em termos de justiça, Rawls então está afetado com a compreensão de que não há quantidade de crueldade com os animais que possa justificar a desobediência.[451]

O elemento final, fidelidade à lei, serve para distinguir a desobediência de formas mais radicais e revolucionárias de protesto e resistência que questionam o próprio sistema político em si. A linha entre essas diferentes formas de protesto ilegais se mostra mais difícil de estabelecer que a definição liberal sugere. Ocorre que não fica claro se Thoreau, Gandhi e King reconheciam o sistema como razoavelmente justo ou aceitaram uma presunção moral favorecendo a obediência à lei. Sob essas condições, a exigência de que a desobediência civil deve permanecer dentro dos limites de fidelidade à lei para que se caracterize como tal, deixa de ser plausível.

Seguindo nessa linha, também se questiona a necessidade de sujeição à penalidade daqueles que desobedecem. Argumentar que a

---

[450] "As estratégias persuasivas, quer figurem na desobediência baseada na justiça, quer na desobediência baseada na política, têm uma vantagem considerável aqui. Alguém cujo objetivo é persuadir a maioria a mudar de ideia, aceitando argumentos que acredita serem sensatos, claramente não desafia o princípio do governo da maioria de nenhum modo fundamental. Aceita que, no fim, a vontade da maioria deva prevalecer e pede apenas, por meio de uma ressalva ou anexo a esse princípio, que a maioria seja forçada a considerar argumentos que poderiam fazê-la mudar de ideia, mesmo quando ela, inicialmente, parece não estar disposta a isso (...) Assim, os meios não persuasivos usados na desobediência baseada na política parecem ser os que têm menos chance de encontrar justificação em qualquer teoria operacional de caráter geral". DWORKIN, Ronald. *Uma questão de princípio*. Tradução: Luís Carlos Borges. São Paulo: Editora Martins Fontes, 2000. p. 163 e 165.

[451] "It is, he [Rawls] says, wrong to be cruel to animals, although we do not owe them justice. If we combine this view with the idea that the justification of civil disobedience must be in terms of justice, we can see that Rawls is committed to holding that no amount of cruelty to animals can justify disobedience". SINGER, Peter. *Democracy and disobedience*. Oxford: Clarendon Press, 1973, p. 90. Disponível em: https://pt.scribd.com/document/79838473/Peter-Singer-Democracy-and-Disobedience Acesso em: 6 abr. 2017.

submissão voluntária ao castigo legitima a desobediência civil é fazer do martírio uma condição de afirmação de direitos; subvertendo o papel histórico da desobediência no desenvolvimento da articulação de novos e importantes direitos,[452] surgiu a ideia de delimitação do protesto ou da legitimidade geral do Estado. Contudo, desse argumento a ideia era oposta: "multiplicar o protesto em novas arenas, ampliar e intensificar a crítica das redes interligadas de instituições injustas (...) além disso, enquanto um apelo à consciência da comunidade era certamente um dos objetivos de prisão voluntária, não era a única, nem talvez a mais importante".[453]

Enquanto a perspectiva liberal da desobediência civil aparece principalmente como forma de protesto dos direitos individuais contra políticas governamentais que ultrapassam os limites estabelecidos pelos princípios e valores constitucionalmente garantidos, a perspectiva democrática não percebe a desobediência civil em termos de limitação da soberania popular. Compreende mais como a expressão de uma prática democrática e coletiva de autodeterminação, como uma contrabalança dinâmica contra as tendências rígidas das instituições estatais que tentam absorver o poder constituinte de seus sujeitos.[454]

Apesar do modelo liberal identificar e desenvolver sistematicamente importantes aspectos da prática da desobediência civil, sua generalização excessiva leva a restrições indevidas que são problemáticas do ponto de vista teórico e político. Não obstante, o foco nos direitos fundamentais característico na discussão da desobediência civil dentro da tradição liberal tende a excluir certas formas de desigualdades socioeconômicas bem como déficits processuais e democráticos institucionais que impedem sistematicamente os cidadãos de se engajarem em autodeterminações coletivas, desse modo, contribuindo para a subestimação do potencial transformador da ação desobediente.

Portanto, parece necessário redefinir a desobediência civil de maneira menos restritiva, como um ato coletivo de protesto ilegal baseado em princípios (em oposição aos protestos legais e criminosos

---

[452] ZIEWBACH, Burton. *Civility and disobedience*, p. 153-154.
[453] PINEDA, Erin apud CELIKATES, Robin. *Democratizing civil disobedience*. Philosophy and social criticism. SAGE, 2016. Disponível em: http://psc.sagepub.com/content/early/2016/03/18/0191453716638562.full.pdf+html. Acesso em: 2 mar. 2017. p. 4.
[454] CELIKATES, Robin. *Rethinking civil disobedience as a practice of contestation*. Constellations Volume 23, nº 1, 2016. John Wiley & Sons Ltd, p. 39. Disponível em: http://onlinelibrary.wiley.com/doi/10.1111/1467-8675.12216/pdf. Acesso em: 2 fev. 2017. p. 41.

ordinários), no qual os cidadãos perseguem o desejo político de mudar leis, políticas e instituições específicas (em contraste com a objeção de consciência, que é protegida em determinados estados como direito fundamental de não buscar mudança). Trata-se de uma definição deliberadamente minimalista que deixa em aberto se a desobediência civil é pública, não violenta, consciente, se apela ao senso de justiça da maioria e se é restrita aos limites de fidelidade à lei. A desobediência civil emerge como uma prática política de contestação essencialmente coletiva, como uma forma de luta na qual a forma vertical da autoridade estatal é confrontada com o poder horizontal dos indivíduos associados entre si.[455]

---

[455] CELIKATES, Robin. *Rethinking civil disobedience as a practice of contestation*. Constellations Volume 23, nº 1, 2016. John Wiley & Sons Ltd, p. 39. Disponível em: http://onlinelibrary. wiley.com/doi/10.1111/1467-8675.12216/pdf. Acesso em: 2 fev. 2017. p. 41.

CAPÍTULO 3

AUTORIDADE, PODER, VIOLÊNCIA E REVOLUÇÃO: A REALIDADE POLÍTICA E A DEFESA DA LIBERDADE

Conceitos como autoridade, poder e violência – elementos facilmente tratados como sinônimos e que normalmente se sobrepõem na realidade política – constituem o contraponto necessário para compreender a liberdade e o consentimento. Thomas Hobbes defendia que o temor do estado de natureza – de guerra perpétua de todos contra todos – persuadia os homens a se reunirem em uma comunidade, submetendo-se a um senhor em troca de proteção e, portanto, renunciando a todo direito e liberdade nocivos a paz. Logo, os homens se uniam aos outros por interesse e necessidade e não pelo instinto de sociabilidade – que os gregos reconheceram no gênero humano, classificando-o como *zoon politikon*. Assim, "a sociedade política é o fruto artificial de um pacto voluntário, de um cálculo interesseiro".[456]

Locke, em contrapartida, compreendia que cada homem recebeu de seu criador igual direito sobre si mesmo e sobre sua extensão, devendo, portanto, respeitar a liberdade do outro. Ao soberano, empossado no poder político, cabia apenas declarar e garantir a ordem jurídica que lhe é anterior. Logo, a obediência resulta da garantia de manutenção da igualdade de direitos de cada um e de todos, na ordem social.

O conceito de autoridade[457] pode ser reportado a Platão que, ao considerar a introdução da autoridade no trato dos assuntos públicos na

---

[456] GARCIA, Maria. *Desobediência civil/direito fundamental*. São Paulo: Revista dos Tribunais, 1994. p. 37.
[457] "*Auctoritas* (autoridade) é o prestígio social de uma pessoa ou instituição e "princípio da autoridade", o conceito de que a autoridade deve ser valorizada na vida social e na vida

pólis, buscava "uma alternativa para a maneira grega usual de manejar os assuntos domésticos, que era a persuasão (*péithen*), assim como para o modo comum de tratar os negócios estrangeiros, que era a força e a violência (*bía*)".[458]

Contudo, suas referências se restringiam ao âmbito público-político, identificado com a tirania, ou à esfera privada da administração doméstica e vida particular.

No âmbito público-político, governo absoluto se confundia com tirania: o tirano governava por meio de pura violência, protegia-se do povo mediante uma guarda pessoal e delegava a seus súditos o trato dos negócios referentes à esfera pública. Privava os cidadãos da esfera pública própria da pólis, destruindo a própria essência de sua liberdade.[459]

Igualmente, o âmbito militar, cuja necessidade de ordem e de obediência proporcionada pela experiência da guerra e suas circunstâncias de perigo e de necessidade, diante do qual invariavelmente se estabelecia a autoridade, tampouco poderia servir de modelo ao objetivo almejado. O comando militar, assim como o tirano, estavam invariavelmente vinculados aos gregos como "o lobo em figura humana",

---

jurídica. Este princípio exerceu função decisiva na regulação da família e do Estado (a união das famílias) romanos. Com efeito, a vida familiar romana se baseava em relações autoritárias de supremacia do *pater*. A soberania doméstica implicava domínio absoluto sobre pessoas e bens: ao lado dos escravos e dos estrangeiros, que no campo do direito privado estavam submetidos ao domínio ou podiam cair nele, encontravam-se todas as pessoas submetidas a *potestas*, que no direito privado estão em propriedade alheia, mas do ponto de vista da *civitas* (Estado), se denominam *liberi*, em contraposição aos escravos. Assim, fora da relação mesma de supremacia, não podiam existir relações de direito privado entre o titular do poder e seus submetidos. Como a vida do Estado também estava organizada segundo o princípio da autoridade, todo o direito das magistraturas estava construído com a finalidade de valorá-la e conservá-la. Nas mãos dos titulares do *imperium* (supremacia do Estado que se personifica no magistrado), como também dos censores, edides e tribunos, residia a pública disciplina, como nas mãos do *pater familias* a disciplina doméstica. O poder (*potestas*) dos magistrados significava a competência para expressar, com sua vontade, a vontade da *civitas*, gerando para esta direitos e obrigações. Eis porque *potestas*, no direito romano, tem dois significados: o primeiro, quando exercida no âmbito familiar ou das relações entre famílias; o segundo, quando exercida por quem detinha *imperium*". TABORDA, Maren Guimarães. *Estudo sobre o procedimento civil e as obrigações no direito romano clássico*. Porto Alegre: Direito & Justiça, v. 21, p. 235-252, 2000 e Estudos Jurídicos (UNISINOS), São Leopoldo, n. 88, p. 90-107, 2000. p. 4.

[458] GARCIA, Maria. *Desobediência civil/direito fundamental*. São Paulo: Revista dos Tribunais, 1994. p. 129-30.

[459] ARENDT, Hannah. *Entre o passado e o futuro*. Tradução: Mauro W. Barbosa. 7. ed. São Paulo: Perspectiva, 2013. p. 143.

portanto, impossíveis de servirem de referência para uma instituição permanente.[460]

Aristóteles, igualmente buscando escapar ao âmbito público-político conhecido, tenta conceituar autoridade política a partir da introdução da distinção entre jovens e mais velhos, entre os que nascem para governar e para serem governados, cuja plausibilidade repousa na desigualdade natural que prevalece entre governante e governado.[461] Exemplos e modelos são extraídos da esfera pré-política, do âmbito privado do lar e das experiências de uma economia escravista.

Logo, em face da inexistência de uma consciência de autoridade fruto de experiências políticas imediatas, tanto Platão e Aristóteles irão recorrer às experiências de relações humanas extraídas da "administração doméstica e da vida familiar gregas, onde o chefe de família governa como um déspota, dominando indiscutivelmente os membros de sua família e os escravos da casa".[462] O déspota, ao contrário do rei – líder dos chefes de família e, como tal, *primus inter pares* – era investido no poder para exercer coerção, o que o tornava justamente inapto para os fins políticos. "Seu poder para coagir era incompatível não somente com a liberdade dos outros, mas também com a sua própria liberdade".[463] Onde gerisse seus assuntos, suas relações se definiam somente como de senhor e de escravo, âmbito no qual igualmente não era livre. A sua liberdade se relacionava com a possibilidade de se desvincular completamente da esfera do lar e se relacionar entre seus iguais, homens livres. Portanto, "nem o déspota nem o tirano, o primeiro movendo-se entre os escravos, o outro entre súditos, podiam ser chamados de homem livre".[464]

O domínio sobre a necessidade busca controlar as necessidades da vida a que os homens são coagidos e submetidos. O homem livre não é coagido pelas necessidades físicas da vida nem tampouco sujeito à dominação dos outros. Pelo contrário, ele domina os demais, os

---

[460] GARCIA, Maria. *Desobediência civil/direito fundamental*. São Paulo: Revista dos Tribunais, 1994. p. 39-40.
[461] ARENDT, Hannah. *Entre o passado e o futuro*. Tradução: Mauro W. Barbosa. 7. ed. São Paulo: Perspectiva, 2013. p. 148.
[462] ARENDT, Hannah. *Entre o passado e o futuro*. Tradução: Mauro W. Barbosa. 7. ed. São Paulo: Perspectiva, 2013. p. 144.
[463] ARENDT, Hannah. *Entre o passado e o futuro*. Tradução: Mauro W. Barbosa. 7. ed. São Paulo: Perspectiva, 2013. p. 144.
[464] ARENDT, Hannah. *Entre o passado e o futuro*. Tradução: Mauro W. Barbosa. 7. ed. São Paulo: Perspectiva, 2013. p. 144.

escravos, controlando-os e exercendo violência sobre eles. Ele possui e governa escravos. A liberdade no âmbito da política iniciava assim que as "necessidades elementares da vida tenham sido sujeitas ao governo, de modo tal que dominação e sujeição, mando e obediência, governo e ser governado são pré-condições para o estabelecimento da esfera política precisamente por não fazerem parte de seu conteúdo".[465]

A autoridade pressupõe uma obediência na qual os homens retêm sua liberdade. Platão, ao conceder às leis o caráter de inquestionáveis, incorreu os homens no equívoco de serem livres por não dependerem mais de outros homens. Contudo, o governo dessas leis era despótico e não autoritário, visto que Platão tratou delas sob termos domésticos privados e não políticos, afirmando: "a lei é o déspota dos governantes, e os governantes são os escravos da lei".[466] O despotismo se originava na família e destruía a esfera política compreendida pela antiguidade.[467]

As tentativas da filosofia grega de impedir a deterioração da pólis e de salvaguardar a vida do filósofo mediante a introdução de um conceito de autoridade no manejo dos negócios públicos e na vida da cidade fracassou em razão da absoluta ausência de sua compreensão tanto na língua grega como nas várias experiências políticas da história grega. No entanto, a experiência romana se distinguia, com a autoridade política repousando no passado, na tradição e na fundação da cidade, ocorrida conforme "todos os procedimentos ditados pela tradição, desde a escolha do local e do dia, e observados os rituais, de tal modo que personificasse a terra *patrum*, a pátria, a continuação da terra dos pais, os manes da família".[468] Nesse contexto, surge a *auctoritas*, derivada do verbo *augere*, que significa aumentar; a autoridade e seus titulares constantemente aumentam a fundação, de caráter sagrado.

---

[465] ARENDT, Hannah. *Entre o passado e o futuro.* Tradução: Mauro W. Barbosa. 7. ed. São Paulo: Perspectiva, 2013. p. 159.

[466] ARENDT, Hannah. *Entre o passado e o futuro.* Tradução: Mauro W. Barbosa. 7. ed. São Paulo: Perspectiva, 2013. p. 144.

[467] "Quando a destruição se tornou realidade nos últimos séculos do Império Romano, a mudança foi introduzida mediante a aplicação ao governo público do termo *dominus*, que em Roma (onde a família era também organizada como uma monarquia) tinha o mesmo significado que o grego 'déspota'. Calígula foi o primeiro imperador romano que consentiu em ser chamado de *dominus*, isto é, receber um nome que Augusto e Tibério haviam ainda rejeitado como se fosse uma maldição e uma injúria, precisamente por implicar um despotismo desconhecido na esfera política, embora inteiramente familiar no âmbito doméstico e privado". ARENDT, Hannah. *Entre o passado e o futuro.* Tradução: Mauro W. Barbosa. 7. ed. São Paulo: Perspectiva, 2013. p. 145.

[468] GARCIA, Maria. *Desobediência civil/direito fundamental.* São Paulo: Revista dos Tribunais, 1994. p. 41.

Desse modo, participar na política invariavelmente trazia o compromisso de preservar a fundação da cidade de Roma. Embora os romanos não tenham conseguido repetir a experiência de fundação, conseguiram ampliar a fundação original de tal maneira que "toda a Itália, e por fim, todo o mundo ocidental estivesse unido e administrado por Roma". Para os romanos, religião significava *re-ligare* – estar ligado ao passado, e, portanto, com o esforço contínuo de lançar as fundações para a eternidade. Assim, religião e atividade política se fundem. Em "nenhum outro campo a excelência humana acerca-se tanto dos caminhos dos deuses como na fundação de novas comunidades e na preservação das já fundadas".[469]

Para compreender melhor o que significa ter autoridade, observa-se que *auctores*, significando autor, pode ser usada como o antônimo de *artifices*, que se refere a construtores e elaboradores. Questiona-se quem é mais admirado, o construtor ou o autor, o inventor ou a invenção? Naturalmente, é o fundador. A fundação da comunidade política confere autoridade ao poder. A ação política, através dos feitos e dos acontecimentos dela derivados traz "importância à comunidade política e dinamismo às instituições".[470] A autoridade, com raízes no passado, opõe-se ao poder (*potestas*) e à força dos vivos, logo, enquanto o poder reside no povo, a autoridade repousa no Senado, encarregado de cuidar da continuidade da fundação de Roma.

O "acréscimo" que o Senado confere às decisões políticas constitui a mais alta autoridade dos governos constitucionais. Esse 'acréscimo' também é presente nas assembleias de anciãos, cuja natureza de conselho, dispensava, para ser considerado, de ordem ou coerção externa. Os anciãos, o senado ou os patres detinham autoridade, por descendência e transmissão (tradição) daqueles que "haviam lançado as fundações de todas as coisas futuras, os antepassados chamados pelos Romanos de maiores".[471] Ou seja, a autoridade dos vivos era sempre derivada, dependente da autoridade dos fundadores (*auctores imperii romani conditoresque*[472]), não mais contáveis entre os vivos.

---

[469] ARENDT, Hannah. *Entre o passado e o futuro*. Tradução: Mauro W. Barbosa. 7. ed. São Paulo: Perspectiva, 2013. p. 163.
[470] LAFER, Celso. *A reconstrução dos direitos humanos:* um diálogo com o pensamento de Hannah Arendt. São Paulo: Companhia das Letras, 1988. p. 206.
[471] ARENDT, Hannah. *Entre o passado e o futuro*. Tradução: Mauro W. Barbosa. 7. ed. São Paulo: Perspectiva, 2013. p. 164.
[472] ARENDT, Hannah. *Entre o passado e o futuro*. Tradução: Mauro W. Barbosa. 7. ed. São Paulo: Perspectiva, 2013. p. 164.

A força coerciva dessa autoridade repousa sobremaneira na força religiosa do oráculo (áuspices), "que revela a aprovação ou desaprovação divina às decisões humanas".[473] Os deuses têm autoridade (mais que poder) sobre os homens: "aumentam e confirmam as ações humanas, mas não as guiam".[474] A força religiosa dos deuses remonta desde a origem de Roma, quando os deuses deram sinal a Rômulo que fundasse a cidade. "Assim também toda autoridade deriva dessa fundação, remetendo cada ato ao início sagrado da história romana e somando, por assim, dizer, a cada momento singular todo o peso do passado".[475] A tríade romana religião, autoridade e tradição se perpetuou, criando a civilização ocidental sobre alicerces romanos.[476] A autoridade, por sua vez, conferiu ao mundo a permanência e a durabilidade necessária aos seres humanos – os seres mortais mais instáveis e fúteis que se conhece.[477]

Desse modo, a autoridade, cuja ordem é sempre hierárquica, dispensa persuasão e argumentação, utilizada entre iguais para a obtenção do apoio e cooperação quanto a um curso comum de ação. Também exclui a utilização de meios externos de coerção, impostos pela força, pelo vigor ou pela violência. Quando se recorre à força, é porque a autoridade em si mesma fracassou. A autoridade pressupõe obediência e por isso é facilmente confundida com alguma forma de poder ou violência. Assim, a relação autoritária entre o que manda e o que obedece sustenta-se tão somente na própria hierarquia, cujo direito e legitimidade são reconhecidos por ambos, dispensando, portanto, razão comum e poder. "É um reconhecimento inquestionado que vincula sem coerção e convence sem persuadir".[478]

A autoridade resulta da consciência dos cidadãos em obedecer determinadas normas pelo fato de o governo estar autorizado a regular suas condutas dentro dos limites que impõem essas atividades e que têm, portanto, o dever de obedecer. Logo, a obediência não é condicionada

---

[473] GARCIA, Maria. *Desobediência civil/direito fundamental*. São Paulo: Revista dos Tribunais, 1994. P. 41.
[474] ARENDT, Hannah. *Entre o passado e o futuro*. Tradução: Mauro W. Barbosa. 7. ed. São Paulo: Perspectiva, 2013. p. 165.
[475] ARENDT, Hannah. *Entre o passado e o futuro*. Tradução: Mauro W. Barbosa. 7. ed. São Paulo: Perspectiva, 2013. p. 165.
[476] GARCIA, Maria. *Desobediência civil/direito fundamental*. São Paulo: Revista dos Tribunais, 1994. p. 42.
[477] ARENDT, Hannah. *Entre o passado e o futuro*. Tradução: Mauro W. Barbosa. 7. ed. São Paulo: Perspectiva, 2013. p. 131.
[478] LAFER, Celso. *A reconstrução dos direitos humanos:* um diálogo com o pensamento de Hannah Arendt. São Paulo: Companhia das Letras, 1988. p. 206.

a um exame e a uma valorização daquilo que se pede que faça. Pelo contrário, aceita como razão suficiente para obedecer ao comando o fato de que esteja ordenado por alguém a quem se considera autorizado a governar. Todavia, a autoridade não inclui a influência sobre o sujeito. O governo de Atenas tinha autoridade sobre Sócrates, ou seja, o poder de castigá-lo, contudo, não tinha influência sobre sua convicção moral de que devia obedecer às leis atenienses, ainda que convencido da ilegalidade de seu julgamento.[479]

O governo autoritário se distingue da tirania: enquanto o tirano governa de acordo com seu arbítrio e bel-prazer, mesmo o mais draconiano governo autoritário é limitado por leis não feitas por eles ou originárias de código moral ou divino.[480] A autoridade no governo autoritário sempre se origina de uma força externa e superior ao seu poder, transcendente à esfera política, diante da qual seu poder se confirma e se legitima. O governo autoritário poderia ser expresso na imagem de uma pirâmide: a sede do poder está localizada no topo, com a fonte da autoridade externa a ela, e através de cuidadoso sistema de filtragem confere autoridade a cada camada (menor que a imediatamente superior), mantendo todos os níveis integrados e inter-relacionados pelo ponto focal comum, o topo da pirâmide. Esse modelo se afina com a imagem cristã de governo autoritário, difundida largamente pela igreja durante a Idade Média, cujo ponto de referência além da pirâmide terrena trazia a ideia cristã de igualdade, "não obstante a estrutura de vida estritamente hierárquica na Terra".[481] Logo, a estrutura da forma autoritária de governo, ao incorporar a desigualdade e a distinção, revela sua natureza menos igualitária de todas as formas.[482]

Em contrapartida, a tirania pertence às formas igualitárias de governo, visto que o governante "como um contra todos", igualando o "todos" à condição de oprimidos, ou seja, desprovidos de poder. A tirania seria retratada pela pirâmide com o topo suspenso, visto que os níveis intermediários entre o topo e a base seriam excluídos, sobre uma

---

[479] GARCIA, Maria. *Desobediência civil/direito fundamental*. São Paulo: Revista dos Tribunais, 1994. p. 42.
[480] ARENDT, Hannah. *Entre o passado e o futuro*. Tradução: Mauro W. Barbosa. 7. ed. São Paulo: Perspectiva, 2013. p. 134.
[481] ARENDT, Hannah. *Entre o passado e o futuro*. Tradução: Mauro W. Barbosa. 7. ed. São Paulo: Perspectiva, 2013. p. 136.
[482] ARENDT, Hannah. *Entre o passado e o futuro*. Tradução: Mauro W. Barbosa. 7. ed. São Paulo: Perspectiva, 2013. p. 136.

massa de indivíduos isolados, desintegrados e iguais.[483] Já os governos e organizações totalitários seriam melhor representados pela cebola: no espaço vazio do centro se localiza o líder, onde realiza suas decisões (de dentro, e não de fora ou de cima), seja estruturar o organismo político em uma hierarquia autoritária ou oprimir os súditos pela tirania. Desse modo, por meio da estrutura de cebola, o governante se protege das reações do mundo real.

A autoridade, por fim, necessita do consentimento – a tal "liberdade de" –[484] na relação entre governante-governado, indivíduo-estado, enquanto o poder se impõe de qualquer forma, independentemente desse assentimento. Ao passo que a autoridade somente existe enquanto reconhecida pelos governados – o poder é reconhecido como válido e, logo, a obediência é um dever. O exercício do poder se sobrepõe de forma unilateral como força, imposição, dominação. Diante do poder, o cidadão pode escolher apoiá-lo ou a ele se opor. "Se é legítima a resistência ao poder, a resistência à autoridade é ilegal. A autoridade é o poder revestido das roupagens da legitimidade".[485]

Em última análise, a autoridade se assenta na opinião dos homens, visto que a recusa à obediência pode trazer as condições para o início de uma revolução. "O poder humano simplesmente não existe enquanto não se apoiar em outros; o rei mais poderoso e o mais inescrupuloso de todos os tiranos são impotentes se ninguém lhes obedecer, isto é, se ninguém os apoiar por meio da obediência – pois, em política, obediência é igual a apoio".[486] Quando a confiança desaparece, a autoridade solapa. No século XIX, a crise de autoridade leva à dissolução dos vínculos de confiança, criando problemas de governabilidade, o que, por sua vez, dificulta a geração e atualização do poder.[487]

Diversos autores definem o poder como um instrumento de domínio, de afirmação e de imposição da vontade contra a resistência dos outros. Sua essência se concretiza com o comando de um lado e a

---

[483] ARENDT, Hannah. *Entre o passado e o futuro*. Tradução: Mauro W. Barbosa. 7. ed. São Paulo: Perspectiva, 2013. p. 136.

[484] GARCIA, Maria. *Desobediência civil/direito fundamental*. São Paulo: Revista dos Tribunais, 1994. p. 43.

[485] LIPSON, Leslie. *Os grandes problemas da ciência política*. Rio de Janeiro: Zahar Editores, 1976. p. 102.

[486] ARENDT, Hannah. *Sobre a revolução*. Tradução: Denise Bottmann. São Paulo: Companhia das Letras, 2011. p. 289.

[487] LAFER, Celso. *A reconstrução dos direitos humanos*: um diálogo com o pensamento de Hannah Arendt. São Paulo: Companhia das Letras, 1988. p. 208.

obediência da outra parte. Disso decorre que a violência seria a manifestação mais pura do poder do Estado. "Toda política é uma luta pelo poder; a forma definitiva do poder é a violência".[488] O Estado constitui o domínio do homem pelo homem a partir dos meios de violência legítima;[489] logo, a guerra retrata sua essência. Então, o fim da guerra significaria o fim dos Estados? E, por sua vez, o fim da violência nas relações estatais, o fim do poder?[490] Se o poder corresponde à efetividade de comando,[491] então não há maior poder do que "aquele emergente do cano de uma arma"[492] e seria difícil dizer "em que medida a ordem dada por um policial é diferente daquela dada por um pistoleiro".[493] Na política, a questão decisiva sempre foi a de quem domina quem.

Em face disso, o progressivo aperfeiçoamento dos meios de destruição para guerras futuras virou uma ameaça não só para o adversário como para o próprio Estado, ou melhor, para todos. Essa é a ironia da guerra, um "lembrete da imprevisibilidade onipotente que encontramos quando nos aproximamos do domínio da violência",[494] intensificando a sensação de pavor e de impotência individual.[495] Uma guerra termonuclear não seria a continuação da política por outros meios, mas um suicídio universal.[496] Contudo, a guerra persiste como

---

[488] "All politics is a struggle for power; the ultimate kind of power is violence". Tradução livre. MILLS, C. Wright. *The power elite*. Nova York, 1956. p. 171.

[489] ARENDT, Hannah. *Sobre a violência*. Tradução: André de Macedo Duarte. 6. ed. Rio de Janeiro: Civilização Brasileira, 2016. p. 51.

[490] ARENDT, Hannah. *Sobre a violência*. Tradução: André de Macedo Duarte. 6. ed. Rio de Janeiro: Civilização Brasileira, 2016. p. 52.

[491] A vontade de poder e a vontade de obedecer estão interligadas, como diz o velho adágio: "como está apto ao poder aquele que sabe obedecer". Inversamente, a ausência de inclinação para obedecer frequentemente faz-se acompanhar de uma ausência de inclinação bastante forte para dominar e comandar. Contudo, esse argumento tem falhas. Se fosse verdade que nada é mais doce do que dar ordens e dominar os outros, o senhor jamais teria abandonado seu lar. ARENDT, Hannah. *Sobre a violência*. Tradução: André de Macedo Duarte. 6. ed. Rio de Janeiro: Civilização Brasileira, 2016. p. 56.

[492] ARENDT, Hannah. *Sobre a violência*. Tradução: André de Macedo Duarte. 6. ed. Rio de Janeiro: Civilização Brasileira, 2016. p. 53.

[493] "What matters is that force is used and exercised in a certain manner, that the influence exerted by a certain group is qualitatively different from that exerted by others in the same way that the order given by the policeman is different from that given by a gunman, and the rule of law is different from the pressure or the control exercised by a powerful lobby". D'ENTREVES, Alexander Passerin. *Notion of state*: an introduction to political theory. Oxford University Press, 1967. p. 64

[494] ARENDT, Hannah. *Sobre a violência*. Tradução: André de Macedo Duarte. 6. ed. Rio de Janeiro: Civilização Brasileira, 2016. p. 19.

[495] FROMM, Erich. *O medo à liberdade*. Rio de Janeiro: Zahar, 1968. p. 111.

[496] ARENDT, Hannah. *Sobre a violência*. Tradução: André de Macedo Duarte. 6. ed. Rio de Janeiro: Civilização Brasileira, 2016. p. 24.

ferramenta porque não surgiu ainda um substituto último nas questões políticas internacionais. Pactos sem espadas são meras palavras? A violência é usada como o último recurso para proteger a estrutura de poder de inimigos nativos ou externos, como se fosse o pré-requisito do poder. E este é "nada mais do que uma fachada, a luva de pelica que ou esconde a mão de ferro ou mostrará ser um tigre de papel".[497]

Essa visão deriva da tradição do poder absoluto ao longo dos séculos na formação dos estados soberanos. A antiguidade grega também definia as formas de governo como domínio do homem pelo homem: de um ou de uma minoria, na monarquia e na oligarquia, e dos melhores ou da maioria, na aristocracia e democracia.[498] Atualmente, a pior forma de dominação, no entanto, concretiza-se na burocracia, cujo domínio ocorre por meio de um sistema intricado de departamentos, de modo tal que ninguém pode ser apontado como responsável, caracterizando um "domínio de ninguém".[499] Nesse sentido, se a tirania significa o governo que não presta contas a respeito de si mesmo, a burocracia se revela o mais tirânico de todos, pois não há a quem se possa inquirir, para prestar queixas, para questionar e exercer pressão. No "domínio de ninguém", as pessoas são privadas da liberdade política de ação, "pois o domínio de Ninguém não é um não-domínio, e onde todos são igualmente impotentes temos uma tirania sem tirano".[500] Quanto maior a burocratização de uma sociedade, maior será a tendência para a glorificação da violência, em decorrência da frustração na privação da faculdade do agir.[501]

A tradição judaico-cristã, por sua vez, reforçou a concepção do vocabulário com a influência dos mandamentos de Deus, na qual a relação de comando e obediência era suficiente para "identificar a essência da lei".[502] Passerin, indo um pouco além, compreendeu o fenômeno do poder como uma força institucionalizada, uma forma de

---

[497] ARENDT, Hannah. *Sobre a violência.* Tradução: André de Macedo Duarte. 6. ed. Rio de Janeiro: Civilização Brasileira, 2016. p. 64.
[498] ARENDT, Hannah. *Sobre a violência.* Tradução: André de Macedo Duarte. 6. ed. Rio de Janeiro: Civilização Brasileira, 2016. p. 54.
[499] ARENDT, Hannah. *Sobre a violência.* Tradução: André de Macedo Duarte. 6. ed. Rio de Janeiro: Civilização Brasileira, 2016. p. 55.
[500] ARENDT, Hannah. *Sobre a violência.* Tradução: André de Macedo Duarte. 6. ed. Rio de Janeiro: Civilização Brasileira, 2016. p. 101.
[501] LAFER, Celso. *A reconstrução dos direitos humanos*: um diálogo com o pensamento de Hannah Arendt. São Paulo: Companhia das Letras, 1988. p. 209.
[502] D'ENTREVES, Alexander Passerin. *Notion of state:* An introduction to political theory. Oxford University Press, 1967. p. 129.

violência mitigada pelo Direito.[503] Contudo, ainda assim, não conseguiu dissociar poder de violência.

Para Hannah Arendt, o poder – "inerente a qualquer comunidade política – resulta da capacidade humana para agir em conjunto, o que, por sua vez, requer o consenso de muitos quanto a um curso de ação".[504] Em sentido contrário, a falta de consenso e de opinião favorável leva à desintegração do poder que enseja a violência. Logo, para a filósofa, a violência não só não integra o fenômeno do poder, como o destrói.

A partir do século XVIII, os revolucionários constituíram uma nova forma de governo de domínio da lei, assentado no poder do povo. Os cidadãos passam a dar seu apoio e obediência às leis, em vez de aos homens. Contudo, nunca de forma inquestionável, tal como a violência poderia impor (a resposta ao uso da arma e da ameaça pelo criminoso é a obediência imediata). Desse modo, "é o apoio do povo que confere poder às instituições de um país, e esse apoio não é mais do que a continuação do consentimento que trouxe as leis à existência".[505] As instituições políticas são as materializações desse poder e, portanto, tão logo deixem de receber apoio popular, desmantelam-se. O poder se assenta na opinião. Na monarquia, o rei, autoridade solitária, depende muito mais do consenso da sociedade do que em outras formas de governo. Até o tirano, "o Um que governa contra todos",[506] cujo isolamento é sua característica essencial segundo Montesquieu, depende de outros para a realização de seus interesses. O poder do governo reside na proporção do número ao qual é associado. Logo, a tirania é a forma mais violenta – a qual não vem necessariamente caracterizada pela fraqueza e esterilidade – e menos poderosa de governo, contradizendo a condição humana da pluralidade.[507] Em sua forma, impede o

---

[503] Stoppino fala que o governo detém o monopólio da violência legítima, que decorre não apenas da pretensão dos governantes, mas de uma crença dividida entre eles. BOBBIO, Norberto; MATTEUCCI, Nicola; PASQUINO, Gianfranco. *Dicionário de política*. 11. ed. Brasília: UNB, 1998. p. 1.294.

[504] LAFER, Celso. *Prefácio*. In: ARENDT, Hannah. *Sobre a violência*. Tradução: André de Macedo Duarte. 6. ed. Rio de Janeiro: Civilização Brasileira, 2016. p. 11.

[505] ARENDT, Hannah. *Sobre a violência*. Tradução: André de Macedo Duarte. 6. ed. Rio de Janeiro: Civilização Brasileira, 2016. p. 57.

[506] ARENDT, Hannah. *Sobre a violência*. Tradução: André de Macedo Duarte. 6. ed. Rio de Janeiro: Civilização Brasileira, 2016. p. 58

[507] ARENDT, Hannah. *A condição humana*. Tradução: Roberto Raposo. Rio de Janeiro: Forense Universitária, 2007. p. 214.

desenvolvimento do poder em sua totalidade, levando-o à impotência e à sua própria destruição.[508]

Enquanto o poder depende dos números (adesão), a violência pode até certo ponto operar sem eles, visto que se assenta em implementos que amplificam e multiplicam o vigor humano. A violência sempre pode destruir o poder, mas dela nunca emergirá o poder em si. O poder em sua forma extrema constitui "todos contra um", pois o vigor individual é sempre sobreposto pelo potencial de uma maioria, e a forma extrema da violência, "um contra todos",[509] somente é possível por meio de implementos de violência multiplicadores do vigor.[510]

A força – dom natural do indivíduo – é capaz de enfrentar a violência com mais êxito do que o poder – seja heroicamente, por meio da luta e sua morte, seja estoicamente, aceitando os sofrimentos e desafios do isolamento do mundo. Logo, quando essa força se soma a de uma maioria, pode se tornar uma ameaça. Enquanto a tirania corresponde à tentativa sempre frustrada de substituir o poder pela violência, a olocracia (governo da multidão) se caracteriza pela tentativa, mais promissora, de substituir o poder pela força.[511]

Poder, vigor, força, autoridade e violência são termos que indicam meios pelos quais o homem domina o homem e, por exercerem a mesma função, são equivocadamente tratados como sinônimos. O poder, como a capacidade humana para agir em conjunto, só existe enquanto o grupo se conserva unido (*potestas in populo*). Logo, nunca é particular a um indivíduo. Quando se fala que um homem é poderoso, está se referindo, na verdade, ao vigor, que consiste em uma propriedade inerente a um objeto ou uma pessoa e que define o seu caráter,

---

[508] "O princípio do governo despótico corrompe-se incessantemente, porque ele é corrupto por natureza. Os outros governos perecem porque acidentes particulares violam seu princípio; este perece por causa de seu vício interior, a não ser que algumas causas acidentais impeçam seu princípio de corromper-se. Assim, ele só se mantém quando circunstâncias tiradas do clima, da religião, da situação ou do gênio do povo o forçam a seguir certa ordem ou a suportar certa regra. Estas coisas forçam sua natureza sem transformá-la; permanece a sua ferocidade; ela está domada por algum tempo". MONTESQUIEU. *O espírito das leis*. São Paulo: Editora Martins Fontes, 1996. p. 128.

[509] ARENDT, Hannah. *A condição humana*. Tradução: Roberto Raposo. Rio de Janeiro: Forense Universitária, 2007. p. 58.

[510] LAFER, Celso. *A reconstrução dos direitos humanos*: um diálogo com o pensamento de Hannah Arendt. São Paulo: Companhia das Letras, 1988. p. 209.

[511] ARENDT, Hannah. *A condição humana*. Tradução: Roberto Raposo. Rio de Janeiro: Forense Universitária, 2007. p. 216.

como o vigor físico de alguém. É dotado de independência peculiar[512] em relação aos demais. A força, empregada usualmente no sentido de violência – especificamente coerção – significa "energia liberada por movimentos físicos ou sociais".[513] Logo, deve ser usada para designar as forças da natureza ou das circunstâncias.[514] Autoridade significa o reconhecimento inquestionado que não requer coerção ou persuasão dos que a obedecem. "O maior inimigo da autoridade é o desprezo, e o mais seguro para miná-la é a risada".[515]

A violência, dotada de caráter instrumental, busca através de seus implementos multiplicar o vigor natural até sua completa substituição. A violência, como intervenção física de um indivíduo ou grupo contra outro indivíduo ou grupo tem como elementos característicos a ocorrência do dano e a intencionalidade da ação.[516] Stoppino distingue a violência em direta, quando atinge fisicamente a pessoa em si, ou indireta, através "da destruição, da danificação ou da subtração dos recursos materiais". Essas distinções podem se tornar bastante difíceis ou até mesmo impossíveis de serem delimitadas no mundo real: violência,

---

[512] ARENDT, Hannah. *Sobre a violência*. Tradução: André de Macedo Duarte. 6. ed. Rio de Janeiro: Civilização Brasileira, 2016. p. 61.

[513] ARENDT, Hannah. *Sobre a violência*. Tradução: André de Macedo Duarte. 6. ed. Rio de Janeiro: Civilização Brasileira, 2016. p. 61.

[514] "Na doutrina jurídica, tende-se a designar com o termo força as intervenções conforme a lei, e, portanto, lícitas, e com o termo violência as intervenções que violam as normas jurídicas, e são, portanto, ilícitas. Enfim, entre as concepções ideológicas podemos mencionar a de Georges Sorel que, numa perspectiva de exaltação da violência, via na força o instrumento do domínio autoritário de uma minoria sobre a maioria e. na violência, o instrumento de libertação da maioria da exploração de poucos. É de evidência imediata que todas estas distinções estão fortemente impregnadas de juízos de valor (...) usar neste sentido os dois termos força e violência é frequentemente desproposital, porque o emprego de dois termos diferentes tende a objetivar a distinção, a torná-la muito rígida, a sugerir que haja um consenso unânime ou quase unânime acerca das intervenções físicas que devem ser consideradas legítimas ou ilegítimas (...) renunciar à mencionada distinção entre Força e violência, usando os dois termos como sinônimos ou empregando somente um deles para significar as intervenções físicas, e distinguir, através de uma fórmula que tem a vantagem da imediata clareza, entre os empregos da força ou violência "considerados legítimos" e empregos "considerados ilegítimos" em determinados grupos ou agregados sociais, como também distinguir entre os diversos sistemas de valores, com base nos quais diferentes grupos sociais consideram legítimos ou ilegítimos certos usos da força ou violência". STOPPINO, Mario. *In*: BOBBIO, Norberto; MATTEUCCI, Nicola; PASQUINO, Gianfranco. *Dicionário de política*. 11. ed. Brasília: UNB, 1998. p. 503-504.

[515] ARENDT, Hannah. *Sobre a violência*. Tradução: André de Macedo Duarte. 6. ed. Rio de Janeiro: Civilização Brasileira, 2016. p. 62.

[516] ALMEIDA, Guilherme Assis de. *Direitos humanos e não violência*. São Paulo: Atlas, 2001. p. 24-25.

autoridade e poder frequentemente se combinam, no entanto, isso não os torna iguais.

Ainda que o poder esteja diversas vezes acompanhado da violência, o contrário não ocorre. Não existiu nenhum governo fundado exclusivamente em meios violentos. Até o domínio totalitário, com a tortura como principal ferramenta de dominação, necessita de uma base de poder, a dizer, a polícia secreta e informantes. "O poder é o fator primário e predominante".[517]

Dessa maneira, é o poder que constitui a essência do governo, "um fim em si mesmo",[518] ao passo que a violência, por necessitar de justificação para ser aplicada ao fim almejado, não pode ser essência de nada. O poder é a "própria condição que capacita um grupo de pessoas a pensar e a agir em termos das categorias de meios e fins".[519] Como elemento intrínseco à existência da vida em sociedade, não precisa de justificação, mas de legitimidade. O poder emerge onde haja a reunião de pessoas em um agir comum e sua legitimidade deriva desse momento inicial. "A legitimidade, quando desafiada, ampara-se a si mesma em um apelo ao passado, enquanto a justificação remete a um fim que jaz no futuro".[520]

Em contrapartida, a violência pode até ser justificável, porém, nunca será legítima. Pode servir para trazer a atenção pública para algo, exercendo uma função simbólica de dramatização para a situação que se deseja questionar ou manter.[521] Diversas vezes é usado para assegurar a moderação, sendo, ironicamente, muitas vezes antes da reforma que da revolução.[522] No entanto, quanto mais o fim almejado se distanciar no futuro, mais perderá sua plausibilidade: como nunca se pode saber as consequências futuras das ações, a violência só permanece racional como reação (e não ação), com objetivos de curto prazo. Por isso, a resistência violenta à opressão é compreendida como uma *reação* ao

---

[517] ARENDT, Hannah. *Sobre a violência*. Tradução: André de Macedo Duarte. 6. ed. Rio de Janeiro: Civilização Brasileira, 2016. p. 69.
[518] ARENDT, Hannah. *Sobre a violência*. Tradução: André de Macedo Duarte. 6. ed. Rio de Janeiro: Civilização Brasileira, 2016. p. 68.
[519] ARENDT, Hannah. *Sobre a violência*. Tradução: André de Macedo Duarte. 6. ed. Rio de Janeiro: Civilização Brasileira, 2016. p. 69.
[520] ARENDT, Hannah. *Sobre a violência*. Tradução: André de Macedo Duarte. 6. ed. Rio de Janeiro: Civilização Brasileira, 2016. p. 69.
[521] STOPPINO, Mario In. BOBBIO, Norberto; MATTEUCCI, Nicola; PASQUINO, Gianfranco. *Dicionário de política*. 11. ed. Brasília: UNB, 1998. p. 1.291-1.298.
[522] ARENDT, Hannah. *A condição humana*. Tradução: Roberto Raposo. Rio de Janeiro: Forense Universitária, 2007. p. 100.

descumprimento dos direitos e deveres recíprocos entre governantes e governados. Discute-se nesse âmbito se os meios são adequados aos fins. Quando a violência não alcança seus fins rapidamente, seu fracasso pode provocar sua difusão em toda a totalidade do corpo político, mudando o mundo para um lugar ainda mais violento,[523] no qual o terror assume como forma de dominação. Para que a plena força do terror possa se efetivar e ser eficaz, qualquer oposição deve ser suprimida: o grau de atomização social deve ser totalizante. A dominação totalitária funda-se no terror, enquanto as tiranias e ditaduras, na violência. A primeira investe contra qualquer poder, inclusive de seus amigos e apoiadores, alcançando seu ápice quando "o estado policial inicia a devoração de suas próprias crias, quando o executante de ontem se torna a vítima de hoje".[524] Quando o poder está desaparecendo, a tentação de substituí-lo pela violência é forte, e por isso, é comum a combinação na experiência política de violência e impotência,[525] desgastada imensamente por futilidades. A experiência histórica e ocidental nomeou esse fenômeno de tirania.[526]

Poder e violência não são só distintos, mas opostos: a convivência é necessária para a existência do primeiro, a exclusão da interação e cooperação com os outros é condição do segundo.[527] Logo, é equivocado falar em "poder" não violento como o oposto da violência, pois esta é incapaz de gerar poder, apenas conseguindo destruí-lo. Contudo, a indistinção conferida aos termos poder, dominação, obediência, coerção e violência ofusca a natureza do fenômeno: "essencialmente não violento de geração do poder por meio da ação coletiva e concertada, mediada pelo discurso e pelo debate".[528]

---

[523] ARENDT, Hannah. *Sobre a violência*. Tradução: André de Macedo Duarte. 6. ed. Rio de Janeiro: Civilização Brasileira, 2016. p. 101.
[524] ARENDT, Hannah. *Sobre a violência*. Tradução: André de Macedo Duarte. 6. ed. Rio de Janeiro: Civilização Brasileira, 2016. p. 73.
[525] LAFER, Celso. *A reconstrução dos direitos humanos*: um diálogo com o pensamento de Hannah Arendt. São Paulo: Companhia das Letras, 1988. p. 209.
[526] ARENDT, Hannah. *A condição humana*. Tradução: Roberto Raposo. Rio de Janeiro: Forense Universitária, 2007.
[527] LAFER, Celso. *A reconstrução dos direitos humanos*: um diálogo com o pensamento de Hannah Arendt. São Paulo: Companhia das Letras, 1988. p. 209.
[528] ARENDT, Hannah. *A condição humana*. Tradução: Roberto Raposo. Rio de Janeiro: Forense Universitária, 2007. p. 137.

Portanto, é o poder que garante a existência da esfera pública, o espaço potencial de aparência entre homens que discursam e agem[529]. Enquanto o indivíduo isolado detém 'apenas' a força consigo, reunido com outros em uma meta comum (elemento aglutinador[530]), cria poder. A convivência próxima mantém presentes as potencialidades de ação de tal maneira que a fundação das cidades-estado, que viraram paradigmas de organização política ocidental, foi "a condição prévia material mais importante do poder".[531]

Passado o momento de ação, a união das pessoas é quem sustenta o poder. Em contrapartida, aquele que se isola, por mais válidas que sejam suas justificativas, automaticamente renuncia ao poder. Na história humana talvez nada "tenha durado tão pouco quanto a confiança no poder, e nada tenha durado tanto quanto a desconfiança platônica e cristã em relação ao seu espaço de aparência; e – finalmente, na era moderna – nada é mais difundido que a convicção de que o 'poder corrompe'".[532]

Quando os comandos não são mais obedecidos, os meios de violência são inúteis, visto que o poder se assenta na opinião e no número daqueles que a compartilham. Quando se rompe com a obediência às leis, aos governantes e às instituições – manifestação externa de apoio e consentimento –[533] o poder se desintegra e as revoluções se tornam possíveis. No entanto, só realmente acontecerão se existir um grupo preparado para o confronto direto. Inúmeras vezes regimes impotentes permaneceram no poder simplesmente porque não teve ninguém para questioná-lo.[534] A revolução "almeja instituir, por um ato criador de fundação, uma nova ordem que separe o não-mais (o passado) do ainda-não (o futuro)".[535]

---

[529] ARENDT, Hannah. *A condição humana*. Tradução: Roberto Raposo. Rio de Janeiro: Forense Universitária, 2007. p. 212.
[530] ALMEIDA, Guilherme Assis de. *Direitos humanos e não violência*. São Paulo: Atlas, 2001. p. 35.
[531] ARENDT, Hannah. *A condição humana*. Tradução: Roberto Raposo. Rio de Janeiro: Forense Universitária, 2007. p. 213.
[532] ARENDT, Hannah. *A condição humana*. Tradução: Roberto Raposo. Rio de Janeiro: Forense Universitária, 2007. p. 217.
[533] ARENDT, Hannah. *Sobre a violência*. Tradução: André de Macedo Duarte. 6. ed. Rio de Janeiro: Civilização Brasileira, 2016. p. 656-6.
[534] ARENDT, Hannah. *Sobre a revolução*. Tradução: Denise Bottmann. São Paulo: Companhia das Letras, 2011. p. 66.
[535] LAFER, Celso. *A reconstrução dos direitos humanos*: um diálogo com o pensamento de Hannah Arendt. São Paulo: Companhia das Letras, 1988. p. 207.

A palavra revolução era originalmente um termo astronômico "que designava o movimento regular e necessário dos astros em suas órbitas, o qual, por estar sabidamente fora do alcance do homem e sendo por isso irresistível, certamente não se caracterizava pela novidade nem pela violência".[536] A palavra indicava um movimento cíclico e quando utilizada para se referir aos assuntos humanos, significava que as formas de governo se repetiam num ciclo de recorrência eterna e irrefreável. As mudanças políticas eram conhecidas, mas todas representavam recaídas a um outro estágio do ciclo, não trazendo nada significativamente novo, apenas "seguindo uma trajetória previamente determinada pela própria natureza dos assuntos humanos, e, portanto, inalterável".[537]

Posteriormente, na descrição dos movimentos modernos, o termo era usado como uma metáfora, transmitindo a ideia de movimento eterno e recorrente como as oscilações do destino humano. No século XVII, pela primeira vez, revolução recebe uma conotação política: movimento de retorno a uma ordem predeterminada, ou seja, de restauração. Logo, a palavra não foi usada à época da irrupção da revolução de Cromwell e sim somente em 1660 com a derrubada do parlamento residual e a restauração da monarquia. Em 1688, quando os Stuart foram expulsos e o poder soberano foi transferido para Guilherme e Maria, revolução novamente serviu para designar a restauração do poder monárquico a sua virtude e glória anteriores.[538]

Igualmente, a revoluções dos séculos XVII e XVIII que hoje aparentam rupturas radicais com a tradição, pretendiam, inicialmente, ser restaurações. As revoluções americana e francesa foram empreendidas em suas fases iniciais por homens que acreditavam que iriam apenas restaurar uma antiga ordem que fora violada pelo despotismo da monarquia absoluta ou pelos abusos do governo colonial.[539] Contudo, quando o curso da revolução se tornou irresistível, constatou-se que a solução não era o retorno a um estado anterior, mas a criação de uma

---

[536] ARENDT, Hannah. *Sobre a revolução*. Tradução: Denise Bottmann. São Paulo: Companhia das Letras, 2011. p. 72.
[537] ARENDT, Hannah. *Sobre a revolução*. Tradução: Denise Bottmann. São Paulo: Companhia das Letras, 2011. p. 48.
[538] ARENDT, Hannah. *Sobre a revolução*. Tradução: Denise Bottmann. São Paulo: Companhia das Letras, 2011. p. 73.
[539] ARENDT, Hannah. *Sobre a revolução*. Tradução: Denise Bottmann. São Paulo: Companhia das Letras, 2011. p. 74.

ordem totalmente nova, com a ruptura completa da anterior.⁵⁴⁰ Assim, a palavra revolução alcança seu sentido moderno:

> O estranho *páthos* de novidade, tão típico da era moderna, precisou de quase duzentos anos para sair do relativo isolamento da área científica e filosófica e chegar ao campo da política. Mas, quando chegou a esse campo, em que os acontecimentos se referem à maioria e não à minoria, esse *páthos* não só assumiu uma expressão mais radical como também adotou uma realidade própria exclusiva do campo político. Foi somente no curso das revoluções setecentistas que os homens começaram a ter consciência de que um novo início poderia ser um fenômeno político, poderia ser o resultado do que os homens haviam feito e do que podiam conscientemente começar a fazer.⁵⁴¹

As revoluções na era moderna se relacionaram estreitamente com a ideia de liberdade e a experiência de um novo início. Os homens da revolução reivindicavam direitos que derivavam dos "três grandes direitos primários: a vida, a liberdade e a propriedade", aos quais eram subordinados e que serviam de meios para atingir as liberdades essenciais e reais. Contudo, tais liberdades consistiam em liberdades essencialmente negativas, isto é, que buscavam a mera libertação, tal como o direito de reunião e a liberdade de locomoção. Portanto, não alcançavam o conteúdo concreto da liberdade que consiste na "participação nos assuntos públicos ou a admissão na esfera pública".⁵⁴²

Se as revoluções buscassem apenas a garantia dos direitos civis, estariam visando não a liberdade, mas a libertação de governos que abusaram e violaram direitos reconhecidos. Portanto, a libertação, tal como a ausência de restrição e a liberdade de locomoção, consistirá no núcleo duro das revoluções modernas, e a condição para a liberdade em si. A libertação com seus direitos associados pode servir

---

⁵⁴⁰ Paine insistia no uso da palavra revolução no sentido de restauração, visto sua convicção de retorno à época inicial quando ainda possuíam direitos e liberdades, posteriormente suprimidos pela tirania e pela conquista colonial. Por isso, nomeia a revolução americana e francesa de contrarrevoluções, evidenciando como era cara aos sentimentos e às reflexões dos revolucionários a ideia de retorno, de restauração. Contudo, Paine desconhecia que se tratava de um período singular na história, a declaração de Direitos do Homem, tal como Burke afirmara. MILL, Stuart. *On liberty*, 1859. Kitchener: Batoche Books, 2001. p. 75-76.

⁵⁴¹ ARENDT, Hannah. *Sobre a revolução*. Tradução: Denise Bottmann. São Paulo: Companhia das Letras, 2011. p. 77.

⁵⁴² ARENDT, Hannah. *Sobre a revolução*. Tradução: Denise Bottmann. São Paulo: Companhia das Letras, 2011. p. 61. John Adams, no curso da Revolução Americana, afirmará que "é a ação, não o descanso, que constitui nosso prazer".

de instrumentalização para o exercício da liberdade, ainda que não necessariamente conduza para esse caminho, visto que a liberdade implícita na libertação é essencialmente negativa e, portanto, a intenção de libertar não é igual ao desejo de liberdade.[543] Enquanto o desejo de libertação da opressão poderia ser atendido por um governo monárquico (não sob tirania ou despotismo), a realização da liberdade exigiria a constituição de uma república. Portanto, as disputas daquele período foram, essencialmente, "de princípio, entre os defensores do governo republicano e os defensores do governo monárquico".[544]

As irrupções revolucionárias da época moderna se identificaram com a tradição, com a *auctoritas* romana, ao tentar a reparação significativa das "fundações especificamente romanas de domínio político, de renovar o fio interrompido da tradição e de restaurar, mediante a fundação de novos organismos políticos, aquilo que durante também séculos conferiu aos negócios humanos certa medida de dignidade e grandeza".[545] Essa preocupação com a estabilidade e durabilidade da nova ordem se refletia no ato de fundar o novo corpo político e de concepção de uma nova forma de governo ao mesmo tempo que a experiência viva evidenciava a capacidade humana de iniciar algo novo. Portanto, a preocupação com a estabilidade e o espírito do novo formavam dois elementos opostos presentes na revolução, o primeiro identificado com o conservadorismo e o segundo com o liberalismo progressista.

Contudo, apesar das revoluções serem normalmente identificadas como a "única salvação que essa tradição romano-ocidental providencia para as emergências",[546] seu fracasso, culminando ou em restauração ou em tirania, revela que esses meios de salvação originários da tradição se tornaram obsoletos. A outrora autoridade idealizada pela filosofia grega e presente na experiência romana não se restabeleceu em lugar nenhum, seja através da revolução, seja através da restauração.[547] E

---

[543] ARENDT, Hannah. *Sobre a revolução*. Tradução: Denise Bottmann. São Paulo: Companhia das Letras, 2011. p. 57.
[544] ARENDT, Hannah. *Sobre a revolução*. Tradução: Denise Bottmann. São Paulo: Companhia das Letras, 2011. p. 61.
[545] ARENDT, Hannah. *Entre o passado e o futuro*. Tradução: Mauro W. Barbosa. 7. ed. São Paulo: Perspectiva, 2013. p. 185.
[546] ARENDT, Hannah. *Entre o passado e o futuro*. Tradução: Mauro W. Barbosa. 7. ed. São Paulo: Perspectiva, 2013. p. 186.
[547] ARENDT, Hannah. *Sobre a revolução*. Tradução: Denise Bottmann. São Paulo: Companhia das Letras, 2011. p. 186-187.

toda vez que confrontada com os problemas da convivência humana, foi já sem a confiança religiosa em um começo sagrado da tradição.

A secularização do mundo, com a separação das esferas religiosa e política da vida e o surgimento de uma esfera secular com dignidade própria, foi um fator crucial no fenômeno revolucionário. O surgimento dessa esfera nova, do tipo secular, marca o caráter revolucionário daquele momento. Desse modo, a secularização em si e não a doutrina cristã originou a revolução: a dissolução do vínculo entre autoridade e tradição trazida por Lutero para nomear a autoridade diretamente na palavra de Deus (em vez de derivá-la da tradição) contribuiu para a perda de autoridade na era moderna,[548] mas não se caracterizou como uma ruptura que a secularização trouxe com uma esfera nova, caracterizando-se como revolucionária.

As revoluções setecentistas trouxeram a experiência nova e a capacidade humana de dar início a algo novo[549] como elementos formadores da ideia de revolução. Sob outra conotação, o termo astronômico foi usado sob a ideia de irresistibilidade ("o fato de que o movimento cíclico dos astros segue um caminho predeterminado e está fora do alcance de qualquer influência humana")[550] em 14 de julho de 1789, quando o duque de La Rochefoucauld-Liancourt informou Luís XVI sobre a queda da bastilha, a libertação de alguns prisioneiros e a defecção das tropas do rei diante de um ataque popular. O rei exclama: "c'est une revolte" e Liancourt o corrige: "Non, sire, c'est une révolution".[551] O rei, ao declarar que o assalto à Bastilha era uma revolta, afirmava seu poder e seus meios disponíveis para enfrentar a rebelião; contudo, a resposta de Liancourt revela a irreversibilidade dos acontecimentos, que ultrapassam os poderes de um soberano.

Logo, as revoluções só foram exitosas quando a autoridade do corpo político estava comprometida. Assim, a recuperação das antigas liberdades vinha acompanhada pela reinstituição da autoridade perdida e do poder perdido, com seus conceitos antigos (ainda que seus ex-representantes fossem denunciados com o máximo vigor),

---

[548] ARENDT, Hannah. *Sobre a revolução*. Tradução: Denise Bottmann. São Paulo: Companhia das Letras, 2011. p. 53.

[549] ARENDT, Hannah. *Sobre a revolução*. Tradução: Denise Bottmann. São Paulo: Companhia das Letras, 2011. p. 63.

[550] ARENDT, Hannah. *Sobre a revolução*. Tradução: Denise Bottmann. São Paulo: Companhia das Letras, 2011. p. 78.

[551] ARENDT, Hannah. *Sobre a revolução*. Tradução: Denise Bottmann. São Paulo: Companhia das Letras, 2011. p. 79.

influenciando significativamente a interpretação das liberdades. "A nação ocupou o lugar do príncipe", mas "não antes que o próprio príncipe tivesse ocupado o lugar do papa e do bispo".[552]

A grande multidão de pobres e oprimidos unidos na luta pela liberdade finalmente acessava a esfera pública que até então tinha sido restrita aos livres de todas as preocupações ligadas às necessidades vitais para oferecer "seu espaço e sua luz a essa imensa maioria que não é livre, pois é movida pelas necessidades diárias".[553] Logo, a questão social começou a desempenhar um papel revolucionário somente quando se passou a questionar a naturalidade da distinção entre ricos e pobres no corpo político e na vida humana. Essa nova visão de emancipação e de abundância trazia as sementes pré-revolucionárias na experiência colonial americana.[554] Locke e Adam Smith reconheciam na labuta a fonte de todas as riquezas, em oposição à compreensão anterior de que eram atributos da pobreza.

O novo continente se tornaria um refúgio, uma oportunidade de vida em uma terra com agradáveis condições de uniformidade social, "da qual fora banida a miséria absoluta pior que a morte".[555] O que revolucionou o espírito dos homens, originando-se na Europa e depois se espalhando pelo mundo, não foi a Revolução em si com a preocupação da instauração de um novo corpo político, mas a possibilidade de um "novo continente" com um "novo homem" em uma "encantadora igualdade", demonstrando que, desde então, os revolucionários estiveram muito mais preocupados com a transformação do arcabouço da sociedade, tal como ocorreu na América, do que com a transformação da esfera política.[556] Nesse sentido, a descoberta da América e sua colonização constituem a origem das buscas posteriores de transformações sociais significativas nas revoluções modernas.

A herança histórica das revoluções americana e francesa consiste em que enquanto a americana vinha da monarquia limitada, a francesa,

---

[552] MAITLAND, F.T. apud ARENDT, Hannah. *Sobre a revolução*. Tradução: Denise Bottmann. São Paulo: Companhia das Letras, 2011. p. 204-205.
[553] ARENDT, Hannah. *Sobre a revolução*. Tradução: Denise Bottmann. São Paulo: Companhia das Letras, 2011. p. 49.
[554] ARENDT, Hannah. *Sobre a revolução*. Tradução: Denise Bottmann. São Paulo: Companhia das Letras, 2011. p. 49.
[555] ARENDT, Hannah. *Sobre a revolução*. Tradução: Denise Bottmann. São Paulo: Companhia das Letras, 2011. p. 51.
[556] ARENDT, Hannah. *Sobre a revolução*. Tradução: Denise Bottmann. São Paulo: Companhia das Letras, 2011. p. 52.

da tradição de séculos do absolutismo. Nesse contexto de que a revolução é predeterminada pelo tipo de governo que derruba, compreende-se que quanto mais absoluto o governo, mais absoluta será a revolução que o substituirá. Sieyès, nesse sentido, colocou a soberania da nação no lugar que o soberano deixou desocupado. "Como não só a pessoa do rei tinha sido a fonte de todo o poder na Terra, mas também sua vontade fora a origem de toda a lei terrena, de agora em diante a vontade da nação teria, evidentemente, de ser a própria lei".[557] Assim, os revolucionários americanos e franceses acertadamente reconheceram a necessidade de limitar o governo.

A Revolução Americana fundou um organismo político inteiramente novo com o auxílio de uma constituição, caracterizando-se, fundamentalmente, pelo seu caráter não violento; a violência esteve restrita às atividades bélicas regulares. O ato de fundação por meio da colonização do continente americano precedeu a declaração de independência, com a constituição apenas confirmando e legalizando o organismo político já existente. Contudo, foi com a Revolução Francesa e não a Americana que o termo revolução recebeu suas conotações e implicações atuais. A novidade, o início e a violência são elementos associados ao conceito moderno de revolução.[558] A Revolução Francesa inaugurou "uma era totalmente nova, com a criação do calendário revolucionário, cujo ano I correspondia ao ano da execução do rei e da Proclamação da República".[559]

A violência frequentemente esteve presente nas revoluções, sendo, portanto, usualmente identificada junto com a mudança com o fenômeno da revolução. Contudo, a mudança e a violência integram rompem com a ordem anterior e instauram um novo corpo político; quando a libertação da opressão visa à liberdade é que se pode falar em revolução. "O espírito revolucionário dos últimos séculos, ou seja, a avidez em libertar e construir uma nova casa onde a liberdade possa morar não tem paralelo e não encontra nenhum precedente".[560]

---

[557] ARENDT, Hannah. *Sobre a revolução*. Tradução: Denise Bottmann. São Paulo: Companhia das Letras, 2011. p. 205.

[558] ARENDT, Hannah. *Sobre a revolução*. Tradução: Denise Bottmann. São Paulo: Companhia das Letras, 2011. p. 78.

[559] ARENDT, Hannah. *Sobre a revolução*. Tradução: Denise Bottmann. São Paulo: Companhia das Letras, 2011. p. 56-7.

[560] ARENDT, Hannah. *Sobre a revolução*. Tradução: Denise Bottmann. São Paulo: Companhia das Letras, 2011. p. 64.

Maquiavel defendia o significativo papel da violência no estabelecimento desse início, na fundação de uma nova ordem, que parece exigir violência e violação, em conformidade com a tradição. Rômulo matou Remo e Caim matou Abel. Paralelamente, havia a tarefa de legislar, de criar e instituir uma nova autoridade no lugar da antiga, cuja legitimidade era o divino retratado na Terra. Contudo, "essa outra tarefa da revolução, encontrar um novo absoluto para substituir o absoluto do poder divino era insolúvel, porque o poder sob a condição da pluralidade humana nunca pode chegar à onipotência, e as leis baseadas no poder humano nunca podem ser absolutas".[561]

A teoria medieval e pós-medieval, ainda que reconhecesse a rebelião legítima, a revolta, o desafio aberto e a desobediência, buscava apenas substituir o usurpador ou tirano empossado no cargo de autoridade por um governante legítimo. Logo, nunca se contestou a autoridade ou a ordem instituída em si. O povo poderia decidir quem não o governaria, sem, contudo, poder decidir ou escolher quem iria fazê-lo. Nesse sentido, os homens das primeiras revoluções retratavam essa oposição à novidade, que ainda repercute na palavra revolução.[562]

A partir das revoluções, a monarquia – governo de um só – passa a ser identificada com a tirania; logo, constituía uma forma de governo na qual o governante era tirano, mesmo quando governasse em conformidade com as leis do reino, quando monopolizava as decisões para si e bania os cidadãos da esfera pública. Em outras palavras, "a tirania impedia a felicidade pública, embora não necessariamente o bem-estar privado, ao passo que uma república concedia a todos os cidadãos o direito de se tornarem participantes na condução dos assuntos, o direito de serem vistos em ação".[563]

Anteriormente, Aristóteles e escritores modernos como Maquiavel e Bodin associaram o despotismo como espécie do gênero monarquia, concepção, contudo, refutada por Montesquieu por meio da distribuição dos poderes, presente nas monarquias, mas não nos regimes despóticos. O despotismo se diferencia da tirania: enquanto ambos têm em comum o caráter monocrático e absoluto do poder, apenas o primeiro é legítimo

---

[561] ARENDT, Hannah. *Sobre a revolução*. Tradução: Denise Bottmann. São Paulo: Companhia das Letras, 2011. p. 70.
[562] ARENDT, Hannah. *Sobre a revolução*. Tradução: Denise Bottmann. São Paulo: Companhia das Letras, 2011. p. 72.
[563] ARENDT, Hannah. *Sobre a revolução*. Tradução: Denise Bottmann. São Paulo: Companhia das Letras, 2011. p. 176.

e permanente. E a ditadura, por sua vez, se diferencia da tirania quanto a sua temporariedade e quanto a legitimidade, posto que a ditadura tem uma base de legitimidade que falta à tirania, justificada pelo estado de necessidade. Veja, a ditadura se sustenta nas características de estado de necessidade no que se refere a sua legitimação, na excepcionalidade de poderes – consistindo na suspensão das garantias constitucionais –, na unidade de comando e no caráter temporário da função. A tirania, por sua vez, tem poderes extraordinários, porém, não é legítima nem necessariamente temporária. Portanto, a natureza temporária da ditadura sempre foi seu caráter distinto, sendo que ultrapassar esse período limitado a levará à tirania.

Carl Schmitt definirá a ditadura tradicional como comissária, que se limita a suspender a constituição para defendê-la. Por sua vez define a moderna como soberana, que cria uma situação para instituir uma nova ordem que entende necessária, sendo que seu poder se estende à promulgação de novas leis ou mesmo de uma nova constituição. A ditadura soberana, como "poder excepcional, temporário pela sua natureza", cuja tarefa é "não só dar remédio a uma crise parcial do Estado, como uma guerra ou subversão, mas resolver crise total, que questiona a própria existência do Estado".[564] Na ditadura soberana, a qual citará como exemplo a Convenção Nacional de 1793 na França, perde-se o caráter monocrático: apesar da importância da figura de Robespierre, tratava-se de um grupo revolucionário, o Comitê de Salvação Pública.[565] Ainda que abstratamente esteja clara a diferença entre ditadura comissária e soberania, entre ditadura clássica e moderna, entre ditadura constitucional e constituída, os seus limites nem sempre são fáceis de estabelecer.

A violência pode destruir o poder, tal como ocorre nas tiranias quando a violência de um destrói o poder de muitos. As formas realmente democráticas de governo devem supor a capacidade da lei de refrear o poder – ainda que em um conflito entre ambos a primeira raramente saia vitoriosa – para evitar caírem na pior das tiranias: a limitação que as leis podem impor ao poder só pode resultar num decréscimo de

---

[564] BOBBIO, Norberto. *A teoria das formas de governo*. Tradução: Sérgio Bath. 10. ed. São Paulo: Editora UnB. p. 177.

[565] SCHMITT, Carl. *La dictadura*: desde los comienzos del pensamiento moderno de la soberanía hasta la lucha de clases proletaria. Madrid: Ediciones de la Revista de Occidente Bárbara de Braganza, 12, 1968.

sua potência.⁵⁶⁶ O poder só pode ser refreado e ainda continuar intacto pelo próprio poder, de modo que o princípio da separação de poderes fornece o devido controle recíproco (*checks and balances*) contra a sua monopolização. Tal princípio fornece mecanismos para a formação constante de um novo poder que, no entanto, não se expande em prejuízo de outros centros de poder.⁵⁶⁷

3.1 A ação direta não violenta

A ação não violenta é um termo genérico que envolve métodos específicos de protesto, de não-cooperação e de não-intervenção, mediante a qual "os ativistas dirigem o conflito fazendo ou se recusando a fazer certas coisas sem o uso da violência física".⁵⁶⁸

Portanto, quando as pessoas persistem em sua desobediência e resistência, retira-se a colaboração humana que cria e sustenta o poder político. Sem apoio, o poder se desintegra. "Se elas o fazem em número suficientemente grande e por bastante tempo, esse governo ou sistema hierárquico já não terá poder".⁵⁶⁹

Os motivos podem ser políticos, econômicos, sociais ou religiosos. A escala e o nível do conflito podem variar de tamanho, local e intensidade, sendo geralmente extraconstitucionais, visto não se basearem em procedimentos estabelecidos pelo Estado.⁵⁷⁰ A técnica de ação não violenta, distorcidamente identificada com passividade servil, une pessoas que justamente rejeitaram a submissão, e que veem a luta como essencial para a mudança. "A ação não violenta não é uma tentativa de evitar ou de ignorar o conflito. Ela é uma resposta ao problema de como atuar efetivamente em política, especialmente como lidar efetivamente com o poder".⁵⁷¹

---

[566] ARENDT, Hannah. *Sobre a revolução*. Tradução: Denise Bottmann. São Paulo: Companhia das Letras, 2011. p. 200.
[567] ARENDT, Hannah. *Sobre a revolução*. Tradução: Denise Bottmann. São Paulo: Companhia das Letras, 2011. p. 200.
[568] SHARP, Gene. *Poder, luta e defesa*: teoria e prática da ação não-violenta. São Paulo: Edições Paulinas, 1983. p. 112.
[569] SHARP, Gene. *Poder, luta e defesa*: teoria e prática da ação não-violenta. São Paulo: Edições Paulinas, 1983. p. 112.
[570] SHARP, Gene. *Poder, luta e defesa*: teoria e prática da ação não-violenta. São Paulo: Edições Paulinas, 1983. p. 115.
[571] SHARP, Gene. *Poder, luta e defesa*: teoria e prática da ação não-violenta. São Paulo: Edições Paulinas, 1983. p. 112-3.

É uma resposta à tendência desumanizante da violência que, ainda que justificável por determinado fim, esvazia-se progressivamente dos componentes morais e humanos para se preencher de componentes político-militares. O emprego da violência organizada conduz invariavelmente ao militarismo. "Os meios violentos corrompem o fim, mesmo o mais excelente",[572] sendo fatal para a democracia.

Assim, a ação não violenta pode englobar tanto atos de omissão – recusa em praticar atos usualmente executados, esperados ou legalmente obrigatórios – como atos de comissão, execução de atos não esperados, não realizados normalmente ou ilegais. Ainda, a ação pode combinar ambos os tipos de atos.[573] Há três amplas classes de métodos: 1) uso de ações simbólicas com o intuito de expressar desaprovação ou discordância, mudar opiniões ou ambos (protesto, persuasão não violenta, marchas, passeatas e vigílias); 2) retirada ou retenção de cooperação social (não-cooperação social), econômica (não-cooperação econômica por meio de boicotes e greves) ou política (não-cooperação política); 3) uso de intervenção direta (não violenta), por meio de obstrução e invasão não-violentas e governo paralelo.[574]

Nesse sentido, os métodos de luta caracterizados pela ausência de violência podem alcançar três níveis: a) isenção de violência física ativa, por meio de luta não militar, greve, boicote, formas de sabotagem etc.; b) isenção tanto de violência física ativa como passiva; c) isenção tanto de violência física (ativa ou passiva) quanto de violência psíquica (ativa ou passiva). Os dois primeiros realizam distinções entre ação violenta e omissão violenta e sofrimento de ordem física do de ordem psíquica, sendo que todos se resumem à violência.[575] Portanto, o terceiro é mais abrangente e, portanto, melhor para os fins da técnica de ação não violenta.

Quando a técnica é bem-sucedida, pode produzir mudanças em três níveis: a) conversão: quando o adversário reage às ações dos ativistas, muda seus pontos de vista e, logo, aceita positivamente suas metas; b) acomodação: o adversário cede às reivindicações sem, contudo,

---

[572] BOBBIO, Norberto; MATTEUCCI, Nicola; PASQUINO, Gianfranco. *Dicionário de política*. 11. ed. Brasília: UNB, 1998. p. 817.

[573] SHARP, Gene. *Poder, luta e defesa*: teoria e prática da ação não-violenta. São Paulo: Edições Paulinas, 1983. p. 118.

[574] SHARP, Gene. *Poder, luta e defesa*: teoria e prática da ação não-violenta. São Paulo: Edições Paulinas, 1983. p. 118.

[575] BOBBIO, Norberto; MATTEUCCI, Nicola; PASQUINO, Gianfranco. *Dicionário de política*. 11. ed. Brasília: UNB, 1998. p. 814-815.

mudar seu ponto de vista; c) coerção não violenta: é alcançada uma mudança sem o consentimento do adversário. Essas possibilidades de alcance, em face do uso de ações não violentas, proporcionam que os ativistas ganhem apoio maior – inclusive do grupo adversário e de terceiros – do que se recorressem à violência. Desse modo, os grupos não violentos possuem os meios de influenciar e inclusive de regular o poder da oposição, limitando-o ou o anulando-o.[576]

Portanto, a ação não violenta não se relaciona com passividade, submissão e covardia, visto que é uma ação voltada para a mudança. Também não se iguala à persuasão verbal ou psicológica, pois se expressa por meio da ação e não pela palavra, ainda que possa por meio da ação induzir pressões psicológicas para uma mudança de atitude. Tampouco se confunde com o pacifismo: este se define como "posição ética que rejeita a guerra, e mais em geral, a violência física, na condução e solução dos conflitos, sobretudo dos conflitos de grupo".[577] Ou seja, o pacifismo tradicional está limitado à recusa apenas da violência física ativa. Em contrapartida, a não violência transcende a posição ética e abrange os diversos tipos de violência. É sanção e técnica de luta que provocam o uso do poder social, econômico e político, e o equilíbrio de forças no conflito.

A ação não violenta não se limita à abstenção do uso da violência: muitas vezes a técnica se destina justamente a operar contra a violência. A técnica não faz distinção entre causas boas e más, podendo operar para ambas, com consequências diversas. Ela pode ser usada tanto para se opor a conflitos internos como contra regimes ditatoriais, ocupações estrangeiras e até mesmo sistemas totalitários. Porém, a repetição de frases sobre a não violência não torna a ação efetiva, porque necessita sobretudo da força interna do grupo, da determinação e capacidade de agir afins.[578]

É uma técnica negligenciada por parte da historiografia, cuja razão pode ter origem no senso comum de que a violência é o único meio realmente significativo e eficaz de combate. Não obstante, boa parte dos historiadores esteve aliado aos sistemas opressores e às

---

[576] SHARP, Gene. *Poder, luta e defesa*: teoria e prática da ação não-violenta. São Paulo: Edições Paulinas, 1983. p. 119.

[577] BOBBIO, Norberto; MATTEUCCI, Nicola; PASQUINO, Gianfranco. *Dicionário de política*. 11. ed. Brasília: UNB, 1998. p. 814.

[578] SHARP, Gene. *Poder, luta e defesa*: teoria e prática da ação não-violenta. São Paulo: Edições Paulinas, 1983. p. 121-2.

elites governantes, o que invariavelmente influenciava seus escritos, inclusive o "esquecimento" dessa luta de poder em prol dos interesses da minoria. O registro detalhado "de formas de luta utilizáveis pelas pessoas que carecem de armas militares poderia ser considerado como ensinamento concreto de técnica antielitista que o povo poderia usar contra seus governantes".[579]

Nesse sentido, a ação não violenta costuma ser comparada injustamente com a violência, sob critérios diferentes de avaliação: quando a violência não tem chance de sucesso, recorria-se à ação não violenta, mesmo que carente de preparativos e em condições desfavoráveis. Contudo, se fracassava, era severamente criticada como técnica de nulas ou limitadas realizações. Em contrapartida, quando o recurso à violência fracassa é usualmente justificado por fatores específicos e nunca a técnica (ou a falta dela) é questionada.

Ainda, nos casos em que a ação não violenta alcançou algum êxito, a tendência é torná-la irrelevante, e os sucessos totais são definidos como situações raras e específicas, "sem significação para uma política futura";[580] contrastando com lutas violentas menos relevantes ou exitosas que tenderam a receber maior atenção. Logo, a total falta de informação acerca da ação não violenta tem a levado a ser ignorada como meio de resolução de conflitos futuros.

A ação não violenta, até recentemente, não possuía uma tradição de registro de lutas que pudesse servir de referência para ações futuras, tampouco recebeu estímulos para aprimorar seus métodos. Ela, desse modo, persiste a condições altamente desfavoráveis, com pouco conhecimento técnico de estratégia e de táticas e carente de participantes e de líderes experientes. Quase nunca houve preparações ou treinos antecipados, sendo a teoria da ação não violenta e seus moldes testados e definidos predominantemente na prática da necessidade de luta. Em sentido contrário, a luta militar recebeu sempre muito instrumental, como estudos históricos e estratégicos para se efetivar, contribuindo ainda mais para a atenção que as guerras recebem.

Assim, a ação não violenta, sempre presente à sombra das batalhas sangrentas, permanece "essencialmente nova, não elaborada, intuitiva (...) que ainda aguarda esforços para aumentar sua eficácia e expandir

---

[579] SHARP, Gene. *Poder, luta e defesa*: teoria e prática da ação não-violenta. São Paulo: Edições Paulinas, 1983. p. 123.

[580] SHARP, Gene. *Poder, luta e defesa*: teoria e prática da ação não-violenta. São Paulo: Edições Paulinas, 1983. p. 125.

seu potencial político".[581] Os poucos casos conhecidos moldaram estratégias futuras, como as de Gandhi que, antes de iniciar suas campanhas, tinha um conhecimento geral, no entanto, não detalhado, de relevantes lutas não violentas, como na Rússia, China e Índia.[582]

A massa popular viu nos métodos da ação não violenta uma forma de atuar que lhe conferia poder por meio da firme vontade de não-colaboração e uma chance real de contestação. Como resultado, ganharam-se melhores salários, condições de trabalho mais dignas, aboliram-se tradições arcaicas, mudaram-se políticas governamentais, novas leis foram decretadas e reformas foram determinadas. "Paralisou-se um império, frustrou-se uma conquista de poder, e ditadores foram depostos.[583]

O século XX presenciou a expansão da luta não violenta por parte de pessoas que se sentem impotentes e buscam nela uma voz determinante em suas próprias vidas. O homem como ser racional e dotado de comportamento moral adotou uma doutrina "que se estende até abraçar todos os seres sensíveis e dá consistência a uma rejeição da violência que não é apriorística, mas se funda numa atenta reflexão sobre a relação meios-fins".[584]

3.2 Por uma ordem internacional de paz: *À Paz Perpétua*

Emanuel Kant, em meio ao trágico período de guerras europeias e de tratados firmados entre nações no final do século XVIII, trouxe o tema da paz internacional, cuja relevância se fazia crescente. Na forma de um tratado "fictício", denominado *À Paz Perpetua*, defendeu uma nova ordem internacional: não violenta, a ser alcançada pelo respeito e pela aplicação de princípios e de normas estabelecidos.

Em sua teoria, apontou que os estados, em suas relações externas, ainda viviam um estado não-jurídico; que o estado de natureza era um estado de guerra e, logo, injusto; e que, em face disso, os estados

---

[581] SHARP, Gene. *Poder, luta e defesa*: teoria e prática da ação não-violenta. São Paulo: Edições Paulinas, 1983. p. 126.
[582] SHARP, Gene. *Poder, luta e defesa*: teoria e prática da ação não-violenta. São Paulo: Edições Paulinas, 1983. p. 124.
[583] SHARP, Gene. *Poder, luta e defesa*: teoria e prática da ação não-violenta. São Paulo: Edições Paulinas, 1983. p. 127.
[584] BOBBIO, Norberto; MATTEUCCI, Nicola; PASQUINO, Gianfranco. *Dicionário de política*. 11 ed. Brasília: UNB, 1998. p. 816.

tinham o dever de sair dessa condição mediante a fundação de uma federação de estados – "um contrato social originário" –[585] alicerçada no compromisso de união de povos, de respeito e de proteção contra inimigos externos. Essa federação constituía, sobretudo, a figura de uma associação, de colaboração entre iguais,[586] sob a condição de não intromissão nos problemas internos dos outros. Portanto, o estado de paz não correspondia ao estado natural – de guerra –[587] e sim ao fim a ser alcançado e instituído por meio do Direito.

Assim, Kant firma seis artigos preliminares determinando as condições necessárias para a eliminação das principais razões de guerra entre os estados: 1. o tratado de paz deve ser firmado sem reservas tácitas, visto que as tensões latentes podem levar a futuras guerras;[588] 2. proibição de obtenção de outro Estado mediante sucessão hereditária, troca, compra ou doação: Kant se opõe à teoria do estado patrimonial, na qual o Estado é considerado propriedade do príncipe, que dele pode dispor (*dominus*), visto que compreende o Estado como uma pessoa moral e que, portanto, não pode ser disposta como se fosse uma coisa; 3. desaparecimento dos exércitos permanentes, considerando que causam muita despesa e induzem o Estado à guerra, pois "a guerra é a continuação política por outros meios"[589] e os soldados do exército permanente acabam "se tornando um mero instrumento de fins iníquos";[590] 4. evitar o perigo implícito no aumento indefinido da dívida pública, que vira nas mãos do Estado um instrumento de ameaça perpétua, direta ou indireta,

---

[585] BOBBIO, Norberto. *Direito e estado no pensamento de Kant*. Tradução: Alfredo Fait, São Paulo: Editora Mandarim, 2000. p. 255

[586] "Dos dois contratos, segundo a doutrina tradicional do jusnaturalismo eram necessários para a formação do Estado, o *pactum societatis* e o *pactum subjectionis*, tivesse que ser efetivado, para resolver os conflitos entre os estados, somente o primeiro e de forma alguma o segundo". BOBBIO, Norberto. *Direito e estado no pensamento de Kant*. Tradução: Alfredo Fait, São Paulo: Editora Mandarim, 2000. p. 255.

[587] ALMEIDA, Guilherme de Assis. *Direitos humanos e não-violência*. São Paulo: Atlas, 2001. p. 28.

[588] Armistício e tratado de paz: o armistício visa por fim àquela determinada guerra. ASSIS, Guilherme de. p. 29. Para Kant, um tratado de paz não deve conter "nem o pedido de ressarcimento das despesas de guerra, porque nesse caso o Estado vencedor se arvoraria em juiz em causa própria, nem retirar dos súditos do país conquistado a liberdade, pois esse é um direito natural dos indivíduos e dos povos". BOBBIO, Norberto. *Direito e estado no pensamento de Kant*. Tradução: Alfredo Fait, São Paulo: Editora Mandarim, 2000. p. 256.

[589] ALMEIDA, Guilherme de Assis. *Direitos humanos e não violência*. São Paulo: Atlas, 2001. p. 29

[590] BOBBIO, Norberto. *Direito e estado no pensamento de Kant*. Tradução: Alfredo Fait, São Paulo: Editora Mandarim, 2000. p. 256.

de guerra⁵⁹¹; 5. não-intervenção nos negócios internos ou externos de outro Estado (princípio da não-intervenção no direito internacional), exceto quando previsto em um tratado que os vincule ou na hipótese de ocorrência de uma guerra civil; 6. proibição de atos de hostilidade contra outro Estado, como recurso a assassinos, espiões, instigação a traição,⁵⁹² que impossibilitariam a confiança recíproca na paz futura. "Essas artes 'infernais', introduzidas no estado de guerra, dificilmente poderão ser abolidas no estado de paz e acabam envenenando perpetuamente as relações entre os estados".⁵⁹³ Esses artigos se direcionam aos soberanos acerca de como deve ser sua conduta moral, segundo a máxima a qual a pessoa humana deve jamais ser considerada como meio.⁵⁹⁴

Kant, em seguida, define as três condições para o estabelecimento da paz duradoura: a adoção de uma constituição na forma republicana, visto que é a melhor forma de governo tanto para as relações entre o Estado e os cidadãos, como para as relações entre Estados; garantindo,

---

[591] "Não se devem emitir dívidas públicas em relação aos assuntos de política exterior. Para fomentar a economia de um país (melhoria dos caminhos, novas colonizações, criação de depósitos para os anos maus de fornecimentos etc.) fora ou dentro do Estado, esta fonte de financiamento não levanta suspeitas. Mas um sistema de crédito, como aparelho de oposição das potências entre si, é um sistema que cresce ilimitadamente, é sempre um poder financeiro perigoso para a reclamação presente (porque certamente nem todos os credores o farão ao mesmo tempo) das dívidas garantidas – a engenhosa invenção de um povo de comerciantes neste século – ou seja, é um tesouro para a guerra, que supera os tesouros de todos os outros Estados tomados em conjunto e que só se pode esgotar pela eminente queda dos impostos (que, no entanto, se manterão ainda durante muito tempo, graças à revitalização do comércio por meio da retroação deste sobre a indústria e a riqueza). Esta facilidade para fazer a guerra, unida à tendência dos detentores do poder que parece ser congênita à natureza humana, é, pois, um grande obstáculo para a paz perpétua; para o debelar, deveria, com maior razão, haver um artigo preliminar porque, no fim, a inevitável bancarrota do Estado envolverá vários outros Estados sem culpa – o que seria uma lesão pública destes últimos. Por conseguinte, outros Estados têm ao menos o direito de se aliar contra semelhante Estado e as suas pretensões". KANT, Immanuel. *À paz perpétua*. Um projeto filosófico. Covilhã: LusoSofia, 2008. p. 6-7.

[592] O uso desses meios desonestos permitiria que qualquer guerra se transformasse em guerra de extermínio, que Kant considera ilícita, bem como a guerra de punição, que se funda entre um superior e um inferior, visto que os estados são iguais entre si, e a guerra de conquista, na qual a liberdade de um povo tem como efeito o aniquilamento moral do Estado. A guerra justa, por sua vez, é aquela que um Estado empreende para se defender de um inimigo injusto, "cuja vontade publicamente manifesta trai a máxima que, se elevada à condição de regra universal, impossibilitaria qualquer estado de paz entre os povos e perpetuaria o estado de natureza". KANT, Immanuel. *À paz perpétua*. Um projeto filosófico. Covilhã: LusoSofia, 2008. p. 541. Ainda, a guerra pode se tornar injusta por meio do uso de meios desonestos.

[593] BOBBIO, Norberto. *Direito e estado no pensamento de Kant*. Tradução: Alfredo Fait, São Paulo: Editora Mandarim, 2000. p. 257.

[594] ALMEIDA, Guilherme Assis de. *Direitos humanos e não-violência*. São Paulo: Atlas, 2001. p. 30.

"internamente, a liberdade e externamente, a paz (...) e, portanto, a condição principal que constitui o ideal moral da espécie humana".[595] Na república, a declaração de guerra depende da aprovação da vontade popular, portanto, dificultando-a:

> Se (como não pode ser de outro modo nesta constituição) o consentimento dos cidadãos se exige para decidir «se deve, ou não, haver guerra», então nada é mais natural do que deliberar muito em começarem um jogo tão maligno, pois têm de decidir para si próprios todos os sofrimentos da guerra, como combater, custear as despesas da guerra com o seu próprio patrimônio, reconstruir penosamente a devastação que ela deixa atrás de si e, por fim e para cúmulo dos males, tomar sobre si o peso das dívidas que nunca acaba (em virtude de novas e próximas guerras) e torna amarga a paz. Pelo contrário, numa constituição em que o súdito não é cidadão, e que, portanto, não é uma constituição republicana, a guerra é a coisa mais simples do mundo, porque o chefe do Estado não é um membro do Estado, mas o seu proprietário, e a guerra não lhe faz perder o mínimo dos seus banquetes, das suas caçadas, dos palácios de recreio, das festas cortesãs etc., e pode, portanto, decidir a guerra como uma espécie de jogo por causas insignificantes e confiar indiferentemente a sua justificação por causa do decoro ao sempre pronto corpo diplomático.[596]

Assim, o "pacifismo democrático desemboca em pacifismo político".[597] Considerando que a causa principal das guerras repousa no arbítrio do príncipe, a transformação política – com a passagem dos estados absolutos para estados com soberania popular – é o meio para se atingir a paz.

No entanto, a república, ainda que seja condição imperativa, não é suficiente para a paz perpétua, sendo necessário o direito para a formação de um pacto federativo entre os estados nacionais, iguais entre si e unidos, com o fim de extinguir as guerras de modo permanente. Kant eleva o direito como mecanismo propiciador de mudança, passando de um pacifismo político para um pacifismo jurídico.[598]

---

[595] BOBBIO, Norberto. *Direito e estado no pensamento de Kant*. Tradução: Alfredo Fait, São Paulo: Editora Mandarim, 2000. p. 258.
[596] KANT, Immanuel. *À paz perpétua*. um projeto filosófico. Covilhã: LusoSofia, 2008. p. 294.
[597] BOBBIO, Norberto. *Direito e estado no pensamento de Kant*. Tradução: Alfredo Fait, São Paulo: Editora Mandarim, 2000. p. 260.
[598] BOBBIO, Norberto. *Direito e estado no pensamento de Kant*. Tradução: Alfredo Fait, São Paulo: Editora Mandarim, 2000. p. 261.

Enquanto o direito internacional[599] regula as relações entre os Estados e o direito interno regula as relações entre o Estado e os próprios cidadãos, o direito cosmopolita regula as relações entre um Estado e os cidadãos de outros estados, os estrangeiros. O direito cosmopolita,[600] assim, deverá adotar o direito à hospitalidade universal, cuja máxima consiste em o estrangeiro poder transitar de um território para outro sem ser tratado com hostilidade, a menos que cometa atos hostis contra o Estado que o está hospedando. Kant justifica esse princípio "com o direito que cabe a todos os homens de entrar em sociedade com os seus semelhantes, em virtude da posse comum originária de toda a superfície da Terra".[601] Portanto, a formação da aliança dos povos, para alcançar seu objetivo, deve respeitar tanto o limite jurídico interno – a constituição republicana, como o direito cosmopolita, que coíbe o direito de conquista.[602]

---

[599] "A ideia do direito das gentes pressupõe a separação de muitos Estados vizinhos, entre si independentes; e, embora semelhante situação seja em si já uma situação de guerra (se uma associação federativa dos mesmos não evitar a ruptura das hostilidades), é todavia melhor, segundo a ideia da razão, do que a sua fusão por obra de uma potência que controlasse os outros e se transformasse numa monarquia universal; porque as leis, com o aumento do âmbito de governação, perdem progressivamente a sua força, e também porque um despotismo sem alma acaba por cair na anarquia, depois de ter erradicado os germes do bem. No entanto, o anseio de todo o Estado (ou da sua autoridade suprema) é estabelecer-se numa situação de paz duradoira de modo a dominar, se possível, o mundo inteiro. Mas a natureza quer outra coisa. Serve-se de dois meios para evitar a mescla dos povos e os separar: a diferença das línguas e das religiões; esta diferença traz, sem dúvida, consigo, a inclinação para o ódio mútuo e o pretexto para a guerra, mas o incremento da cultura e a gradual aproximação dos homens de uma maior consonância nos princípios leva à convivência na paz, a qual se gera e garante não através do enfraquecimento de todas as forças, como acontece no despotismo (cemitério da liberdade), mas mediante o seu equilíbrio, na mais viva emulação". KANT, Immanuel. À paz perpétua. Um projeto filosófico. Covilhã: LusoSofia, 2008

[600] "Fala-se aqui, como nos artigos anteriores, não de filantropia, mas de direito, e hospitalidade significa aqui o direito de um estrangeiro a não ser tratado com hostilidade em virtude da sua vinda ao território de outro. Este pode rejeitar o estrangeiro, se isso puder ocorrer sem dano seu, mas enquanto o estrangeiro se comportar amistosamente no seu lugar, o outro não o deve confrontar com hostilidade. Não existe nenhum direito de hóspede sobre o qual se possa basear esta pretensão (para tal seria preciso um contrato especialmente generoso para dele fazer um hóspede por certo tempo), mas um direito de visita, que assiste todos os homens para se apresentarem à sociedade, em virtude do direito da propriedade comum da superfície da Terra, sobre a qual, enquanto superfície esférica, os homens não se podem estender até ao infinito, mas devem finalmente suportar-se uns aos outros, pois originariamente ninguém tem mais direito do que outro a estar num determinado lugar da Terra". KANT, Immanuel. À paz perpétua. um projeto filosófico. Covilhã: LusoSofia, 2008. p. 20.

[601] BOBBIO, Norberto. *Direito e estado no pensamento de Kant*. Tradução: Alfredo Fait, São Paulo: Editora Mandarim, 2000. p. 261.

[602] ALMEIDA, Guilherme Assis de. *Direitos humanos e não violência*. São Paulo: Atlas, 2001. p. 32.

Kant propôs "um modelo de ordem internacional no qual a guerra perde sua utilidade como forma jurídica de resolução dos conflitos e a paz surge como principal objetivo a ser conquistado por meio do Direito".[603] Essa paz kantiana não é a mera ausência de guerra, mas um modo de convivência internacional, no qual a violência seja eliminada em prol da não-violência como atitude legítima.[604] Não importa questionar se a paz perpétua é possível ou não. Deve-se simplesmente agir nesse sentido, mesmo que possa permanecer como uma esperança devotada, pois é dever do ser humano agir como tal.[605]

3.3 O homem e as liberdades

A história aspira à liberdade, tendo sido o fundamento, "o valor supremo sobre o qual as leis são estabelecidas nas comunidades humanas, que decisões são tomadas e que juízos são feitos".[606] Na modernidade, fundou-se como valor referente à garantia do espaço íntimo no qual os homens podiam fugir da coerção externa e sentir-se livres. Após o mundo ter negado a liberdade tantas vezes, ela se realizava plenamente na interioridade.

Da antiguidade tardia até o século XIX, aqueles que não tinham um lugar próprio no mundo e que careciam, portanto, de uma condição mundana, compreenderam a liberdade como o "domínio interno da consciência".[607] Essa formulação filosófica tinha como pano de fundo o declínio da liberdade no fim do império romano, evidenciado pelo papel que noções como poder, dominação e propriedade nele desempenhavam.[608] A liberdade interna então se revelava em viver

---

[603] ALMEIDA, Guilherme Assis de. *Direitos humanos e não violência*. São Paulo: Atlas, 2001. p. 32. Kant se inspirou no ensaio de Rousseau, escrito em 1761, *Estratto del progetto di pace perpetua dellábate di Saint-Pierre* e em um ensaio intitulado *Jugement sur la paix perpetuelle*, de 1756. BOBBIO, Norberto. *Direito e estado no pensamento de Kant*. Tradução: Alfredo Fait, São Paulo: Editora Mandarim, 2000. p. 254.

[604] ALMEIDA, Guilherme Assis de. *Direitos humanos e não violência*. São Paulo: Atlas, 2001. p. 32.

[605] ARENDT, Hannah. *Lições sobre a filosofia política de Kant*. Tradução: André Duarte de Macedo. Rio de Janeiro: Relume-Dumará, 1982. p. 70.

[606] ARENDT, Hannah. *Entre o passado e o futuro*. Tradução: Mauro W. Barbosa. 7. ed. São Paulo: Perspectiva, 2013. p. 189.

[607] MILL, Stuart. *On liberty*, 1859. Kitchener: Batoche Books, 2001. p. 15.

[608] ARENDT, Hannah. *Entre o passado e o futuro*. Tradução: Mauro W. Barbosa. 7. ed. São Paulo: Perspectiva, 2013. p. 193-194.

como se queria e fazer o que desejasse, limitado ao que estava em seu poder.[609]

Logo, a noção de liberdade aparecia totalmente sem significação política, como uma tentativa de alcançar uma fórmula na qual "fosse possível ser escravo no mundo e ainda assim ser livre".[610] Epicteto irá transpor a noção da antiguidade de que o homem era livre enquanto exercia poder sobre os demais e possuísse um lar para a noção de que a liberdade residia dentro do próprio ser, descobrindo que "nenhum poder é tão absoluto como aquele que o homem tem sobre si mesmo, e que o espaço interior onde o homem dá combate e subjuga a si próprio é mais completamente seu, isto é, mais seguramente defendido de interferência externa, que qualquer lar poderia sê-lo".[611]

A experiência política, tantas vezes marcada pelo totalitarismo e pela supressão dos direitos civis, contribuiu para a dissociação de política e liberdade. "Inclinamo-nos a crer que a liberdade começa onde a política termina, por termos visto a liberdade desaparecer sempre que as chamadas considerações políticas prevaleceram sobre todo o restante".[612] Logo, o credo liberal irá afirmar que quanto menor o espaço ocupado pelo político, maior será o domínio para a liberdade. De fato, parece natural pensar a extensão da liberdade conferida em uma comunidade política com a garantia dada para atividades aparentemente não políticas, como a livre iniciativa econômica, liberdade de ensino, de religião, de expressão, de atividades culturais e intelectuais. O senso comum era, portanto, de que "a política é compatível com a liberdade unicamente porque e na medida em que garante uma possível liberdade da política".[613]

Franklin Roosevelt compreendeu quatro liberdades humanas essenciais: a liberdade de pensamento e de expressão; a liberdade de crença; a liberdade de viver sem medo e de viver livre da necessidade (*freedom from want*).[614] E Benjamin Constant irá nomear de um lado as

---

[609] MILL, Stuart. *On liberty, 1859*. Kitchener: Batoche Books, 2001. p. 15-6.
[610] ARENDT, Hannah. *Entre o passado e o futuro*. Tradução: Mauro W. Barbosa. 7. ed. São Paulo: Perspectiva, 2013. P. 193.
[611] ARENDT, Hannah. *Entre o passado e o futuro*. Tradução: Mauro W. Barbosa. 7. ed. São Paulo: Perspectiva, 2013. p. 194.
[612] ARENDT, Hannah. *Entre o passado e o futuro*. Tradução: Mauro W. Barbosa. 7. ed. São Paulo: Perspectiva, 2013. p. 195.
[613] ARENDT, Hannah. *Entre o passado e o futuro*. Tradução: Mauro W. Barbosa. 7. ed. São Paulo: Perspectiva, 2013. p. 195.
[614] BERLIN, Isaiah. *Quatro ensaios sobre a liberdade*. Brasília: Univ. de Brasília, 1981. p. 136-145.

liberdades de não-impedimento, de opressão e coerção, de liberdade moderna (*freedom-from*) e de outro, a liberdade de participação, chamada de liberdade dos antigos ou de liberdade positiva (*freedom to*), de atuação no interesse público.[615] No entanto, afirmava que a última não poderia mais ser usufruída, no sentido de participação ativa e constante no poder coletivo, visto que a liberdade deveria significar desfrutar da independência privada.

Rousseau, Tolstói e outros escritores afirmavam que o homem não era genuinamente livre, mas controlado por fatores transcendentes ao seu controle. Contudo, reconheciam que não se poderia viver ou pensar sem a liberdade, ainda que isso não passasse de uma ilusão. O caminho da liberdade da opressão e da coerção (*freedom-from*) para a liberdade positiva (*freedom-to*) é longo. São dois polos que se complementam e formam "parte da circularidade da ideia de liberdade como o *locus* da existência humana em convívio social".[616]

O conceito secular de liberdade que precedeu a época moderna insistiu em separar a liberdade dos súditos de participação política, na qual a liberdade consistia em ter leis que garantiam sua vida e seus bens, mas que não envolviam o partilhar do governo e pertencer a ele. Diferentemente, a antiguidade grega e romana compreendia a liberdade como um fenômeno político, inserido na esfera do público, "a quintessência, na verdade, da cidade-estado e da cidadania".[617]

Portanto, opondo-se ao modo de vida escolhido pelo filósofo, a liberdade não conseguiu penetrar na filosofia grega. Tal aconteceu apenas com o cristianismo primitivo, que foi capaz de introduzir o conceito de liberdade desligado da política, permitindo que entrasse no campo da filosofia. Assim, tornou-se um dos problemas filosóficos nucleares ao tratar do relacionamento do eu consigo mesmo, fora do relacionamento com os outros.

Livre-arbítrio e liberdade se confundiam e a liberdade só era possível de ser vivenciada na solidão. Para os cristãos, a liberdade surgia da profunda desconfiança e hostilidade que tinham em face da esfera política, desejando a abstenção da política, tal como o filósofo almejava para a conquista do modo de vida livre e superior: a *vita contemplativa*.

---

[615] LAFER, Celso. *Ensaios sobre a liberdade*. São Paulo: Perspectiva, 1980. p. 31-37.
[616] LAFER, Celso. *Ensaios sobre a liberdade*. São Paulo: Perspectiva, 1980.
[617] ARENDT, Hannah. *Entre o passado e o futuro*. Tradução: Mauro W. Barbosa. 7. ed. São Paulo: Perspectiva, 2013. p. 205.

Logo, toda a tradição filosófica esteve sustentada na concepção de que a liberdade começa onde o âmbito da vida política termina, na qual se insere a maioria em relação uns com os outros e na qual, portanto, a liberdade é experimentada apenas na forma do diálogo interior. Nesse contexto, de tradições cristãs de um lado e de uma filosofia antipolítica de outro, ficava difícil ver a liberdade não como mero atributo da vontade, "mas um acessório do fazer e do agir".[618]

Em Agostinho, a liberdade transcende o caráter íntimo de disposição humana para ter uma existência exterior, no mundo, relacionando-se com o nascimento de cada homem, cujo começo se reafirma em um mundo já existente e se perpetua após a morte de cada indivíduo. "Porque é um começo, o homem pode começar; ser humano e ser livre são uma única e mesma coisa. Deus criou o homem para introduzir ao mundo a faculdade de começar: a liberdade".[619] Desse modo, ainda que sendo um cristão, sua ascendência romana o fez formular a experiência da liberdade com seu começo no ato de fundação.

A liberdade romana sempre esteve relacionada com o ato de fundação de Roma, logo ela se ligava ao início, aos seus antepassados, expressando-se de forma autêntica. Os descendentes deviam gerir os negócios e expandir suas fundações, constituindo-se a própria *res gestae* da república romana. A história romana, portanto, era política, partindo sempre da fundação da cidade, garantia da liberdade romana,[620] para a realização de feitos posteriores com validade política e legal.

As palavras gregas *árkhein*, significando começar, conduzir e governar, e *prátttein*, no sentido de levar a cabo algo, bem como os verbos latinos *agere* (pôr em movimento) e *gerere* (similar à continuação permanente e sustentadora de atos passados) são as *re gestae*, atos e eventos que chamamos de históricos. "O 'infinitamente improvável' da ação que interrompe os automatismos, acabando por constituir-se como a tessitura do real".[621] A palavra grega *árkhein* traz consigo o começar, o conduzir, o governar, ou seja, qualidades do ser livre, demonstrando que o começo de algo novo e liberdade coincidiam. Nesse sentido,

---

[618] ARENDT, Hannah. *Entre o passado e o futuro*. Tradução: Mauro W. Barbosa. 7. ed. São Paulo: Perspectiva, 2013. p. 213.
[619] ARENDT, Hannah. *Entre o passado e o futuro*. Tradução: Mauro W. Barbosa. 7. ed. São Paulo: Perspectiva, 2013. p. 216.
[620] ARENDT, Hannah. *Entre o passado e o futuro*. Tradução: Mauro W. Barbosa. 7. ed. São Paulo: Perspectiva, 2013. p. 215.
[621] LAFER, Celso. *A reconstrução dos direitos humanos*: um diálogo com o pensamento de Hannah Arendt. São Paulo: Companhia das Letras, 1988. p. 296.

somente os governantes (pais de família que tinham domínio sobre os escravos e a família) que estivessem livres das necessidades da vida podiam iniciar algo novo, auxiliando como líderes. Assim, havia conexão entre ser livre e começar.[622]

Contudo, o fato de a liberdade permanecer "presente mesmo quando a vida política se tornou petrificada e a ação política impotente para interromper processos automáticos" facilmente a confunde com um fenômeno não político. Contudo, só é capaz de se desenvolver plenamente onde a ação tem seu próprio espaço concreto para "sair de seu esconderijo e fazer sua aparição".[623] Todo ato que interrompe o automatismo pode ser considerado um milagre, ou seja, algo inesperado. Os homens receberam o duplo dom da liberdade e da ação para estabelecer a realidade que lhe pertence,[624] portanto, são capazes de fugir às estatísticas e ao esperado para a criação do novo. Assim, sendo ação e começo idênticos, o novo surge "sob o disfarce do milagre",[625] revelando que "uma capacidade de realizar milagres deve ser incluída também na gama das faculdades humanas".[626]

Nos séculos XVII e XVIII, a liberdade esteve estreitamente associada com a garantia da segurança, promovida pelo governo, designando-se a "quintessência de atividades que ocorriam fora do âmbito político".[627] Stuart Mill defendia que a única interferência justificadora na liberdade de ação de outrem era a autoproteção. Logo, somente a parte da conduta concernente aos outros que era legítima para sofrer o exercício do poder, enquanto as demais referentes a si próprio são absolutamente independentes. "Sobre si mesmo, sobre seu próprio corpo e espírito, o indivíduo é soberano".[628]

Os séculos seguintes ampliarão o hiato entre liberdade e política, assumindo o governo o papel de não tanto protetor da liberdade, mas

---

[622] ARENDT, Hannah. *Entre o passado e o futuro*. Tradução: Mauro W. Barbosa. 7. ed. São Paulo: Perspectiva, 2013. p. 214.
[623] ARENDT, Hannah. *Entre o passado e o futuro*. Tradução: Mauro W. Barbosa. 7. ed. São Paulo: Perspectiva, 2013. p. 218.
[624] ARENDT, Hannah. *Entre o passado e o futuro*. Tradução: Mauro W. Barbosa. 7. ed. São Paulo: Perspectiva, 2013. p. 220.
[625] ARENDT, Hannah. *Entre o passado e o futuro*. Tradução: Mauro W. Barbosa. 7. ed. São Paulo: Perspectiva, 2013. p. 191.
[626] ARENDT, Hannah. *Entre o passado e o futuro*. Tradução: Mauro W. Barbosa. 7. ed. São Paulo: Perspectiva, 2013. p. 218.
[627] ARENDT, Hannah. *Entre o passado e o futuro*. Tradução: Mauro W. Barbosa. 7. ed. São Paulo: Perspectiva, 2013. p. 196.
[628] MILL, Stuart. *On liberty*, 1859. Kitchener: Batoche Books, 2001. p. 53.

dos interesses da sociedade e dos indivíduos. A segurança se reforça como critério para o "desenvolvimento uniforme do processo vital da sociedade como um todo". Desse modo, "toda a idade moderna separou liberdade de política"[629] e as reivindicações ocasionais do povo exigindo sua parcela no governo ou sua admissão na esfera política não consistiam tanto em um desejo de liberdade, mas de um forte sentimento de desconfiança frente à figura estatal.[630]

Contudo, apesar da forte influência da liberdade interior e apolítica na tradição, o homem não saberia sobre liberdade interior se não a tivesse experimentado anteriormente na realidade mundana. "Tomamos inicialmente consciência da liberdade ou do seu contrário em nosso relacionamento com outros, e não no relacionamento com nós mesmos".[631] Na *polis* grega, o homem, para ser livre, precisava se libertar das necessidades da vida. Contudo, ao ato de liberação não se seguia automaticamente a liberdade, que dependia também da companhia de outros homens iguais em um espaço público comum, "no qual cada homem livre poderia inserir-se por palavras e feitos".[632]

Desse modo, a constatação de que a ideia da liberdade necessita de condições não somente possíveis, como propiciadoras para o seu exercício permanente faz emergir a conexão existente entre liberdade e igualdade: a falta de meios adequados para a vida, pré-requisitos materiais para participar na vida da comunidade como habitação e alimentação; a falta de acesso aos meios de trabalho, que permitem o exercício das capacidades produtivas do homem; e a falta de proteção contra a invasão dos outros, seja pela inexistência da tutela dos direitos individuais, seja pela escassez de meios de vida ou de trabalho[633] demonstram a necessidade de criar condições sociais e econômicas para o exercício da liberdade.[634] A liberdade é o supremo bem, sem o qual "a igualdade não tem razão de ser, pois ainda que se realizasse

---

[629] ARENDT, Hannah. *Entre o passado e o futuro*. Tradução: Mauro W. Barbosa. 7. ed. São Paulo: Perspectiva, 2013. p. 197.

[630] ARENDT, Hannah. *Entre o passado e o futuro*. Tradução: Mauro W. Barbosa. 7. ed. São Paulo: Perspectiva, 2013. p. 197.

[631] ARENDT, Hannah. *Entre o passado e o futuro*. Tradução: Mauro W. Barbosa. 7. ed. São Paulo: Perspectiva, 2013. p. 194.

[632] ARENDT, Hannah. *Entre o passado e o futuro*. Tradução: Mauro W. Barbosa. 7. ed. São Paulo: Perspectiva, 2013. p. 194.

[633] LAFER, Celso. *Ensaios sobre a liberdade*. São Paulo: Perspectiva, 1980. p. 31-37.

[634] Muitas vezes a ânsia de criar condições sociais e econômicas nas quais a liberdade possa se efetivar faz os homens esquecerem da liberdade em si mesma. BERLIN, Isaiah. *Quatro ensaios sobre a liberdade*. Brasília: Univ. de Brasília, 1981. p. 133.

plenamente no seu aspecto material, faltará a igualdade formal, somente reconhecível, ademais sob o enfoque da liberdade".[635] A liberação da necessidade condiciona o exercício da liberdade e esta é a própria *constitutio libertatis*.

A ação (*praaxis*) e o discurso (*lexis*), meio pelo qual os homens se manifestam uns com os outros, são decorrentes da condição humana da pluralidade do viver como ser distinto e singular entre iguais. Se não fossem iguais, seriam incapazes de compreender uns aos outros, de fazer planos futuros e de prever as necessidades de próximas gerações; porém, se não fossem diferentes, a comunicação por meio do discurso e da ação seria desnecessária. Sinais e sons bastariam às suas demandas imediatas e idênticas.[636] Assim, a alteridade, "como tudo que ele tem em comum com o que existe" e a distinção, "que ele partilha com tudo o que vive", "tornam-se singularidade e a pluralidade humana é a paradoxal pluralidade de seres singulares".[637]

A *vita activa* assinala três atividades humanas fundamentais: labor, trabalho e ação. O labor corresponde à atividade referente ao processo biológico do corpo humano e suas necessidades vitais, durando o processo da vida. "A condição humana do labor é a própria vida".[638] O trabalho corresponde ao mundo artificial criado para a existência humana, dentro da qual habita cada vida individual, e destinado a sobreviver e a transcender todas as vidas individuais. "A condição humana do trabalho é a mundanidade".[639] A ação, por sua vez, é a única atividade exercida diretamente pelos homens, sem mediações de coisas, correspondendo à condição humana da pluralidade. A pluralidade é não somente a *conditio sine qua non*, mas a *conditio per quam* de toda vida política. Todos somos os mesmos, sem que ninguém seja exatamente igual ao outro. Enquanto o labor garante não somente a sobrevivência do indivíduo, mas da espécie, o trabalho e seu resultado emprestam permanência e durabilidade à vida humana. A ação, empenhada na

---

[635] GARCIA, Maria. *Desobediência civil/direito fundamental*. São Paulo: Revista dos Tribunais, 1994. p. 36.
[636] ARENDT, Hannah. *A condição humana*. Tradução: Roberto Raposo. Rio de Janeiro: Forense Universitária, 2007. p. 188.
[637] ARENDT, Hannah. *A condição humana*. Tradução: Roberto Raposo. Rio de Janeiro: Forense Universitária, 2007. p. 189.
[638] ARENDT, Hannah. *A condição humana*. Tradução: Roberto Raposo. Rio de Janeiro: Forense Universitária, 2007. p. 15.
[639] ARENDT, Hannah. *A condição humana*. Tradução: Roberto Raposo. Rio de Janeiro: Forense Universitária, 2007. p. 15.

fundação e na preservação de corpos políticos, "cria a condição para a lembrança, ou seja, para a história".[640]

A ação e o discurso, interdependentes entre si, são inerentes à natureza humana, da qual não se pode abster sem perder sua característica humana. A ação desacompanhada do discurso perde o seu caráter revelador e seu sujeito, na medida em que as ações seriam realizadas por robôs mecânicos. O agente do ato só pode existir se for também autor das palavras. A ação se traduz nas palavras, só se tornando relevante através da fala. "É com palavras e atos que nos inserimos no mundo humano; e esta inserção é como um segundo nascimento, no qual confirmamos e assumimos o fato original e singular do nosso aparecimento físico original".[641]

Essa qualidade reveladora do discurso e da ação de quem a pratica só é possível na presença de outros, isto é, na convivência humana. Contudo, quando o ato se torna mero meio de atingir um fim, tal como ocorre na guerra, o discurso passa a significar somente isso e perde seu caráter revelador, pois este feito não expõe a identidade do agente.[642] A ação e discurso se referem a essa mediação que revela o agente que fala e age em seu contexto, inserida em uma teia preexistente de relações humanas, que guardam as inúmeras vontades e intenções conflitantes, mas garantem a continuidade das ações humanas em histórias.

Desse modo, a liberdade, a política e o dom da ação humana estão conexos: ação e política não seriam potencialidades concebíveis sem a existência da liberdade, percebendo-se, desse modo, que "é difícil tocar em um problema político particular sem, implícita ou explicitamente, tocar em um problema de liberdade humana".[643] A liberdade constitui o próprio motivo pelo qual os homens convivem politicamente organizados, dando significado à vida política. "A razão de ser da política é a liberdade, e seu domínio de experiência é a ação",[644] revelando-se como dois lados da mesma matéria. Para existir concretamente, necessita

---

[640] ARENDT, Hannah. *A condição humana*. Tradução: Roberto Raposo. Rio de Janeiro: Forense Universitária, 2007. p. 16-17.
[641] ARENDT, Hannah. *Entre o passado e o futuro*. Tradução: Mauro W. Barbosa. 7. ed. São Paulo: Perspectiva, 2013. p. 189.
[642] ARENDT, Hannah. *Entre o passado e o futuro*. Tradução: Mauro W. Barbosa. 7. ed. São Paulo: Perspectiva, 2013. p. 193.
[643] ARENDT, Hannah. *Entre o passado e o futuro*. Tradução: Mauro W. Barbosa. 7. ed. São Paulo: Perspectiva, 2013. p. 192.
[644] ARENDT, Hannah. *Entre o passado e o futuro*. Tradução: Mauro W. Barbosa. 7. ed. São Paulo: Perspectiva, 2013. p. 192.

de espaço público e se expressa por meio da ação. Caso contrário, permanece nos corações dos homens como desejo, vontade, esperança, e como o coração humano pode ser sombrio, sua obscuridade retira sua possibilidade de ser um fato demonstrável.[645]

A liberdade, por se manifestar sempre por meio do ato em realização, encontrou sua melhor expressão no conceito maquiavélico de *virtú*: virtuosidade como a excelência com que atribuímos às artes de realização, na qual a perfeição está no desempenho em si e não em um produto final. A *virtú* de Maquiavel se refere ao virtuosismo do desempenho. Todo agir contém esse elemento de virtuosidade, "o virtuosismo é a excelência que atribuímos à prática das artes, a política tem sido com frequência definida como uma arte".[646] Contudo, seria um erro incorrer nessa metáfora, visto que então o Estado seria uma obra de arte.

As instituições políticas dependem a sua existência de homens em ação e a sua conservação através dos mesmos meios que as trouxeram à existência. Uma existência independente se identificaria com a obra de arte como um produto do fazer; já a dependência de atos posteriores para sua manutenção se vincula à concepção do Estado como um produto da ação.[647] Os artistas executantes (flautista, dançarino, piloto), na arte como produto da ação, precisam de uma audiência para mostrarem seu virtuosismo, assim como os homens, quando agem, necessitam da presença de outros: ambos precisam de um espaço publicamente organizado e de outros indivíduos para realizar o seu desempenho.[648] Assim, "os homens são livres enquanto agem, nem antes, nem depois, pois ser livre e agir são a mesma coisa".[649]

A *polis* grega proporcionou aos homens esse espaço de ação, de liberdade, de participação, descobrindo a essência e a esfera do político. As comunidades antigas foram fundadas para os livres, ou seja, aqueles que não eram escravos, nem sujeitos a coerção de outrem,

---

[645] ARENDT, Hannah. *Entre o passado e o futuro*. Tradução: Mauro W. Barbosa. 7. ed. São Paulo: Perspectiva, 2013. p. 195.
[646] ARENDT, Hannah. *Entre o passado e o futuro*. Tradução: Mauro W. Barbosa. 7. ed. São Paulo: Perspectiva, 2013. p. 200.
[647] ARENDT, Hannah. *Entre o passado e o futuro*. Tradução: Mauro W. Barbosa. 7. ed. São Paulo: Perspectiva, 2013. p. 200.
[648] ARENDT, Hannah. *Entre o passado e o futuro*. Tradução: Mauro W. Barbosa. 7. ed. São Paulo: Perspectiva, 2013. p. 200-1.
[649] ARENDT, Hannah. *Entre o passado e o futuro*. Tradução: Mauro W. Barbosa. 7. ed. São Paulo: Perspectiva, 2013. p. 199.

nem trabalhadores sujeitados pelas necessidades da vida (excluía-se o escravo, o estrangeiro e o bárbaro na Antiguidade, o trabalhador e o artesão antes da Idade Moderna, e, na atualidade, o assalariado e o homem de negócios),[650] estabelecendo e mantendo a existência de um espaço em que a liberdade como virtuosismo pudesse aparecer. Mas para que os homens pudessem agir, era necessário assegurar um lugar definido e uma estrutura organizada: o espaço era a esfera pública da cidade-estado e a estrutura, a lei. Logo, legislador e arquiteto pertenciam à mesma categoria e sua ação era de fabricação. Essas entidades eram erguidas então em torno de um espaço público preexistente, estabilizando o conteúdo da política, os atenienses.[651]

Assim, a *polis* não corresponde à cidade-estado em sua localização física, mas a organização da comunidade no agir e no falar em conjunto, nas pessoas que vivem unidas por tal propósito. "Onde quer que vás, serás uma *polis*", demonstrando a convicção grega de que ação e discurso são capazes de criar entre as partes um espaço situável em qualquer tempo e lugar.[652] Esse espaço é o espaço da aparência, na qual os homens ficam evidentes uns aos outros. Ninguém pode viver permanentemente nesse espaço, contudo, também não pode se privar dela totalmente.

A esfera pública, tal como uma mesa, se interpõe entre os que se sentam ao seu redor, constitui o mundo comum que reúne os indivíduos na companhia uns dos outros, mas que também evita que eles colidam; ou seja, separa e ao mesmo tempo estabelece a relação entre eles. Nesse sentido, a sociedade de massas é difícil de ser suportada não

---

[650] Aristóteles distinguia três modos de vida (*bioi*) que os homens podiam escolher livremente, em inteira independência das necessidades da vida e das relações delas decorrentes. Esta condição prévia de liberdade eliminava qualquer modo de vida dedicado basicamente à sobrevivência do indivíduo – não apenas o labor, que era o modo de vida do escravo, coagido pela necessidade de permanecer vivo e pela tirania do senhor, mas também a vida de trabalho dos artesãos livres e a vida aquisitiva do mercador. Excluía todos aqueles que, involuntária ou voluntariamente, permanente ou temporariamente, já não podiam dispor em liberdade dos seus movimentos e ações. Se ocupam do belo, de coisas que não eram nem necessárias e nem uteis; a vida voltada para os prazeres do corpo, na qual o belo é consumido tal como é dado; a vida dedicada aos assuntos da pólis, na qual a excelência produz belos feitos; e a vida do filósofo, dedicada à investigação e à contemplação das coisas eternas, cuja beleza perene não pode ser causada pela interferência produtiva do homem nem alterada através do consumo humano.

[651] ARENDT, Hannah. *A condição humana*. Tradução: Roberto Raposo. Rio de Janeiro: Forense Universitária, 2007. p. 207.

[652] ARENDT, Hannah. *A condição humana*. Tradução: Roberto Raposo. Rio de Janeiro: Forense Universitária, 2007. p. 210.

pelo número de pessoas que nela habitam, mas pela incapacidade do mundo em mantê-las juntas e de relacioná-las, bem como de mantê-las separadas.

A permanência também constitui um relevante fator para a existência de uma esfera pública, visto que deve transcender a imortalidade terrena. "O mundo comum é aquilo que adentramos ao nascer e que deixamos para trás quando morremos".[653] Assim, os escravos eram privados não apenas da liberdade, mas de visibilidade em deixar qualquer vestígio seu na esfera pública, uma marca permanente de suas vidas terrenas. Posteriormente, essa preocupação com a imortalidade desaparece totalmente da esfera pública na era moderna.

A esfera pública, em oposição à privatividade, refere-se ao que deve ser exibido. A era moderna, "em sua rebelião contra a sociedade", descobriu a riqueza e a profundidade da esfera do oculto nas condições da intimidade. As áreas da vida ligadas às necessidades antes da era moderna abrangiam todas as atividades a serviço da subsistência do indivíduo e da sobrevivência da espécie: trabalhadores que supriam as necessidades da vida e mulheres que com seus corpos garantiam a sobrevivência física da espécie. Mulheres e escravos eram mantidos fora das vistas alheias, não só porque eram a propriedade de outrem, mas por conta de suas atividades laboriosas. Depois, com a era moderna, o labor livre que era antes escondido na intimidade do lar passa a ser segregado da comunidade atrás de muros e da supervisão constante dos operários. Com o desaparecimento das cidades-estados, "a expressão *vita activa* passa a significar todo tipo de engajamento ativo nas coisas do mundo, sem que ainda o trabalho e o labor fossem valorizados como dignos à vida política".[654]

Montesquieu diferenciou a liberdade política da filosófica. Enquanto a filosófica não exige da liberdade mais que o exercício da vontade, a liberdade política consiste em "fazer o que se deve querer", visto que não poderia mais ser chamado de livre quando lhe faltasse a capacidade para fazer (seja por circunstâncias exteriores ou interiores). A liberdade política diferencia-se das liberdades individuais. Aquela é o direito dos cidadãos de participar do governo do Estado e de escolher seus governantes, ou seja, é o poder de decidir; e as liberdades

---

[653] ARENDT, Hannah. *A condição humana*. Tradução: Roberto Raposo. Rio de Janeiro: Forense Universitária, 2007. p. 65.
[654] ARENDT, Hannah. *A condição humana*. Tradução: Roberto Raposo. Rio de Janeiro: Forense Universitária, 2007. p. 22.

individuais correspondem às faculdades que permitem aos cidadãos direcionar o rumo de seus destinos pessoais. A liberdade política é, em síntese, um poder que freia o abuso do poder.

    A liberdade está relacionada com a vontade no campo da política. A vontade, contudo, por ser unitária e indivisível, é incapaz para o agir em conjunto. Não se presta ao debate e à reconciliação. Rousseau tenta solucionar esse paradoxo universalizando a vontade com a ficção de que a nação possui um só interesse e uma só vontade. Contudo, a vontade humana é caracterizada pelo dualismo entre o "eu posso e eu quero". Somente quando ambos coincidem, a liberdade se consuma. A natureza da vontade consiste em mandar a si mesmo e ser obedecida. Contudo, isso nem sempre ocorre, explicável pela presença simultânea de um eu-quero e de um eu-não quero ("na medida em que a mente ordena, exerce a vontade, e na medida em que a coisa ordenada não é feita, não exerce a vontade").[655] A experiência do quero-e-não-posso demonstra que querer e poder não são a mesma coisa. A vontade geralmente sucumbe na luta com o eu, e a vontade de poder se transforma em vontade de opressão. Portanto, é perigoso igualar liberdade com a capacidade humana da vontade, e por isso até hoje o senso comum relaciona poder com opressão ou pelo menos governo sobre outros. Logo, o autocontrole se constituiu como sendo uma das virtudes especificamente políticas, no qual o virtuosismo continha o querer e o poder afinados a ponto de coincidirem.

    Por isso, Hannah Arendt alerta sobre o perigo de uma teoria volitiva da política, pois pode levar ao absolutismo da soberania nacional, ameaçando a liberdade e os direitos humanos. A soberania pode gerar párias políticos legais, refugiados e apátridas largados ao arbítrio de outros Estados em um mundo de nações soberanas. Soberania e liberdade não são idênticas, mas opostas: a soberania como autossuficiência e autodomínio contradiz a condução humana plural e, portanto, a liberdade. "Se os homens desejam ser livres, é precisamente à soberania que devem renunciar".[656] Os filósofos dedicados à teoria da vontade estavam dedicados ao *bios theorikos* e não à ação, na qual a Arendt contestará a investigação divorciada da experiência, em apreço aos teóricos Maquiavel, Montesquieu, Tocquevile e os pais fundadores

---

[655] ARENDT, Hannah. *Entre o passado e o futuro*. Tradução: Mauro W. Barbosa. 7. ed. São Paulo: Perspectiva, 2013. p. 206.
[656] ARENDT, Hannah. *Entre o passado e o futuro*. Tradução: Mauro W. Barbosa. 7. ed. São Paulo: Perspectiva, 2013. p. 213.

da Revolução Americana que escreveram sobre a política de dentro e não de fora.[657]

3.4 Cidadania: a dimensão política do indivíduo

Com as revoluções modernas e a passagem da legitimidade dinástica para a legitimidade popular, a vontade única da nação passou a se vincular com o Estado. Nação e comunidade política passam a inspirar, a partir do século XIX, "o esforço de organizar o sistema interestatal com base no princípio das nacionalidades".[658] A nacionalidade se fortalece como vínculo jurídico e político, dotado de permanência e continuidade, de uma população com o Estado, bem como de limite e distinção entre nacionais e estrangeiros.

Nesse sentido, como a nacionalidade torna o indivíduo membro dessa comunidade política, é facilmente assimilada com a cidadania. No entanto, enquanto a cidadania necessariamente pressupõe a nacionalidade, o contrário não ocorre, visto que o nacional pode estar legalmente incapacitado para exercer seus direitos políticos, seja por conta da idade, de interdição, de analfabetismo ou reclusão em prisão. O termo cidadania é utilizado para designar quem é membro do Estado e, por conseguinte, quem tem deveres de lealdade em função de sua nacionalidade, em oposição aos indivíduos que não possuem essa relação jurídica.[659]

Desse modo, numa perspectiva *ex parte populi*, a dimensão pessoal, mais do que o território e o governo, é quem constitui a base do princípio da continuidade do Estado, em semelhança com a experiência da democracia grega, na qual a *polis* era uma coletividade determinada pelos cidadãos. Os homens são quem formam a nação. Depois das revoluções liberais, movimentos orientados para frear o exercício arbitrário do poder, o termo será aplicado não somente no sentido objetivo, de comunidade do território, identidade da língua, raça, comunhão de cultura e civilização, mas no viés subjetivo, de adesão voluntária dos

---

[657] LAFER, Celso. *A reconstrução dos direitos humanos*: um diálogo com o pensamento de Hannah Arendt. São Paulo: Companhia das Letras, 1988. p. 296.

[658] LAFER, Celso. *A reconstrução dos direitos humanos*: um diálogo com o pensamento de Hannah Arendt. São Paulo: Companhia das Letras, 1988. p. 135.

[659] Pacto Internacional sobre Direitos Civis e Políticos, art. 25; *Convenção Internacional sobre a Eliminação de Todas as Formas de Discriminação Racial*, art. 1º, § 2º.

indivíduos, de "consentimento de uma população a um querer viver coletivo".[660]

O liberalismo, conjuntamente com a expansão geográfica do constitucionalismo, propiciou não só a livre circulação de mercadorias e capitais, como a de pessoas, acrescendo-se a necessidade de positivação de direitos tanto no âmbito interno como externo de proteção de minorias e de perseguidos em seus próprios estados.

No século XIX, com a emigração decorrente dos movimentos revolucionários de 1848 e dos ciganos e judeus, cresce o número de apátridas: aqueles que não têm pátria e que, portanto, carecem de direitos políticos e civis. Contudo, foi após a I Guerra Mundial, com a inflação que corroeu o sistema monetário e o desemprego generalizado e, em contrapartida, com as políticas nacionalistas adotadas banindo a liberdade de circulação, que o número de pessoas sem lugar no mundo cresce de maneira inédita.

Essas *displaced persons* "converteram-se no refugo da terra, pois ao perderem os seus lares, a sua cidadania e os seus direitos, viram-se expulsos da trindade Estado-Povo-Território". Antes de 1914, apenas a Rússia Czarista tinha o hábito de emitir passaportes, demonstrando que passaportes constituíam uma marca de governos tirânicos. Posteriormente, os passaportes passaram a ser demandados pelos países como um meio de identificação. Se o passaporte foi visto como expressão da tirania, – como política de desnacionalização em massa aos russos que viviam no estrangeiro sem passaportes das novas autoridades ou que abandonaram o país sem autorização estatal – hoje é tido como documento de identidade e prova, ainda que não conclusiva, de nacionalidade.

Posteriormente, a partir de 1933, o nazismo promoveu desnacionalizações maciças, alcançando numerosos judeus e imigrados políticos residentes fora do Reich. As restrições à livre circulação de pessoas dificultaram numerosas migrações e as aquisições de nacionalidade por naturalização, distanciando-se da afirmação de Thomas Jefferson na sua mensagem presidencial ao Congresso norte-americano de 1801 de que todo homem tem o direito de viver em algum lugar da terra.[661]

---

[660] LAFER, Celso. *A reconstrução dos direitos humanos*: um diálogo com o pensamento de Hannah Arendt. São Paulo: Companhia das Letras, 1988. p. 137.

[661] LAFER, Celso. *A reconstrução dos direitos humanos*: um diálogo com o pensamento de Hannah Arendt. São Paulo: Companhia das Letras, 1988. p. 138.

O surgimento crescente de minorias e de refugiados evidenciava a não necessária coincidência entre Estado e nação, cujo critério de legitimidade interna e internacional até então utilizado era a nacionalidade. Novos estados surgidos de territórios de antigos impérios que continham grupos humanos heterogêneos por força de especificidades linguísticas, étnicas e religiosas fazem emergir a importância do tema da proteção internacional das minorias voltadas para os indivíduos com vocação para adquirir titularidade coletiva.

Tratados eram firmados para garantir a proteção dos compromissos assumidos mediante leis internas e a supervisão da efetividade dos direitos conferidos às minorias nos instrumentos internacionais. Contudo, a esfera internacional, ainda restrita aos termos de acordos e tratados recíprocos entre Estados soberanos, necessitaria transcender para uma esfera superior às nações, que ainda não existe.

Assim, as desnacionalizações maciças realizadas pelos regimes totalitários, especificamente soviético, nazista e fascista, por motivos políticos ou raciais, tornou o problema dos apátridas inédito. As declarações modernas que buscaram garantir aos direitos humanos uma dimensão segura e permanente, afirmando-lhes as características de inalienáveis, irredutíveis e inatos se revelaram, sobretudo, uma abstração, ao desconsiderarem a cidadania e a nacionalidade.

A suposta inalienabilidade dos direitos naturais desmoronava frente à realidade crescente de seres humanos que eram desnacionalizados, perdendo todas as suas qualidades, exceto a de que ainda eram humanos. A perda de direitos nacionais era idêntica à perda de direitos humanos. Assim, revelou-se a incapacidade dos direitos do homem positivados pelas revoluções modernas de atender um contingente cada vez maior de pessoas vivendo à margem da legalidade. Esforços internacionais no sentido de concessão de asilo territorial se mostraram obsoletos dada a multidão anônima de apátridas. A naturalização não funcionava dada a resistência a movimentos migratórios em larga escala em um período de crise e desemprego. A repatriação, por sua vez, significaria devolver as pessoas para seus próprios algozes.

Tal realidade trouxe a discussão da possibilidade da asserção dos direitos humanos independentemente do *status civitatis*, visto que os apátridas evidenciaram a sua inutilidade quando ausentes a cidadania e a legalidade. Paradoxalmente, a única forma de recuperar certa igualdade dentro da ordem jurídica nacional seria cometendo um crime, de modo que seria julgado pela mesma lei que os demais indivíduos inseridos no Estado. "Só como transgressor da lei pode o apátrida ser protegido pela lei. Enquanto durar o julgamento e o pronunciamento de sua sentença, estará a salvo daquele domínio arbitrário da polícia, contra o qual não existem advogados nem apelações".[662] Nesse período, tornava-se dotado de direitos e obrigações, recuperando brevemente sua condição humana.[663]

Os apátridas não perdem apenas a proteção legal, mas seus lares, "a textura social na qual haviam nascido e na qual haviam criado para si um lugar peculiar no mundo".[664] Tampouco têm possibilidade de encontrar um novo lar, visto estarem privados de uma comunidade política que os reconheça como sujeito de direitos e deveres. Não são privados do direito à liberdade, mas do direito à ação; podem pensar o que quiserem, mas não podem se expressar. Trata-se não de um problema de espaço, mas, sobretudo, de organização política.[665] "Sua situação angustiante não resulta do fato de não serem iguais perante a lei, mas sim de não existirem mais leis para eles, não de serem oprimidos, mas de não haver ninguém mais que se interesse por eles, nem que seja para oprimi-los".[666]

Os nazistas realizaram a exterminação dos judeus inicialmente privando-os da condição legal (de cidadãos de segunda classe) e isolando-os do mundo para em seguida reuni-los em guetos e em campos de concentração e para, antes de acionar as câmaras de gás, verificar, "para sua satisfação, que nenhum país reclamava daquela gente". Assim, antes que o direito à vida fosse ameaçado, criou-se uma condição de completa privação de direitos.

Os apátridas, ao deixarem de pertencer a qualquer comunidade política, tornam-se supérfluos. "Ninguém se apercebia de que a humanidade, concebida durante tanto tempo à imagem de uma família de nações, havia alcançado o estágio em que a pessoa expulsa de uma dessas comunidades rigidamente organizadas e fechadas se via expulsa

---

[662] ARENDT, Hannah. *Origens do totalitarismo*: antissemitismo, imperialismo, totalitarismo. Tradução: Roberto Raposo. São Paulo: Companhia das Letras, 2012. p. 249.
[663] LAFER, Celso. *A reconstrução dos direitos humanos*: um diálogo com o pensamento de Hannah Arendt. São Paulo: Companhia das Letras, 1988. p. 147.
[664] ARENDT, Hannah. *Origens do totalitarismo*: antissemitismo, imperialismo, totalitarismo. Tradução: Roberto Raposo. São Paulo: Companhia das Letras, 2012. p. 255.
[665] LAFER, Celso. *A reconstrução dos direitos humanos*: um diálogo com o pensamento de Hannah Arendt. São Paulo: Companhia das Letras, 1988. p. 146.
[666] ARENDT, Hannah. *Origens do totalitarismo*: antissemitismo, imperialismo, totalitarismo. Tradução: Roberto Raposo. São Paulo: Companhia das Letras, 2012. p. 257.

de toda a família das nações".[667] A destituição de direitos por motivos de raça (como os judeus na Alemanha), classe (aristocratas na Rússia) ou por convocação pelo governo errado (como no caso dos soldados do exército republicano espanhol), evidencia que é mais fácil privar um inocente da legalidade do que alguém que tenha cometido um crime.

Os "elementos indesejados", como os refugiados e os apátridas (*displaced persons*), com a perda da cidadania e, por conseguinte, dos benefícios do princípio da legalidade e dos direitos humanos, sofreram as maiores barbáries como internados nos campos de concentração. Diante disso, Hannah Arendt concluiu que o preceito consagrado primeiramente na Declaração de Virgínia de 1776 e posteriormente na Declaração Francesa de 1789 e na Declaração Universal dos Direitos do Homem da ONU em 1948, de que "todos os homens nascem livres e iguais em dignidade e direitos" não confere com a realidade. A igualdade não é inerente à condição humana, mas uma construção resultante da organização dos Estados. Ou seja, por meio da lei todos se tornam iguais. Quando se perde o acesso à esfera pública, automaticamente se perde também o acesso à igualdade. Não obstante, a proteção dos direitos humanos se dá por meio da cidadania. Quando o indivíduo é privado da sua condição de cidadão, ele perde a sua qualidade substancial, que é a de ser tratado como semelhante.

O totalitarismo foi capaz de negar o valor-fonte da pessoa humana na afirmação histórica dos direitos humanos, concluindo-se então que o primeiro direito humano é o direito a ter direitos. Ou seja, pertencer a uma comunidade jurídico-política pelo vínculo da cidadania e ser julgado por ações e opiniões por força do princípio da legalidade. A experiência totalitária demonstrou a relevância da cidadania e da liberdade, sob a afirmação da igualdade, visto que a sua ausência tornou milhares de pessoas apátridas, supérfluas, expulsas da trindade Estado-Povo-Território.

Essa compreensão influenciou, inclusive, a doutrina norte-americana sobre a interpretação da 8ª Emenda à Constituição, que proíbe *"cruel and unusual punishment"*. O novo entendimento foi no sentido de considerar a perda da nacionalidade como uma privação do *direito a ter direitos*. É mais grave que a própria tortura, na medida em que retira do indivíduo a sua existência no âmbito da política, quando

---

[667] ARENDT, Hannah. *Origens do totalitarismo*: antissemitismo, imperialismo, totalitarismo. Tradução: Roberto Raposo. São Paulo: Companhia das Letras, 2012. p. 255.

na condição de cidadão. Portanto, a garantia do âmbito público de exercício dos direitos políticos irá assegurar à liberdade o espaço de sua concretização e a existência do direito a ter direitos, de pertencer a uma comunidade organizada na qual os membros são julgados pelas ações e pelas opiniões. A perda desse direito envolve tanto a perda da fala – contrariando a natureza do homem como dotado do poder de fala e de pensamento – como a perda do relacionamento humano, em oposição a sua natureza como "animal político", ou seja, características nucleares à vida humana.

A igualdade não é algo dado, é uma construção realizada pela ação conjunta dos homens em uma comunidade política, verificando-se a "indissolubilidade da relação entre o direito individual do cidadão de se autodeterminar politicamente, em conjunto com os seus concidadãos, através do exercício de seus direitos políticos, e o direito da comunidade de se autodeterminar, construindo convencionalmente a igualdade".[668] Portanto, a perda da esfera do público significa perder o acesso à igualdade. A perda da condição de cidadão o priva de direitos, pois estes só existem em face da pluralidade dos homens, da garantia tácita que os membros de uma comunidade se dão uns aos outros.

Para aquele que perdeu seu lugar na comunidade, sua condição política como cidadão, restam as qualidades inerentes à existência humana, restritas ao âmbito da vida privada e que só podem ser aceitas "pelo acaso imprevisível da amizade e da simpatia, ou pela grande e incalculável graça do amor que diz (...) sem poder oferecer qualquer motivo particular para essa suprema e insuperável afirmação".[669] Enquanto a esfera privada é baseada na lei da distinção e da diferenciação universal, a esfera pública é fundada na igualdade. A igualdade, em contraste com o que se relaciona com a mera existência, é construída por meio da organização humana. "Não nascemos iguais; tornamo-nos iguais como membros de um grupo por força da nossa decisão de nos garantirmos direitos reciprocamente iguais".[670] A esfera política supõe a capacidade humana de agir em conjunto com seus iguais, por uma ação

---

[668] LAFER, Celso. *A reconstrução dos direitos humanos*: um diálogo com o pensamento de Hannah Arendt. São Paulo: Companhia das Letras, 1988. p. 150.
[669] ARENDT, Hannah. *Origens do totalitarismo*: antissemitismo, imperialismo, totalitarismo. Tradução: Roberto Raposo. São Paulo: Companhia das Letras, 2012. p. 262.
[670] ARENDT, Hannah. *Origens do totalitarismo*: antissemitismo, imperialismo, totalitarismo. Tradução: Roberto Raposo. São Paulo: Companhia das Letras, 2012. p. 262.

comum fundada na igualdade. Desse modo, a importância dos direitos e, logo, a conclusão de que a igualdade é inerente à condição humana.

Portanto, a cidadania é o meio necessário para a proteção dos direitos humanos, valor universal "ligado à essência da natureza humana para o jusnaturalismo ou resultante de um processo de objetivação histórica muito razoável para a filosofia do Direito",[671] que depende da contingência no âmbito de uma comunidade. Contudo, a reflexão arendtiana avança na compreensão da cidadania não apenas como um meio, mas como um princípio, no sentido de que sua privação afeta significativamente a condição humana. O ser humano privado de sua condição de cidadão perde a sua qualidade essencial: a de ser tratado pelos outros como um semelhante.[672]

A cidadania é o direito básico do homem, uma vez que é nada menos do que o direito a ter direitos. A perda da nacionalidade resulta na destruição total do *status* do indivíduo na sociedade organizada. Revela-se, portanto, mais grave que a própria tortura, pois retira do indivíduo a sua existência política dentro da comunidade nacional e internacional que levou séculos para ser desenvolvida. Um governo não pode usar seu descontentamento com a conduta de um cidadão, por mais repreensível que ela seja, para fazer uso da desnacionalização. "A cidadania não é uma licença que expira com a má conduta".[673]

Os apátridas não só perderam direitos específicos como uma comunidade disposta a garantir tais direitos. "A calamidade não é a perda de direitos específicos, portanto, mas a perda de uma comunidade desejosa e capaz de garantir quaisquer direitos que sejam".[674] E essa perda da própria comunidade o expulsa da humanidade: sem uma profissão, sem uma cidadania, sem uma opinião, sem uma ação que o identifique e o especifique, restando-lhe nada mais que sua individualidade privada e esvaziada de expressão e de ação sobre um mundo comum.

Desse modo, a afirmação dos direitos humanos, enquanto invenção para convivência coletiva, exige um espaço público, acessível apenas

---

[671] LAFER, Celso. *A reconstrução dos direitos humanos*: um diálogo com o pensamento de Hannah Arendt. São Paulo: Companhia das Letras, 1988. p. 151.

[672] LAFER, Celso. *A reconstrução dos direitos humanos*: um diálogo com o pensamento de Hannah Arendt. São Paulo: Companhia das Letras, 1988. p. 151.

[673] LAFER, Celso. *A reconstrução dos direitos humanos*: um diálogo com o pensamento de Hannah Arendt. São Paulo: Companhia das Letras, 1988. p. 162.

[674] ARENDT, Hannah. *Origens do totalitarismo*: antissemitismo, imperialismo, totalitarismo. Tradução: Roberto Raposo. São Paulo: Companhia das Letras, 2012. p. 294.

mediante a cidadania. Por isso, o primeiro direito humano, do qual derivam os demais, é o direito a ter direitos. A experiência totalitária demonstrou que os direitos só podem ser exigidos por meio do acesso à ordem jurídica que apenas a cidadania oferece. Os direitos humanos resultam da ação e da condição da pluralidade humana; viver é estar entre os homens. Os direitos só são reconhecidos e surgem com o convívio com os outros, não derivam nem de Deus nem da natureza individual do homem, evidenciando que a afirmação dos direitos humanos depende do instituto da cidadania para se efetivar.

O reconhecimento das liberdades individuais e políticas se origina no dissenso, na resistência, na oposição. Elas têm raízes comuns e se desenvolvem paralelamente: enquanto a liberdade política se refere ao direito dos cidadãos de participar das decisões políticas e da escolha dos governantes e eventualmente de influenciar sobre os rumos da coletividade, as liberdades individuais são as diversas faculdades que permitem aos cidadãos ou aos indivíduos de determinar seu destino pessoal inseridos em uma sociedade organizada.

As liberdades públicas, "situadas no cerne da construção constitucional ocidental moderna como proposta pelo constitucionalismo informador das revoluções francesa e norte-americana",[675] emergem como direitos subjetivos e invioláveis contra o Estado. Cada direito, com seus desdobramentos e implicações, revela-se uma barreira contra o Estado, cujas circunscrições demarcam até onde o poder estatal vai.

Qualquer ato estatal normativo ou concreto que transcenda esses limites cairá em abuso de poder, em usurpação ilícita.[676] Disso resulta o alcance da resistência à opressão em situações-limites, sendo a desobediência civil um direito-dever político oponível à violência.[677] Assim, a obrigação de respeitar as liberdades públicas provém do Estado, do qual se pressupõe sua intervenção. Elas se caracterizam como verdadeiros poderes de autodeterminação do indivíduo assegurados pelo direito positivo.[678]

---

[675] GARCIA, Maria. *Desobediência civil/direito fundamental*. São Paulo: Revista dos Tribunais, 1994. p. 130.
[676] GARCIA, Maria. *Desobediência civil/direito fundamental*. São Paulo: Revista dos Tribunais, 1994. p. 130.
[677] GARCIA, Maria. *Desobediência civil/direito fundamental*. São Paulo: Revista dos Tribunais, 1994. p. 126.
[678] GARCIA, Maria. *Desobediência civil/direito fundamental*. São Paulo: Revista dos Tribunais, 1994. p. 269.

A liberdade política encontra na cidadania a sua plena realização,[679] mediante o exercício da liberdade pelo indivíduo como membro de uma sociedade política. Nesse sentido, a liberdade deve ser mais e mais participação na formação das decisões políticas, na gestão dos assuntos locais, de serviços econômicos e sociais e sobretudo na concretização de medidas de proteção das liberdades. "Poder do estado e cidadania, autoridade e liberdade representam o eterno binômio da dimensão social, jurídica e política do ser humano".[680] Nesse sentido, a liberdade política da cidadania, com o exercício dos direitos políticos, necessita de um âmbito público politicamente assegurado para aparecer. Ela "contribui a tornar os homens dignos dela, a fazer deles cidadãos, nem conformistas nem rebeldes, críticos e responsáveis".[681]

Cidadania consiste não só na qualidade daquele que habita a cidade, mas a efetivação dessa residência por meio do direito político que lhe é conferido e da participação na formação das decisões políticas de seu país. Logo, a cidadania é o vínculo que relaciona a natureza política e jurídica existente entre o homem-cidadão à pátria e ao povo que ele pertence, resultando direitos e obrigações para ambos. Em suma, é "o elemento pessoal do estado (nação) membro da comunidade política e participante ativo do poder político", enquanto os direitos sociais são os direitos a prestações positivas do Estado visando a efetivar o exercício das liberdades, e, por fim, os direitos institucionais garantem a existência de instituições, institutos, princípios jurídicos e garantias constitucionais, tal como técnicas ou remédios jurídicos de proteção dos direitos individuais.

A cidadania se conceitua como a expressão da liberdade política, como o exercício da soberania popular e de suas prerrogativas, compreendendo os deveres cívicos e políticos inerentes ao cidadão, em especial a participação na vida política, administrativa e cívica do país. A cidadania complementa o exercício dos direitos de liberdade e de igualdade. "O conteúdo da condição do *status* do cidadão consiste no gozo de direitos políticos",[682] essencialmente democráticos.

---

[679] ARENDT, Hannah. *Entre o passado e o futuro*. Tradução: Mauro W. Barbosa. 7. ed. São Paulo: Perspectiva, 2013. p. 199.
[680] GARCIA, Maria. *Desobediência civil/direito fundamental*. São Paulo: Revista dos Tribunais, 1994. p. 121.
[681] ARON, Raymond. *Ensayo sobre las libertades*. Madrid: Alianza Editorial, 1984, p. 143-4.
[682] GARCIA, Maria. *Desobediência civil/direito fundamental*. São Paulo: Revista dos Tribunais, 1994. p. 123.

A cidadania, avançando na sua compreensão, envolve a prerrogativa do exercício dos direitos políticos e a efetivação dos direitos humanos, pois esta somente será possível com o acesso de todos ao espaço público. A atividade política não é o preço da liberdade, mas a própria liberdade em si. A cidadania constitui como imunidade jurídica aos excessos estatais, um verdadeiro direito de resistência aos abusos de poder, pois detém a prerrogativa de responsabilizar os agentes excessivos mediante a tutela jurisdicional. "O súdito é o indivíduo isolado, do ponto de vista de uma ciência social individualista; o cidadão, pelo contrário, é o membro que forma parte de um todo orgânico superior, na concepção universalista da sociedade".[683]

3.5 Direitos humanos no século XX

A Lei Fundamental de Bonn (1949), visando a escapar à sombra do nazismo, irá prever a possibilidade do direito de resistência contra quem tentar subverter a ordem constitucional, prevendo inclusive processos constitucionais de interposição a violações aos direitos fundamentais em face do poder público. O grande interesse da teoria jurídica alemã pelo direito de resistência era uma reação contra a ilegalidade do Terceiro Reich.

Uma série de constituições dos Lander alemães pós 1945 consagraram expressamente o direito de resistência no seu elenco de Direitos Fundamentais.[684] Para a constituição portuguesa (1974), todos têm direito de resistir a "qualquer ordem que ofenda os seus direitos, liberdades e garantias", podendo inclusive "repelir pela força qualquer agressão, quando não seja possível recorrer à autoridade pública".[685]

O contexto pós-guerra mundial trouxe a crescente compreensão da necessidade de internacionalização das declarações de direitos. Organismos científicos internacionais se manifestaram no sentido de estender a defesa dos direitos humanos a todos os países e a todos

---

[683] KELSEN, Hans. *Esencia y valor de la democracia*. Barcelona: Editora Labor, 1934. p. 26. Tradução livre: "el súbdito es el individuo aislado dentro una teoría individualista de la sociedad, mientras que el ciudadano es parte integrante de un todo orgánico superior, miembro perteneciente a una entidad colectiva dentro de una teoría universalista de la sociedad".

[684] LOWENSTEIN, Karl. *Teoría de la Constitución*. Traducción y estudio sobre la obra por Alfredo Gallego Anabitarte. Barcelona: Editorial Ariel, 1979. p. 393.

[685] PORTUGAL. *Constituição da República Portuguesa*. Disponível em: https://www.parlamento.pt/ArquivoDocumentacao/Documents/CRPVIIrevisao.pdf. Acesso em: 14 mar. 2018.

os seus indivíduos. Nesse espírito, vinte e um países da América se reuniram em Chapultepec (México), em 26/06/1945 para redigir uma carta de respeito aos direitos fundamentais do homem, tornando-se a Carta das Nações Unidas.

A consequência sistemática consistiu na redação de uma Declaração Universal dos Direitos do Homem. Após a criação da ONU, cujo fim principal consistia em manter a paz entre as nações do mundo e a cooperação internacional, pôde-se concretizar o intento em 10/12/1948, contendo a declaração trinta artigos, precedidos de um preâmbulo com sete considerandos, reconhecendo: a dignidade da pessoa humana como fundamento da liberdade, da justiça e da paz; o ideal democrático atrelado ao progresso econômico, social e cultural; o direito de resistência à opressão "considerando ser essencial que os direitos humanos sejam protegidos pelo império da lei, para que o ser humano não seja compelido, como último recurso, à rebelião contra a tirania e a opressão;[686] e ainda, a concepção comum desses direitos.[687] O seu preâmbulo define:

> A Assembleia Geral proclama a presente Declaração Universal dos Direitos Humanos como o ideal comum a ser atingido por todos os povos e todas as nações, com o objetivo de que cada indivíduo e cada órgão da sociedade, tendo sempre em mente esta Declaração, esforce-se, por meio do ensino e da educação, por promover o respeito a esses direitos e liberdades, e, pela adoção de medidas progressivas de caráter nacional e internacional, por assegurar o seu reconhecimento e a sua observância universais e efetivos, tanto entre os povos dos próprios Países-Membros quanto entre os povos dos territórios sob sua jurisdição.[688]

A declaração consagrou três objetivos fundamentais: a certeza dos direitos, no sentido de serem previamente fixados e definidos, para que assim os indivíduos possam gozar deles ou sofrer as devidas imposições; a segurança dos direitos, por meio de garantias que assegurem o respeito a eles; e a possibilidade dos direitos para além do formalismo, mediante o estabelecimento dos meios necessários para a fruição deles.

---

[686] ONU. *Declaração Universal dos Direitos Humanos*. Disponível em: http://www.onu.org.br/img/2014/09/DUDH.pdf. Acesso em: 14 mar. 2018.
[687] FERREIRA FILHO, Manoel Gonçalves. *Curso de direito constitucional*. 40. ed. São Paulo: Editora Saraiva, 2015. p. 163.
[688] FERREIRA FILHO, Manoel Gonçalves. *Curso de direito constitucional*. 40. ed. São Paulo: Editora Saraiva, 2015. p. 163.

Contudo, a Declaração não possui um aparato próprio que a vincule e que a dote de eficácia. Esse é o problema da maioria dos documentos internacionais dispondo sobre os direitos humanos. Por isso, afirma-se que o regime democrático se caracteriza não pelos tratados internacionais e leis que adota, mas pela realização eficaz deles.[689] Por isso, a ONU, por meio de vários Pactos e Convenções Internacionais, buscou o reconhecimento das partes pactuantes da dignidade inerente à pessoa humana, e de que o ideal do ser humano livre do temor e da miséria só será possível se forem criadas as condições para o gozo dos direitos civis e econômicos, sociais e culturais pelo homem.

A Carta das Nações Unidas impôs aos Estados o compromisso com o respeito e a garantia dos direitos fundamentais a todos os indivíduos sob seu território e jurisdição, expressos em todos os instrumentos internacionais convencionados, tais como a Convenção Internacional sobre a Prevenção e Punição do Crime de Genocídio, o Pacto Internacional de Direitos Civis e Políticos e o Pacto Internacional de Direitos Econômicos, Sociais e Culturais.[690]

Instrumentos foram criados na busca de trazer maior efetividade aos direitos reconhecidos na Declaração Universal de 1948, a saber: a Convenção de Salvaguarda dos Direitos do Homem e das Liberdades Fundamentais, que instituiu uma Comissão Europeia de Direitos do Homem e um Tribunal Europeu de Direitos do Homem e ainda uma carta social europeia articulando normas sobre os direitos e garantias econômicos e sociais do homem europeu. Destacam-se a Carta Internacional Americana de Garantias Sociais, Convenção Americana

---

[689] SILVA, José Afonso da. *Curso de direito constitucional positivo*. 25. ed. rev. e atual. São Paulo: Editora Malheiros, 2005. p. 153.

[690] "Não foi despropositadamente que, no contexto internacional, foram elaborados dois pactos distintos no sistema de tutela dos direitos humanos na ONU: um para os direitos civis e políticos e outro para os direitos econômicos e sociais. O primeiro comporta o processo de reclamação ou petição individual a um organismo internacional, "que pode resultar de uma garantia-coletiva criada pelos Estados-Parte de uma convenção sobre direitos humanos. Já os direitos econômicos, sociais e culturais, pelas suas características de "objetivos" a serem realizados progressivamente por uma coletividade, através da ação estatal, são menos suscetíveis de aplicação imediata" (...) A heterogeneidade jurídica acima referida deriva de duas distintas concepções do papel do Estado. Ela é um dos pontos de clivagem que dificultam a convergência política entre a herança liberal e a socialista, no processo histórico de afirmação dos direitos humanos. Esta clivagem pode ser rastreada a duas distintas representações de revolução – a americana e a francesa – e às suas consequências no processo de afirmação dos direitos humanos, consequências que são independentes do paralelismo de conteúdo que caracteriza as proclamações americanas de 1776 e a declaração francesa de 1789". LAFER, Celso. *A reconstrução dos direitos humanos*: um diálogo com o pensamento de Hannah Arendt. São Paulo: Companhia das Letras, 1988. p. 129.

de Direitos Humanos, chamada de Pacto de San José de Costa Rica, de 1969, a Comissão Interamericana de Direitos Humanos, de 1959, e a Corte Interamericana de Direitos Humanos, de 1978.

Uma nova consciência, de que não basta somente o direito à vida e à liberdade, mas importa também o direito à qualidade de vida e à solidariedade entre os seres humanos de todas as raças e nações, trouxe os chamados direitos de solidariedade ou de fraternidade.[691] Essa dimensão de direitos foi desenvolvida pelo direito internacional, nas reuniões da ONU e da UNESCO, registrando-se em documentos, como a Carta Africana dos Direitos do Homem e dos Povos, de 1981, e a Carta de Paris para uma Nova Europa, de 1990.

Os principais direitos de solidariedade se referem ao direito à paz,[692] ao direito ao desenvolvimento, ao direito ao meio ambiente, ao direito ao patrimônio comum da humanidade, bem como ao direito à autodeterminação dos povos. O direito ao desenvolvimento, reivindicado pelos países subdesenvolvidos nas negociações, no âmbito do diálogo Norte/Sul, sobre uma nova ordem econômica internacional, vem sendo citado desde 1977, no âmbito da ONU, para se referir à cooperação internacional. Em 1978, foi inscrito na Declaração sobre a Raça e os Preconceitos Raciais e, em 1981, a Carta Africana dos Direitos Humanos e dos Povos reconheceu que todos os povos devem ser tratados "com igual respeito, tendo direito à autodeterminação, à livre disposição de sua riqueza e de seus recursos naturais, ao desenvolvimento econômico, social e cultural, bem como à paz e à segurança".[693]

Em 1986, foi consagrado na Declaração Sobre o Direito ao Desenvolvimento, definido como: "um direito humano inalienável, em virtude do qual toda pessoa humana e todos os povos estão habilitados a participar do desenvolvimento econômico, social, cultural e político, a ele contribuir e dele desfrutar, no qual todos os direitos humanos e liberdades fundamentais possam ser plenamente realizados".[694] Logo, o direito ao desenvolvimento é ao mesmo tempo um direito individual

---

[691] Nome inspirado nos lemas da Revolução Francesa: liberdade, igualdade e fraternidade. Ao lema da liberdade corresponderam os direitos de primeira geração, da igualdade, os de segunda, e da fraternidade, os de terceira dimensão.

[692] O direito à paz se refere ao desarmamento e consta no art. 20 do *Pacto Internacional de Direitos Civis e Políticos*, adotado pela Assembleia Geral das Nações Unidas de 1966.

[693] COMPARATO, Fabio Konder. *Afirmação histórica dos direitos humanos*. 10. ed. São Paulo: Editora Saraiva, 2015. p. 117.

[694] ONU. *Declaração sobre o Direito ao Desenvolvimento*. Disponível em: http://direitoshumanos.gddc.pt/3_16/IIIPAG3_16_5.htm. Acesso em: 9 abr. 2017.

e um direito dos povos, vinculando-se tanto no âmbito interno como internacional.

Em síntese, a solidariedade está vinculada à ideia de que todos são responsáveis pelas carências e necessidades existentes de qualquer pessoa ou grupo social. A passagem da titularidade individual dos direitos para coletiva, referente aos direitos de terceira e quarta geração, pode gerar dilemas em razão da imprecisão de conceitos em matéria coletiva, como o conceito de povo usado para a autodeterminação dos povos, e a multiplicidade de grupos existentes que podem se sobrepor um ao outro.

A realidade em sua complexidade demonstra que as normas sempre estarão um passo atrás de concretizarem todas as demandas da sociedade. Por exemplo, o direito à autodeterminação dos povos não incluiu estados ou nações. Portanto, qualquer minoria que se veja como nação em potencial não poderá exercer o direito coletivo. A resolução 1514 (XV), em seu item 6, alerta que o direito à autodeterminação não poderá prejudicar a unidade e a integridade territorial de um país. Por isso, esse direito se aplica tão somente à dominação colonial ou estrangeira, na medida em que não se reconhece um direito à secessão de Estados.

A primeira dimensão enfrentou o problema da arbitrariedade estatal, por meio das liberdades públicas; a segunda, da extrema desigualdade social, por meio dos direitos econômicos e sociais; já a terceira batalha na atualidade contra a deterioração da qualidade da vida humana e outras mazelas, por meio dos direitos de solidariedade. "Temos um grande passado, mas esperemos que tenha ainda um maior e melhor futuro".[695]

3.6 Desobediência civil: direito humano fundamental

Rigidez constitucional, organização democrática do estado em que os indivíduos participam na elaboração de leis e administram, por seus representantes, a separação dos poderes (técnica de liberdade), a descentralização política, as garantias do poder judiciário, o controle jurídico da constitucionalidade das leis e a exigência de que as limitações aos direitos fundamentais civis e políticos se efetuam mediante lei

---

[695] ODALIA, Nilo. *A liberdade como meta coletiva*. In: PINSKY, Jaime, PINSY, Carla Bassanezi (org). *História da cidadania*. São Paulo: Contexto, 2003. p. 168.

formal constituem as garantias gerais da liberdade. Os remédios constitucionais e as técnicas processuais são formas específicas de defesa da liberdade. A liberdade, como garantia em favor do indivíduo de certas expectativas razoáveis relativas à vida em sociedade organizada, é a "liberação em relação ao exercício arbitrário e desarrazoado do poder e da autoridade por parte daqueles que são nomeados ou escolhidos em sociedade politicamente organizada com o objetivo de ajustar relações e ordenar a conduta e se tornam, dessa maneira, capazes de aplicar a força dessa sociedade aos indivíduos".[696]

Desse modo, a proteção pode se dar pela lei, pela elaboração de normas, pelo controle de constitucionalidade, pela intervenção federal, pelas comissões parlamentares de inquérito, pela proteção contra lei, na fase de sua elaboração, mediante o referendo e o veto popular e após o veto popular e o controle de constitucionalidade. A proteção também pode se dar pela objeção de consciência prevista em lei, greve, recusa de obediência à lei injusta, resistência à opressão e revolução.[697] A liberdade como participação no processo decisório, por meio da ação política do viver em sociedade, revela-se na cidadania.[698]

Nessa seara, a desobediência civil se caracteriza como um direito fundamental de garantia, derivado do direito constitucional à liberdade e destinado à proteção da cidadania, ápice da liberdade. Insere-se no rol de direitos políticos de "acesso à condução da coisa pública ou, se preferir, à participação na vida política" ou ainda das "prerrogativas, atributos, faculdades, ou poder de intervenção dos cidadãos ativos no governo de seu país, intervenção direta ou indireta, mais ou menos ampla, segundo a intensidade do gozo desses direitos".[699]

Como tal, pode consistir tanto em uma resistência passiva como em atos ou medidas não jurisdicionais em face do poder público. Fundada no princípio republicano do governo da *res publica*, com o seu requisito de igualdade e de participação nas esferas essenciais do Estado, a desobediência civil admite como titulares tanto o cidadão como um grupo cujo objetivo é não reconhecer o ato de autoridade

---

[696] POUND, Roscoe. *Desenvolvimento das garantias constitucionais da liberdade*. São Paulo: IBRASA, 1965. p. 5.
[697] GARCIA, Maria. *Desobediência civil/direito fundamental*. São Paulo: Revista dos Tribunais, 1994. p. 177-8.
[698] GARCIA, Maria. *Desobediência civil/direito fundamental*. São Paulo: Revista dos Tribunais, 1994. p. 259.
[699] BASTOS, Celso. *Curso de direito constitucional*. Editora Saraiva: São Paulo, 1990. p. 236.

ou a alteração de uma lei, contrários à ordem constitucional ou aos direitos fundamentais.

É a própria ordem jurídica, por meio da constituição, que estabelece o princípio da república e outorga ao cidadão o poder-dever de intervir, dada a sua competência de participação na *res publica*. Nesse sentido, o poder de intervir na produção da norma admite igualmente o poder de intervir na sua alteração ou modificação com fundamento, quando incompatível com a própria constituição. Desse modo, percebe-se a importância da lei como instrumento mediador entre o indivíduo e o Estado, entre a liberdade e a autoridade: "há um processo permanente desenvolvendo-se na sociedade, uma espécie de confrontação entre o ser humano – que contém a vida e a liberdade – e o Estado, o qual detém o poder e a autoridade. Como conciliar liberdade, poder e autoridade? Mediante a lei".[700]

A ordem constitucional constitui um sistema estruturante de regras e princípios fundamentais, ao mesmo tempo em que se mantém aberta às mudanças da realidade social e às renovadas concepções da verdade e da justiça. É, portanto, incompleta e inacabada, buscando, contudo, compor um "núcleo estável do ordenamento jurídico e da ordem social" por meio da vinculação dos princípios vetores da formação da unidade política, da fixação das funções estatais e das bases do conjunto do ordenamento jurídico, as quais devem permanecer estáveis. Assim, o direito de desobediência civil se insere nesse sistema aberto e incompleto.

No sistema normativo brasileiro, o direito de desobediência civil se insere no art. 5º, § 2º, da Constituição Federal, que contém referência expressa a outros direitos e garantias[701] decorrentes do regime e dos princípios adotados pela constituição e dos tratados internacionais de que a República Federativa do Brasil é parte. Portanto, possuem aplicação imediata, direta e integral, reconhecendo-se direitos e garantias

---

[700] GARCIA, Maria. *Desobediência civil/direito fundamental*. São Paulo: Revista dos Tribunais, 1994. p. 269.

[701] As garantias constitucionais caracterizam-se como imposições, positivas ou negativas, aos órgãos do poder público, limitativas da conduta, para proteção dos direitos fundamentais. Esse direito de proteção vem justificado, modernamente, de um lado, pelos sentidos da liberdade – a qual alcança, em nossos dias, um aguçado senso de liberdade de participação, liberdade política, opção política do viver em sociedade, a cidadania. SARLET, Ingo Wolfgang. *A eficácia dos direitos fundamentais:* uma teoria geral dos direitos fundamentais na perspectiva constitucional. 10. ed. rev. atual. e ampl. Porto Alegre: Livraria do Advogado, 2009.

implícitas a partir do regime e dos princípios e garantias constitucionais consagrados pela ordem jurídica interna.

Esse dispositivo tem raiz na Emenda IX da Constituição Norte-Americana de 1787, pela qual ficavam consagrados direitos *"retained by the people"*, ou seja, retidos, mantidos ou preservados pelo povo, para si mesmo e, por isso, não expressos na constituição, mas derivados do sistema por conta dos princípios por ela adotados ou previstos em tratados internacionais. Logo, a interpretação desse dispositivo representa a possibilidade da existência de outros direitos denominados como "direitos em si" e "os direitos-garantias de proteção", ainda não expressos no texto legal.

A perda de legitimidade da representação política, sua descaracterização ou distanciamento, bem como o fenômeno da corrupção e a existência de normas e procedimentos contrários à ordem constitucional colocam o cidadão em uma posição de vulnerabilidade, o que leva à ideia de representar o Estado e de definir novas maneiras de participação do cidadão, seja individual ou coletivamente, no exercício do poder estatal. Lowenstein alerta para o papel que a constituição pode assumir para ocultar novas tendências totalitárias:

> [...] cada vez con más frecuencia la técnica de la constitución escrita es usada conscientemente para camuflar regímenes autoritarios y totalitarios. En muchos casos, la constitución escrita no es más que un cómodo disfraz para la instalación de una concentración del poder en las manos de un detentador único. La constitución, ha quedado privada de su intrínseco telos: institucionalizar la distribución del ejercicio del poder político.[702]

Nesse contexto, de permanente restabelecimento do império da lei, com possíveis alterações e exclusões (a revogação, a ação direta de inconstitucionalidade), ao lado da influência exercida pela doutrina e jurisprudência, debates, protestos, críticas, opinião pública, também a desobediência civil se justifica como direito fundamental do cidadão de intervir no processo político da atividade do Estado.

O direito de petição aos poderes públicos, veiculado no art. 5º, XXXIV, *a*, da CF/88, em defesa de direitos ou contra ilegalidade ou abuso de poder, constitui forma de participação e de controle das atividades

---

[702] LOWENSTEIN, Karl. *Teoría de la constitución*. Traducción y estudio sobre la obra por Alfredo Gallego Anabitarte. Barcelona: Editorial Ariel, 1979, p. 213-4.

estatais. São prerrogativas democráticas. O instituto da desobediência civil constitui um direito político de defesa tanto de direitos pessoais como de defesa da constituição, das leis ou do interesse público. Postula-se a edição de uma lei nova ou a modificação de um texto perante o legislador, defendendo a ordem constitucional e a proteção de direitos fundamentais.

Em contrapartida, a indeclinabilidade da prestação estatal é uma consequência desse direito político. Em face de sua omissão, caberá impetração de mandado de segurança e "na hipótese de desobediência civil, igualmente, como proteção ao direito líquido e certo de obter resposta ao pleito, não jurisdicional, de asseguramento de direito ou da ordem constitucional".[703] Atributo exclusivo da cidadania, o direito a ter direitos, constitui uma ferramenta do cidadão diante do Estado e de transformação da ordem sob o abrigo constitucional.

O cidadão "declarando-se em desobediência civil, com fundamento no princípio da cidadania (...) peticiona ao poder público demandando a sua exclusão dos efeitos de uma lei ou ato de autoridade ou a sua revogação ou alteração"[704] em vista da flagrante conflituosidade com a ordem constitucional ou com determinado direito ou garantia fundamental. Desse modo, impor sanção a esse cidadão significaria equipará-lo a mero descumpridor de lei, "o que está vedado do seu *status activae civitatis*, a cidadania, fundamento do Estado"[705] e expressão da soberania popular.

A desobediência civil se caracteriza por ser um ato inovador e não destruidor da lei, com dimensão pública e em cumprimento ao dever ético do cidadão, bem como à obrigação política de obediência à lei. É, portanto uma forma de proteção das prerrogativas da cidadania.

3.7 A desobediência civil como um direito à democracia

Enquanto os direitos de primeira dimensão competiam ao indivíduo, os de segunda, à sociedade e os de terceira, à comunidade, uma nova dimensão emerge para incluir o gênero humano, resultante

---

[703] GARCIA, Maria. *Desobediência civil/direito fundamental*. São Paulo: Revista dos Tribunais, 1994, p. 265.
[704] GARCIA, Maria. *Desobediência civil/direito fundamental*. São Paulo: Revista dos Tribunais, 1994.
[705] GARCIA, Maria. *Desobediência civil/direito fundamental*. São Paulo: Revista dos Tribunais, 1994, p. 264.

da "globalização política na esfera da normatividade jurídica"[706] e da necessidade cada vez maior da implementação em nível global de esforços integrados dos estados e dos povos.[707] São os direitos de quarta dimensão o direito à democracia, à informação e ao pluralismo, que buscam a máxima dimensão de universalidade dos direitos fundamentais em uma sociedade cada vez mais integrada e internacionalizada.

Nesse sentido, o direito à democracia retoma o direito à maior participação popular, com mais meios para sua efetivação por meio do avanço dos meios de comunicação, do acesso às informações e das aberturas pluralistas do sistema. Desse modo, a informação e o pluralismo se constituem como direitos paralelos e auxiliares à efetivação da democracia, "direito do gênero humano, projetado e concretizado no último grau de sua evolução conceitual".[708]

Na Constituição de 1988, a democracia como princípio fundamental é primordialmente a representativa, com ingredientes discretos de participação direta. Ainda longe de obter reconhecimento no âmbito interno e internacional, o direito à democracia, efetivando-se pela participação popular no processo decisório nos conselhos tutelares no âmbito da proteção da infância e da juventude, bem como pelas experiências no plano do orçamento participativo, ainda tímidos, permanece como "uma esperança com relação a um futuro melhor para a humanidade, revelando, de tal sorte, sua dimensão (ainda) eminentemente profética, embora não necessariamente utópica".[709]

Os direitos das dimensões anteriores, os individuais, sociais, de desenvolvimento, meio ambiente, a paz e a fraternidade constituem verdadeiras infraestruturas para a formação da pirâmide "cujo ápice é o direito à democracia: coroamento daquela globalização política para a qual (...) a humanidade parece caminhar a todo vapor, depois de haver dado o seu primeiro e largo passo".[710] Todas as esferas de direitos

---

[706] BONAVIDES, Paulo. *Curso de direito constitucional*. 24. ed. atual. e ampl. São Paulo: Malheiros, 2009, p. 571.

[707] SARLET, Ingo Wolfgang. *A eficácia dos direitos fundamentais*: uma teoria geral dos direitos fundamentais na perspectiva constitucional. 10. ed. rev., atual. e ampl. Porto Alegre: Livraria do Advogado, 2009. p. 54.

[708] BONAVIDES, Paulo. *Curso de direito constitucional*. 24. ed. atual. e ampl. São Paulo: Malheiros, 2009, p. 571.

[709] SARLET, Ingo Wolfgang. *A eficácia dos direitos fundamentais*: uma teoria geral dos direitos fundamentais na perspectiva constitucional. 10. ed. ver. atual. e ampl. Porto Alegre: Editora Livraria do Advogado, 2009, p. 51.

[710] BONAVIDES, Paulo. *Curso de direito constitucional*. 24. ed. atual. e ampl. São Paulo: Malheiros, 2009, p. 572.

fundamentais, em suma, permanecem em torno dos clássicos valores de liberdade, igualdade e fraternidade, e na sua base, o princípio maior da dignidade da pessoa humana.

Os direitos de quarta dimensão, como direitos em formação ainda, *law in making*, residem sua novidade, sobretudo, na fundamentação dos direitos, não restrita ao plano legal e jurisprudencial, mas resultante "de um processo dinâmico e complexo de lutas específicas e de conquistas coletivas, até que venham a obter a chancela pela ordem social e estatal".[711]

Portanto, a democracia abrange o pluralismo de ideias, as demandas sociais crescentes, favorecendo a criação de espaços de participação e tomada de decisões coletivas, mantendo um âmbito aberto para reivindicações e um caráter essencialmente dinâmico e dialético. Desse modo, como ideal, aproxima-se da efetivação prática da norma, essência do direito. A norma jurídica que nunca se efetiva ou que perde sua efetivação, "perde o caráter de norma, transformando-se em roda emperrada do mecanismo jurídico, e que, por essa inércia, em nada contribui para seu funcionamento, podendo, pois, ser suprimida, sem que isso produza qualquer prejuízo".[712]

"Direitos do homem, democracia e paz são três momentos necessários do mesmo movimento histórico: sem direitos do homem reconhecidos e protegidos não há democracia, sem democracia não existem as condições mínimas para a solução pacífica dos conflitos".[713]

Constitui uma resposta à proposta liberal, com a eleição de representantes, com o processo legislativo e o controle recíproco dos poderes estatais (sistema de freios e contrapesos), que se mostrou incapaz de corresponder à vontade social. Grupos e indivíduos procurando cada vez mais novas formas de expressão política para encaminhar suas reivindicações.

Sobre os limites da democracia representativa e os possíveis anseios em direção a uma democracia direta, Rousseau já afirmava que a soberania não poderia ser representada e que o povo inglês, que

---

[711] SARLET, Ingo Wolfgang. *A eficácia dos direitos fundamentais*: uma teoria geral dos direitos fundamentais na perspectiva constitucional. 10. ed. rev., atual. e ampl. Porto Alegre: Livraria do Advogado, 2009.
[712] IHERING, Rudolf Von. *A Luta pelo direito*. 21. ed. São Paulo: Editora Forense, 2011. p. 66.
[713] BOBBIO, Norberto. *A era dos direitos*. Tradução: Carlos Nelson Coutinho. Rio de Janeiro: Elsevier, 2004. p. 1.

acreditava ser livre, só o era na época das eleições dos membros do Parlamento, voltando a ser escravo no restante do tempo.[714]

Para o autor, em um Estado bem constituído, os cidadãos estão mais envolvidos com negócios públicos do que com os particulares e todos votam com frequência nas assembleias. Diversamente, em um governo ruim, as pessoas não se mobilizam, pois estão entretidas com suas questões privadas e já preveem que a vontade geral não será considerada.

Contudo, Rousseau reconhecia a própria impossibilidade de uma *verdadeira democracia*, pois esta requeria condições difíceis de serem reunidas: primeiro, um país pequeno, no qual fosse fácil reunir o povo e onde cada cidadão pudesse conhecer todos os outros; segundo, com simplicidade de costumes, para que se impedisse a acumulação de grandes problemas e discussões; ainda, que houvesse igualdade social e econômica e pouco ou nenhum luxo,[716] porque este corrompe tanto pobres como ricos, seja pela posse, pela cobiça ou vaidade, afastando o Estado dos cidadãos.[715] Sobre o tema, assim conclui: "Se houvesse um povo de deuses, ele se governaria democraticamente. Tão perfeito governo não convém aos homens".[716]

Norberto Bobbio, por sua vez, apresenta as transformações da democracia sob a forma de "promessas não cumpridas", contrastando a democracia ideal – em que os indivíduos seriam os protagonistas na tomada de decisões públicas – com a democracia real, caracterizada pelos grupos de interesse, pela multiplicação das elites dominantes, pelo engessamento da representação partidária, e, ainda, pela ampliação dos espaços decisórios fora do alcance do de visão do cidadão, escapando, portanto, do controle público do poder.

Contudo, apesar de um sentimento de desesperança que se propaga em face das instituições e práticas governamentais, paralelamente,

---

[714] ROUSSEAU, Jean-Jacques. *Do contrato social*. Edição eletrônica: Editora Ridendo Castigat Moraes. Disponível em: http://www.ebooksbrasil.org/adobeebook/contratosocial.pdf. Acesso em: 14 mar. 2018. p. 131. Norberto Bobbio esclarece que o indivíduo rousseaniano, que exerce seus deveres de cidadão dia e noite, seria um cidadão total. Contudo, cidadão total não seria diferente do que a outra face do estado total. Portanto, a democracia rousseaniana foi frequentemente interpretada como totalitária.

[715] ROUSSEAU, Jean-Jacques. *Do contrato social*. Edição eletrônica: Editora Ridendo Castigat Moraes. Disponível em: http://www.ebooksbrasil.org/adobeebook/contratosocial.pdf. Acesso em: 14 mar. 2018. p. 93-6.

[716] ROUSSEAU, Jean-Jacques. *Do contrato social*. Edição eletrônica: Editora Ridendo Castigat Moraes. Disponível em: http://www.ebooksbrasil.org/adobeebook/contratosocial.pdf. Acesso em: 14 mar. 2018. p. 96.

o que se percebe é um processo de alargamento da democracia subjacente na sociedade contemporânea, entendida como uma extensão da democratização: a criação de corpos coletivos de participação diferentes daqueles propriamente políticos. Desse modo, falar em desenvolvimento da democracia consiste não em falar na substituição da democracia representativa pela democracia direta, mas na passagem da democracia da esfera política para a social.

Assim, o cidadão das democracias mais avançadas percebeu que a esfera política está inevitavelmente incluída numa esfera mais ampla, que engloba toda a sociedade e que suas decisões estão condicionadas e determinadas pelo que acontece na sociedade civil. Trata-se da democratização da sociedade. Bobbio continua a questionar:

> É possível a sobrevivência de um Estado democrático em uma sociedade não democrática? Pergunta também pode ser formulada deste modo: A democracia política foi e é até agora necessária para que um povo não seja governado despoticamente. Mas é também suficiente?[717]

Até pouco tempo atrás, o critério utilizado para avaliar o índice de desenvolvimento democrático de um país consistia na extensão do número de votantes. No entanto, com o sufrágio estendido em quase todo o mundo às mulheres e com o limite de idade diminuído para 18 anos, surge a necessidade de um novo indicador. Hoje, deve-se avaliar o número de instâncias (diversas das tradicionalmente políticas) nas quais se exerce o direito de voto. Ou seja, o critério não é mais o de "quem" vota, mas o de "onde" se vota.

Esse repensar a representação, a necessidade da participação social e a organização da sociedade civil em movimentos como via de efetivação da cidadania material depende do implemento de instrumentos democráticos que possam transcender o cidadão da mera condição de eleitor. O exercício participativo das instâncias sociais por meio de audiências públicas, manifestação, fiscalização pela sociedade dos poderes instituídos, a concepção da gestão democrática nas cidades, a efetividade do orçamento participativo, o *amicus curie*, o tribunal do júri, a fiscalização da lei de responsabilidade fiscal pelo Ministério Público, a Defensoria Pública e mesmo os instrumentos de luta como a ação civil pública, a ação popular, o referendo, o plebiscito e a iniciativa

---

[717] BOBBIO, Norberto. *O futuro da democracia*: uma defesa das regras do jogo. Tradução: Marco Aurélio Nogueira, Rio de Janeiro: Paz e Terra, 1986. p. 56.

popular realizam a cidadania material e, portanto, são direitos humanos fundamentais. Do contrário, a representação permanece como única esfera para a deliberação dos interesses do povo.

A desobediência civil, como instrumento de exercício da cidadania e da participação popular, poderia ser inserida como direito-garantia ao direito à democracia. O direito à democracia compreende o futuro da cidadania em si, "o porvir da liberdade de todos os povos. Tão somente com eles será legítima e possível a globalização política".[718]

Assim, a desobediência civil emerge como fundamental à manutenção da ordem jurídica, caracterizando-se como um direito fundamental de garantia, derivado do direito constitucional à liberdade e destinado à proteção da cidadania. A outorga ao cidadão do poder-dever de intervir na produção da norma também igualmente deve permitir a alteração ou modificação com fundamento, quando incompatível com a própria constituição e com os direitos e garantias fundamentais.

A desobediência civil surge como um meio de resgatar e efetivar o poder da população, aproximando o titular do poder e o poder em si. Por trás dos líderes da desobediência civil, também lutaram e lutam multidões anônimas contra atos de opressão, de marginalização, de sutil segregação, de injustiça, de censura, de desmantelamento da dignidade humana, tantas vezes se aproximando da servidão, os quais nunca saberemos os nomes.

---

[718] BONAVIDES, Paulo. *Curso de direito constitucional*. 24. ed. atual. e ampl. São Paulo: Malheiros, 2009, p. 572.

REFERÊNCIAS

ALMEIDA, Guilherme de Assis. *Direitos humanos e não violência*. São Paulo: Atlas, 2001.

ALTAVILA, Jayme de. *Origem dos direitos dos povos*. 8. ed. São Paulo: Ícone, 1961.

ARENDT, Hannah. *A condição humana*. Tradução de Roberto Raposo. Rio de Janeiro: Forense Universitária, 2007.

ARENDT, Hannah. *A dignidade da política*. 3. ed. Rio de Janeiro: Relume-Dumará, 2002.

ARENDT, Hannah. *A vida do espírito: o pensar, o querer, o julgar*. Rio de Janeiro: Relume-Dumará, 2000.

ARENDT, Hannah. *Crises da república*. Tradução de José Wolkmann. São Paulo: Perspectiva, 2010.

ARENDT, Hannah. *Da revolução*. Brasília: Editora Universidade de Brasília, 1988.

ARENDT, Hannah. *Entre o passado e o futuro*. Tradução de Mauro W. Barbosa. 7. ed. São Paulo: Perspectiva, 2013.

ARENDT, Hannah. *Origens do totalitarismo: antissemitismo, imperialismo, totalitarismo*. Tradução Roberto Raposo. São Paulo: Companhia das Letras, 2012

ARENDT, Hannah. *Sobre a revolução*. Tradução Denise Bottmann. São Paulo: Companhia das Letras, 2011.

ARENDT, Hannah. *Sobre a violência*. Tradução André de Macedo Duarte. 6. ed. Rio de Janeiro: Civilização Brasileira, 2016.

ARON, Raymond. *Ensayo sobre las libertades*. Madrid: Alianza Editorial, 1984.

BARTKOWSKI, Maciej J. *Recovering nonviolent history: civil resistance in liberation struggles*. Boulder: Lynne Rienner Publishers, 2003.

BARZOTTO, Luis Fernando. *A Democracia na Constituição*. São Leopoldo: Editora Unisinos, 2003.

BASTOS, Celso. *Curso de direito constitucional*. São Paulo: Editora Saraiva, 1990.

BEDAU, Hugo Adam. *Civil disobedience in focus*. Routledge, 1991.

BERLIN, Isaiah. *Quatro ensaios sobre a liberdade*. Brasília: Univ. de Brasília, 1981.

BLEIKER, R. *Popular dissent, human agency and global politics*. Cambridge England: Cambridge University Press, 2000.

BOBBIO, Norberto. *A era dos direitos*. Tradução Carlos Nelson Coutinho. Rio de Janeiro: Elsevier, 2004.

BOBBIO, Norberto. *A teoria das formas de governo*. Tradução Sérgio Bath. 10. ed. São Paulo: Editora UnB.

BOBBIO, Norberto. *As ideologias e o poder em crise*. 4. ed. Brasília: Editora UnB.

BOBBIO, Norberto. *Direito e estado no pensamento de Kant*. Tradução Alfredo Fait. São Paulo: Editora Mandarim, 2000.

BOBBIO, Norberto. *Liberalismo e democracia*. Tradução Marco Aurélio Nogueira. São Paulo: Brasiliense, 2000.

BOBBIO, Norberto. *O futuro da democracia: uma defesa das regras do jogo*. Trad. Marco Aurélio Nogueira. Rio de Janeiro: Paz e Terra, 1986.

BOBBIO, Norberto; MATTEUCCI, Nicola; PASQUINO, Gianfranco. *Dicionário de Política*. 11. ed. Brasília: UNB, 1998.

BONAVIDES, Paulo. *Curso de direito constitucional*. 24. ed. atual. e ampl. São Paulo: Malheiros, 2009.

BROWNLEE, Kimberly. *Conscientious objection and civil disobedience*. Disponível em: http://hummedia.manchester.ac.uk/schools/soss/politics/research/workingpapers/mancept/Brownlee-ConscientiousObjectionandCivilDisobedience.pdf.

CALABRESE, Andrew. *Virtual Nonviolence? Civil disobedience and political violence in the information age*. Emerald Group Publishing Limited, volume 6. Number 5. 2004. Disponível em: http://www.thing.net/~rdom/ucsd/VirtualNonViolence.pdf.

CELIKATES, Robin. *Civil Disobedience. The International Encyclopedia of Political Communication*. First Edition. Edited by Gianpietro Mazzoleni. John Wiley & Sons, Inc., 2015.

CELIKATES, Robin. *Democratizing civil disobedience*. Philosophy and Social Critical, SAGE 2016. Disponível em: http://psc.sagepub.com/content/early/2016/03/18/0191453716638562.full.pdf+html.

CELIKATES, Robin. *Rethinking Civil Disobedience as a Practice of Contestation*. Constellations Volume 23, Nº 1, 2016.John Wiley & Sons Ltd. Disponível em: http://onlinelibrary.wiley.com/doi/10.1111/1467-8675.12216/pdf.

COMPARATO, Fabio Konder. *Afirmação histórica dos direitos humanos*. 10. ed. São Paulo: Editora Saraiva, 2015.

COSTA, Nelson Nery. *Teoria e realidade da desobediência civil*: de acordo com a constituição de 1988. Rio de Janeiro: Ed. Forense, 1990.

DAHL, Robert. A. *A preface to democratic theory*. Expanded Edition, 2006.

Declaração de Independência dos Estados Unidos da América. Disponível em: http://www.uel.br/pessoal/jneto/gradua/historia/recdida/declaraindepEUAHISJNeto.pdf.

Declaração de Independência dos EUA. Disponível em: http://agal-gz.org/faq/lib/exe/fetch.php?media=gze-ditora:declaracao_da_independencia_eua.pdf.

D'ENTREVES, Alexander Passerin. *Notion of state: An Introduction to Political Theory*. Oxford University Press, 1967.

DWORKIN, Ronald. *Uma questão de princípio*. Tradução Luís Carlos Borges. São Paulo: Martins Fontes, 2000.

FERREIRA FILHO, Manoel Gonçalves. *Curso de Direito Constitucional*, 40. ed. São Paulo: Editora Saraiva, 2015.

FROMM, Erich. *O medo à liberdade*. Rio de Janeiro: Zahar, 1968.

GANDHI, Mahatma. *Autobiografia: minha vida e minhas experiências com a verdade*.1. ed. São Paulo: Palas Athena, 1999.

GANDHI, Mahatma. *Non-violence resitance (Satyagraha)*. New York: Schocken, 1961.

GARCIA, Maria. *Desobediência civil/direito fundamental*. São Paulo: Revista dos Tribunais, 1994.

GARTON ASH, Timothy, ROBERTS, Adam. *Civil resistance and power politics: The experience of non-violent action from Gandhi to the present*. New York: Oxford University Press Inc., 2009.

GOLDMAN, Emma. *Patriotism: a menace to liberty*. Disponível em: http://dwardmac.pitzer.edu/anarchist_archives/goldman/aando/patriotism.html.

GOYARD-FABRE, Simone. *O que é democracia? A genealogia filosófica de uma grande aventura humana*. Tradução Claudia Berliner. São Paulo: Martins Fontes, 2003.

HABERMAS, Jürgen. *Civil disobedience: litmus test for the democratic constitutional state*. Berkeley Journal of Sociology Vol. 30 (1985), pp. 95-116, p. 100. Disponível em: https://www.jstor.org/stable/41035345?seq=1#page_scan_tab_contents.

HAWKING, Stephen William. *Uma breve história do tempo: do Big Bang aos buracos negros*. Tradução de Maria Helena Torres. Rio de Janeiro: Rocco, 1988.

HERINGER JR., Bruno. *Objeção de consciência e direito penal*: justificação e limites. Porto Alegre: Lumen Juris, 2007.

HOBBES, Thomas. *Do cidadão*. 2. ed. São Paulo, 1998.

HOBBES, Thomas. *Leviatã*. São Paulo: Edipro, Ed. Martins Fontes, 2015.

IHERING, Rudolf Von. *A Luta pelo direito*. 21. ed. São Paulo: Editora Forense, 2011.

KANT, Immanuel. *A paz perpétua*. *Um projeto Filosófico*. Covilhã: LusoSofia, 2008.

KANT, Immanuel. *Metafísica dos costumes*. Tradução Edson Bini. Bauru: Edipro, 2003.

KARNAL, Leandro. *Estados Unidos, Liberdade e cidadania*. In: PINSKY, Jaime, PINSY, Carla Bassanezi (org). *História da cidadania*. São Paulo: Contexto, 2003.

KEATING, Kenneth B. *Paradoxes of civil disobedience*. New York Law Forum 14 N. Y. L. F. 687 (1968).

KELSEN, Hans, *Esencia y valor de la democracia*. Barcelona: Editora Labor, 1934.

KERN, Fritz. *Derechos del rey y Derechos del Pueblo.* Madrid: Rialp, 1955.

KING Jr, Martin Luther. *Letter from Birminghan City Jail*, p. 1. Disponível em: mlk-kpp01.stanford.edu/kingweb/liberation_curriculum/pdfs/letterfrombirmingham_wwcw.pdf.

LA BOÉTIE, Etienne. *Discurso sobre a servidão voluntária.* 2. ed. rev. São Paulo: Editora Revista dos Tribunais, 2009.

LAFER, Celso. *A reconstrução dos direitos humanos:* um diálogo com o pensamento de Hannah Arendt. São Paulo: Companhia das Letras, 1988.

LAFER, Celso. *Ensaios sobre a liberdade.* São Paulo: Perspectiva, 1980.

LEFKOWITZ, David. *On a right to civil disobedience.* Ethics 117 (January 2007): 202–233, 2007 by The University of Chicago, p. 228. Disponível em: http://www.jstor.org/stable/pdf/10.1086/510694.pdf.

LIPSON, Leslie. *Os grandes problemas da ciência política.* Rio de Janeiro: Zahar Editores, 1976. p. 102.

LOCKE, John. *Segundo Tratado sobre o Governo Civil.* Petrópolis: Editora Vozes.

LOPES, José Reinaldo Lima; QUEIROZ, Rafael Mafes Rabelo; ACCA, Thiago dos Santos. *Curso de história do direito.* 2. ed. rev. e amp. São Paulo: Método, 2009.

LOWENSTEIN, Karl. *Teoría de la Constitución.* Traducción y estudio sobre la obra por Alfredo Gallego Anabitarte. Barcelona: Editorial Ariel, 1979.

MILL, Stuart. *Considerations on representative government.*1861. Kitchener: Batoche Books, 2001.

MILL, Stuart. *On liberty,* 1859. Kitchener: Batoche Books, 2001.

MILLS, C. Wright. *The power elite.* Nova York, 1956.

MONDAINI, Marco. *O respeito aos direitos dos indivíduos. In*: PINSKY, Jaime, PINSY, Carla Bassanezi (org). *História da cidadania.* São Paulo: Contexto, 2003.

MONTESQUIEU. *O espírito das leis.* São Paulo: Martins Fontes, 1996.

MULLER, Friedrich. Que grau de exclusão social ainda pode ser tolerado por um sistema democrático? *In Revista da Procuradoria-Geral do Município de Porto Alegre,* edição especial, 2000. Tradução da Conferência proferida no evento "Desafios Contemporâneos da Democracia", de 25 a 26 de agosto de 1999. Tradução de Peter Nauman.

ODALIA, Nilo. *A liberdade como meta coletiva. In*: PINSKY, Jaime, PINSY, Carla Bassanezi (org). *História da cidadania.* São Paulo: Contexto, 2003.

ONU. *Declaração sobre o Direito ao Desenvolvimento.* Disponível em: http://direitoshumanos.gddc.pt/3_16/IIIPAG3_16_5.htm.

ONU. *Declaração Universal dos Direitos Humanos.* Disponível em: http://www.onu.org.br/img/2014/09/DUDH.pdf.

ONU. *Declaração Universal dos Direitos do Homem e do Cidadão.* Disponível em: http://pfdc.pgr.mpf.mp.br/atuacao-e-conteudos-de-apoio/legislacao/direitos-humanos/declar_dir_homem_cidadao.pdf.

PAUPÉRIO, Arthur Machado. *O direito político de resistência.* Rio de janeiro: Editora Forense, 1962.

PINTO, Pedro Estevam Alves. *Autoritarismo e golpes na América Latina – Breve ensaio sobre jurisdição e exceção.* São Paulo: Alameda Casa Editorial, 2016.

PLATÃO. *Críton* (O dever). Extraído do livro Diálogos, da coleção Clássicos Cultrix. Tradução: Jaime Bruna. Disponível em: http://livros01.livrosgratis.com.br/cv000015.pdf.

PORTUGAL. *Constituição da República Portuguesa.* Disponível em: https://www.parlamento.pt/ArquivoDocumentacao/Documents/CRPVIIrevisao.pdf.

POUND, Roscoe. *Desenvolvimento das garantias constitucionais da liberdade.* São Paulo: IBRASA, 1965.

QUINT, Peter E. *Civil disobedience and the german courts: The Pershing missile protests in comparative perspective.* The University of Texas at Austin Studies in Foreign and Transnational Law. Routledge-Cavendish, 2008.

RAWLS, John. *Uma teoria da justiça.* Brasília: Ed. Universidade de Brasília, 1981.

ROSENFELD, Michel. *The Conscience Wars in Historical and Philosophical Perspective: The Clash between Religious Absolutes and Democratic Pluralism.* Disponível em: https://papers.ssrn.com/sol3/papers.cfm?abstract_id=3030366.

ROUSSEAU, Jean-Jacques. *Do contrato social.* Edição eletrônica: Ed. Ridendo Castigat Moraes. Disponível em: http://www.ebooksbrasil.org/adobeebook/contratosocial.pdf.

SARLET, Ingo Wolfgang. *A eficácia dos direitos fundamentais:* uma teoria geral dos direitos fundamentais na perspectiva constitucional. 10. ed. rev. e atual., ampl. Porto Alegre: Livraria do Advogado, 2009.

SARTORI, Giovanni. *A teoria da democracia revisitada:* volume I – o debate contemporâneo. São Paulo: Editora Ática, 1987.

SAUTER, Molly. *The coming swarm:* DDoS actions, hacktivism, and civil disobedience on the Internet. Bloomsbury, 2014.

SCHMITT, Carl. *La dictadura*: desde los comienzos del pensamiento moderno de la soberanía hasta la lucha de clases proletaria. Ediciones de la Revista de Occidente Bárbara de Braganza, 12, Madrid, 1968.

SCHMITT, Carl. *Teoría de la constitución.* Editorial Revista de Derecho Privado: Madrid, 1927.

SHARP, Gene. *Poder, luta e defesa:* teoria e prática da ação não-violenta. São Paulo: Edições Paulinas, 1983.

SIEYÉS, Joseph. *O que é o terceiro Estado?* Disponível em: http://olibat.com.br/documentos/O%20QUE%20E%20O%20TERCEIRO%20ESTADO%20Sieyes.pdf.

SILVA, José Afonso da. *Curso de direito constitucional positivo*. 25. ed. rev. e atualizada. Editora Malheiros, São Paulo, 2005.

SINGER, Peter. *Democracy and disobedience*. Oxford: Clarendon Press, 1973. Disponível em: https://pt.scribd.com/document/79838473/Peter-Singer-Democracy-and-Disobedience.

SÓFOCLES. *Antígona*. Porto Alegre: L&PM, 2006.

SORIANO, Ramón. *La objeción de conciencia*: significado, fundamentos jurídicos y positivacion en el ordenamiento jurídico español. *Revista de Estudios Políticos (Nueva Época)*, Núm. 58. Octubre-Diciembre 1987.

STONE, Isidor Feinstein. *Julgamento de Sócrates*. São Paulo: Companhia das Letras, 2005.

TABORDA, Maren Guimarães. *Estudo sobre o procedimento civil e as obrigações no direito romano clássico*. Direito & Justiça, Porto Alegre, v. 21, p. 235-252, 2000 e Estudos Jurídicos (UNISINOS), São Leopoldo, n. 88, p. 90-107, 2000.

TABORDA, Maren Guimarães; MATIAS, F. H. *Democracia procedimental, opinião pública e mídia*: estudo sobre o caso da revolução das panelas e frigideiras? In: Lucas Gonçalves da Silva; Ruben Correa Freitas (org.). *Teoria constitucional*. 5. ed. Florianópolis: CONPEDI, 2016, v. 1.

TEXAS LAW. BVerfGE 73, 206 1 BvR 713/83, 921, 1190/84 and 333, 248, 306, 497/85 Mutlangen -decision. Disponível em: https://law.utexas.edu/transnational/foreign-law-translations/german/case.php?id=655.

THOREAU, Henry David. *A desobediência civil*. Porto Alegre: L&PM, 1997.

TIEFENBRUN, Susan W. *On civil disobedience, jurisprudence, feminism and the law in the Antigones of Sophocles and Anouilh*. Cardozo Stud. L. & Literature 35 1999.

TOCQUEVILLE, Alexis de. *A democracia na América*. Sentimentos e opiniões. De uma profusão de sentimentos e opiniões que o estado social democrático fez nascer entre os americanos. Tradução Eduardo Brandão. São Paulo: Martins Fontes, 2004.

TOMÁS DE AQUINO. *Do governo dos príncipes*. Tradução Arlindo dos Santos. São Paulo: Ed. Anchieta, 1946.

TOMÁS DE AQUINO. *Suma Teológica*. Disponível em: https://sumateologica.files.wordpress.com/2017/04/suma-teolc3b3gica.pdf.

UM CANTO DE PAZ. Disponível em: http://www.reflexao.com.br/imprimir.php?id=1015.

VASCONCELLOS, Manoel da Cunha Lopes et al. *Digesto ou pandectas do Imperador Justiniano*. 1. ed. São Paulo: YK Editora, 2017

WALZER, Michel. *Das obrigações Políticas*: ensaios sobre desobediência civil, guerra e cidadania. Rio de Janeiro: Zahar Editores, 1977.

WANZO, RA. *The suffering will not be televised: African American women and sentimental political storytelling*. Albany, NY: State University of New York Press, 2009.

ZINN, Howard. *Law, justice and disobedience*. Notre Dame J.L. Ethics & Pub. Pol'y 899 (1991). p. 909. Disponível em: http://scholarship.law.nd.edu/ndjlepp/vol5/iss4/2.

Esta obra foi composta em fonte Palatino Linotype, corpo 10
e impressa em papel Offset 75g (miolo) e Supremo 250g (capa)
pela Artes Gráficas Formato.